W0172036

rororo

Harald Stutte

WIR WÜNSCHTEN UNS FLÜGEL

Eine turbulente Jugend in der DDR – und ein Fluchtversuch

Rowohlt Taschenbuch Verlag

Originalausgabe
Veröffentlicht im Rowohlt Taschenbuch Verlag,
Hamburg, Februar 2023
Copyright © 2023 by Rowohlt Verlag GmbH, Hamburg
Lektorat Frank Strickstrock
Covergestaltung zero-media.net, München
Coverabbildung Iain Masterton/Alamy; Bild vom Autor
Satz aus der Nyte bei Pinkuin Satz und Datentechnik, Berlin
Druck und Bindung GGP Media GmbH, Pößneck
ISBN 978-3-499-01071-2

Die Rowohlt Verlage haben sich zu einer nachhaltigen Buch-
produktion verpflichtet. Gemeinsam mit unseren Partnern
und Lieferanten setzen wir uns für eine klimaneutrale Buch-
produktion ein, die den Erwerb von Klimazertifikaten zur
Kompensation des CO_2-Ausstoßes einschließt.
www.klimaneutralerverlag.de

Für Pa, das unbekannte Wesen.

INHALT

I was born with the wrong sign
In the wrong house
With the wrong ascendancy
I took the wrong road
That led to the wrong tendencies
I was in the wrong place at the wrong time
For the wrong reason and the wrong rhyme
On the wrong day of the wrong week
I used the wrong method with the wrong technique

Martin L. Gore, Depeche Mode, Wrong

BABYBOOMER

ls Kind habe ich stets bedauert, nicht in einer anderen Zeit zu leben: im Mittelalter zum Beispiel, als Ritterheere umherzogen. In der Zeit der großen Entdeckungen. Oder in der Zukunft, weil ich überzeugt war, in jedem Wohnzimmer sähe es dann aus wie auf der Kommandobrücke des Raumschiffs Enterprise. Die Zeit, in der ich lebte, fand ich langweilig. Schon das Jahr meiner Geburt, 1964, war seltsam gesichts- und beinahe geschichtslos.

All die Ereignisse, die wir heute mit den 60er-Jahren verbinden, 1964 fanden sie *nicht* statt. Die Mauer wurde drei Jahre zuvor gebaut. Die Kubakrise war 1962. Im Jahr darauf wurde John F. Kennedy ermordet, Amerika wurde Kriegspartei in Vietnam, und die Beatles feierten ihren weltweiten Durchbruch 1963. Woodstock, sexuelle Revolution, Studentenproteste, Mondlandung, Martin Luther Kings und Robert Kennedys Ermordung – etwas turbulenter ging es in der zweiten Hälfte der 60er-Jahre weiter. Nur 1964 passierte – fast nichts, mal abgesehen von der Absetzung des sowjetischen Staatsoberhaupts Nikita Chruschtschow. Und abgesehen davon, dass Chemie Leipzig, der grün-weiße Underdog aus dem Norden meiner Heimatstadt, zum ersten und einzigen Mal ostdeutscher Fußballmeister wurde. Aber das war schon kein Ereignis mehr auf Weltniveau …

Und dennoch ist das Jahr 1964 aus heutiger Sicht ein Meilenstein in der mitteleuropäischen Geschichte; es markiert eine

Trendwende, deren Folgen unsere Gesellschaft bis heute prägen. Bis zu diesem Jahr war die Bevölkerung im Herzen des alten Kontinents Europa jahrhundertelang konstant gewachsen. 1964 erreichte diese demografische Tide ihr Allzeit-Hoch – um in den folgenden Jahrzehnten bis zum heutigen Tag kontinuierlich zu sinken. Nie zuvor und vermutlich nie wieder danach kamen in Deutschland so viele Babys auf die Welt: 1357304, eines davon war ich. Und allein unsere Vielzahl verleiht uns «64ern» ein Gewicht, eine Bedeutung, die uns bis heute trägt. Wir sind viele, wir sind stark, von nun an ging's bergab.

Ein echter 64er musste sich allerdings durchbeißen, im Zweifel wurde er überhört oder übersehen in diesem Meer von Kindern. Ein 64er lernte, sich in Geduld zu üben, ebenso im Wegstecken von Niederlagen. Unsere Kindheit glich einer nicht enden wollenden «Reise nach Jerusalem», weil es stets mehr Hintern als bereitstehende Stühle gab. So wetteiferte stets ein Überangebot an motivierten Jungs um die limitierten Plätze im Startaufgebot der Fußballmannschaften auf den Hinterhöfen. Man musste gut sein, sonst versauerte man als Reservespieler am Rand der wenigen Rasenflächen, die wir als Bolzplätze umpflügen durften, bis uns Erwachsene mal wieder davonjagten.

Hinter jedem Busch, so schien es, kroch ein Kind hervor. Und immer gab es Zoff, weil die Erwachsenen keine Zeit hatten, sich um diese Kinderherden zu kümmern. Zumal in Ostdeutschland, wo die Mütter fast ausnahmslos berufstätig waren. Wenn man sie nicht ignorierte, wurde mit Kindern zumeist gemeckert. Unter uns galt recht unverfälscht das sozialdarwinistische Recht des Stärkeren. Also kloppte man sich oft und hatte mitunter aufgeschlagene Knie. Unsere Klamotten wurden ausgebessert. Blieben wir beim Klettern über einen Gartenzaun mal wieder an einem Nagel hängen, dann wurde das Dreieck im Hosenstoff anschließend geflickt.

Fast jeder 64er hat eines oder mehrere Geschwister, was dazu führte, dass einem von Eltern und Verwandten nie übermäßig viel Aufmerksamkeit zuteilwurde. Narzissmus ist uns eher fremd. Eitelkeit auch. Weil wir mitunter die Klamotten der Älteren auftragen mussten, in meinem Fall war dies der ein oder andere Mädchenpullover oder knallbunte Anorak. Denn ich habe eine Schwester, sie ist zweieinhalb Jahre älter. Wir hatten zu lernen, vielen Versuchungen zu widerstehen. Näherte sich am Wochenende die ungeduldige Kinderhand an der in Sachsen so verbreiteten Nachmittags-Kaffeetafel dem Kuchenteller, dann gab es auch schon mal was auf die Finger. Die Botschaft war eindeutig: Warts ab, erst mal die Erwachsenen, du bist nichts Besonderes …

Und das war ich auch nicht, wäre da nicht mein Geburtstag gewesen. Der immerhin machte den klitzekleinen Unterschied aus. Weil stets Feiertag war. Und es sollen in der Stunde meiner Geburt am Leipziger Himmel tatsächlich Blumensträuße aus buntem Licht zu sehen gewesen sein, erzählte meine Mutter später. Denn es war der 7. Oktober, und die Mächtigen feierten mit einem aufwendigen Feuerwerk den 15. Jahrestag der Gründung ihres seltsamen Staates. Stets an einem Feiertag Geburtstag zu haben, hatte ich allen voraus, die ich kannte. Wenn ich jedoch als Kind mit aufrechtem Stolz berichtete, ich hätte am «Tag der Republik» Geburtstag, bekam ich oft verschämt lächelnd zu hören: «Ja, ja, du bist schon ein Glückspilz, an so einem großartigen Tag geboren zu sein …» Die Häme, die da mitunter mitschwang, erschloss sich mir nicht. Auf meinen Geburtstag war ich wirklich stolz. Was auch darauf fußte, dass an jenem 7. Oktober das Einheitsgrau des ostdeutschen Alltags stets von bunten Farbtupfern belebt wurde, denn überall in den Straßen wehten Flaggen – rote und kunterbunte. Es verlieh dieser Stadt im matten Herbstlicht ein freundlicheres Antlitz. Ich empfand das als großes Glück, zusammen mit meiner Heimat Geburtstag feiern zu dürfen, welche zu lieben und zu ehren wir Kinder stets angehalten wurden.

Abgesehen von solchen Farbtupfern spielte sich meine Kindheit in der Rückschau betrachtet in einer Palette der Grautöne ab. Vielleicht liegt es aber auch daran, dass es heute nur noch Schwarz-Weiß-Fotos aus dieser Zeit gibt; jedenfalls läuft in meiner Erinnerung stets ein ziemlich farbloser Film ab. So grau wie die bröckelnde, poröse Haut der betagten Häuser. Changierend zum eher rötlichen Grau der vom Industrieschmutz befleckten Dächer. Und dann war da dieses dunkle Grau des mächtigen, fast 100 Meter hohen Völkerschlachtdenkmals, welches sich in seiner düster-martialischen und klobigen Wucht über unserem Stadtteil Marienbrunn aufbaute wie der japanische Monster-Drache Godzilla. Nachts leuchteten am oberen Ende dieses Granit-Kolosses je zwei rote Lichter, die wie zwei böse glühende Augen in alle Himmelsrichtungen blickten.

Grau waren die Straßen mit ihrem rissigen Belag. Grau waren die Hemden der Polizei. Grau war die Wäsche, die zum Trocknen vor den Häusern auf den Leinen hing und die uns nass ins Gesicht klatschte, wenn wir beim Herumtoben den Kopf nicht tief genug senkten. Grau vom Wind, der die von Aschepartikeln schwangere Luft mal aus dem südlich gelegenen Böhlen und Espenhain mit ihren Kohlekraftwerken, mal aus den nördlich gelegenen Chemiewerken Wolfen und Bitterfeld nach Leipzig wehte. Selbst die wenigen Autos, die sich damals in unseren Triftweg verirrten, changierten im Spektrum der Grautöne – zwischen «delphingrau», «lichtgrau», «silbergrau» und «marmorweiß», wie es in der offiziellen Farbpalette des Einheitsautos der Marke Trabant hieß. Grau und müde wirkten auch die Gesichter der Menschen, im DDR-Sprech Werktätige genannt, die mit 40 schon wie Rentner aussahen, mit 60 wie Greise.

Für die wenigen Farbtupfer in diesem Meer aus Grau sorgten neben den erwähnten Fahnen an den Feiertagen auch die Propagandatafeln, weiße Schrift auf rotem Grund, die in den Betrieben, Schulen und wo auch immer für gute Laune sorgen sollten:

«Die Deutsche Demokratische Republik – Retter des Friedens»
oder «Unser Arbeitsplatz – Kampfplatz für den Frieden». Kampf,
Frieden, Arbeit, Sozialismus, Volk – der Wortschatz der Mächtigen war überschaubar.

In all diesem Grau wirkte die Region, in der ich aufgewachsen
bin, dennoch geradezu heiter. Marienbrunn wurde erst 1913 von
kreativen Architekten nach dem Prinzip der Gartenstadt konzi-
piert. Ein Gebiet im Südosten Leipzigs, welches hundert Jahre
zuvor, 1813, Schauplatz der entscheidenden Niederlage Napo-
leons gewesen war. Die kleinen Häuschen, vielfach in Kletter-
pflanzen gehüllt und eingebettet in Vor- und Hinterhausgär-
ten, schienen tatsächlich einmal geplant worden zu sein, damit
sich Menschen darin wohlfühlen. Vermutlich ist Marienbrunn
das einzige Viertel in Leipzig, in dem die Straßen durch all die
wechselnden Zeiten hindurch ihre Namen nie ändern mussten.
Egal ob in Kaiserzeit, Weimarer Republik, Nazizeit oder DDR:
Rotkäppchenweg, Rapunzelweg, Froschkönigweg und Märchen-
wiese überdauerten sie alle. Marienbrunn blieb Marienbrunn,
bemüht heiter und weitgehend ideologiefrei. Ein Kleinod, verglichen mit den zerfallenden Nachbarstadtteilen Connewitz oder
Stötteritz, ganz zu schweigen vom tristen Osten der Stadt. Es
gehörte zum Sound dieses Stadtteils, dass aus dem geöffneten
Fenster eines der Häuser mitunter Klaviermusik auf den Dohna-
weg flutete, während mich meine Mutter aus dem Kindergarten
abholte; dazu war ein Bariton zu hören. Musiker wohnten hier,
Wissenschaftler, Selbstständige und Menschen wie wir.

Meine Eltern waren unauffällige Leute – so unauffällig, wie
es sich in dem kleinen Land der kleinen Leute ziemte. Mein Vater war 1933 in dem winzigen Thüringer Dorf Trügleben geboren
worden, in dem man den Eindruck hatte, die Unbilden der Zeit –
Nationalsozialismus, Krieg und Kommunismus – hätten es
links liegen lassen. Ich glaube, etwas von dieser Weltabgewandt-
heit gehörte auch zum Wesen meines Vaters, den es als jungen

Bauingenieur in die «Großstadt» Leipzig verschlagen hatte, wo er über einen Freund meine Mutter kennengelernt hatte, eine gebürtige Leipzigerin.

Mutter war die älteste von drei Töchtern eines Leipziger Tischlermeisters, der es in den 20er- und 30er-Jahren zu einem soliden bürgerlichen Wohlstand gebracht hatte. Wie fast alle Mütter in Ostdeutschland arbeitete sie, in einem Großhandel für Obst und Gemüse war sie als Sachbearbeiterin beschäftigt. Das Jahr ihrer Hochzeit, im selben Jahr hatte sich ihr kleines neues Heimatland eingemauert, erfüllte das junge Paar die vom Staat gesetzten Erwartungen – meine Schwester wurde geboren, zweieinhalb Jahre später ich. Was sie wiederum zu den glücklichen Mietern einer kleinen Wohnung im Stadtteil Marienbrunn werden ließ, das war der Deal, der für alle Angepassten galt. Mama hätte ihre Heimatstadt, aber auch ihre Eltern, Schwestern, Verwandtschaft ohnehin nie verlassen – wohl auch nicht unter den unerträglichsten politischen Umständen.

Wir wohnten am Triftweg in einem der dort in den 20er-Jahren errichteten dreistöckigen Mietshäuser mit Spitzdach, zu denen ein Garten im Hinterhof gehörte. Die Wohnungen hatten wenig Komfort, einen mächtigen gemauerten Ofen im Wohnzimmer, der einen Großteil des Raumes ausfüllte, dazu ein Kinderzimmer mit einem kleineren Ofen und eine Küche mit Gasherd, das Wasser floss dort nur kalt. Die beiden Öfen mussten in den kälteren Jahreszeiten täglich mit Braunkohlenbriketts beheizt werden, sonst wäre die Wohnung kalt geblieben. «Fußkalt» war sie dennoch, wie unsere alte Tante Lies gern sagte, auch durch die Ritzen der Fenster, auf deren Glas der Frost im Winter gern Eisblumen zeichnete, blies es kalt. Warmwasser gab es nur, wenn einmal wöchentlich am freitäglichen Badetag der dritte Ofen im Badezimmer beheizt wurde.

TRÜGLEBEN

amals, als ich klein war, erschien mir alles riesig. Meine Geburtsstadt Leipzig zum Beispiel und auch dieser eingemauerte Bonsai-Staat DDR, den ich später als Jugendlicher das Gehege nannte. Unser Trabant sowieso. Geradezu gigantisch erschien mir der Inselsberg im Thüringer Wald, vor dessen sanfter Rundung wir, meine ältere Schwester und ich, alljährlich den Großteil unserer Sommerferien verlebten. Ich vermute, es war ein Akt der Notwehr, der viele Eltern ihre Kinder irgendwo parken ließ, denn diese schulfreien Sommer zogen sich endlose acht Wochen lang hin, und die Möglichkeiten zu urlauben waren begrenzt. Was an den limitierten Reisemöglichkeiten lag, an der enormen Nachfrage nach den wenigen Unterkunftsplätzen an der Ostsee, zu guter Letzt aber auch an den verhältnismäßig wenigen Urlaubstagen, auf die die Werktätigen im selbsternannten Arbeiter-und-Bauern-Staat Anspruch hatten.

Also wurden wir zur Oma geschickt, was in der Regel keine allzu große Begeisterung auslöste. Denn schon diese drei, vier Wochen waren eine verdammt lange Zeit, die wir dort weitgehend ohne die Gesellschaft anderer Kinder verbrachten, von denen es im Dorf nur wenige gab, und sie mochten uns Großstadtkinder auch nicht besonders.

Natürlich fügten wir uns dennoch brav, wie wir das eben gewohnt waren. Und immerhin ging von diesen Besuchen stets auch ein Zauber aus, der meine Fantasie beflügelte, auf den ich noch näher eingehen werde. Denn das Dorf Trügleben lag fernab von Zeit und Raum in Thüringen, eine gefühlte Ewigkeit weg von unserer Stadt. Es glich einer Reise ins Mittelalter, oder dem, was ich als Fan einer Fernsehserie, die «Die Melchiors» hieß, darunter so verstand.

Aufregend war schon die Hinfahrt. Heute kaum vorstellbar: Für die 180 Kilometer lange Strecke in das kleine Dorf bei Gotha benötigten wir bis zu vier Stunden – über holprige Straßen in unserem schlecht gefederten, verwinkelten, lauten, zudem schwachbrüstigen Trabant aus volkseigener Produktion. Schon am Vorabend packten meine Eltern die Taschen, füllten und verstauten einen großen Kanister mit Benzin im engen Kofferraum des Duroplast-Vehikels, denn es gab zu wenige Tankstellen in der DDR. Die Gefahr, ohne Sprit auf halber Strecke zu stranden, war also groß. Meine Mutter nahm auf solchen Reisen stets Brotpakete, Würste und gekochte Eier mit, denn Raststätten waren ebenfalls rar. Und auf Restaurants war im Arbeiter-und-Bauern-Staat kein Verlass – entweder waren sie geschlossen oder überfüllt. Oder sie verwalteten den üblichen Mangel.

Also tuckerten wir in dem mit vier Personen und vielen Taschen bis hart an seine Raum- und Leistungsgrenze beladenen Trabant aus dem Leipziger Süden in Richtung Westen, vom Schlachtfeld der Napoleonischen Kriege über die Schlachtfelder des Dreißigjährigen Krieges bei Lützen bis hin zu den Schlachtfeldern des Bauernkrieges in Ostthüringen. Jeder Quadratmeter mitteldeutschen Bodens Geschichte, gedüngt mit Soldatenblut.

Ich freute mich stets, wenn wir endlich die Autobahn erreichten. Denn das waren Transitstrecken, dort pulsierte das Leben. Autobahn – das bedeutete kunterbunte Reisebusse aus der Bundesrepublik oder Skandinavien, große Lastwagen mit Bildern von Bären mit Milchkannen auf der Seite und coole Autos mit Stern. Ich sah Busse mit riesigen Scheiben, hinter denen gut gekleidete Menschen auf uns Kinder herabgafften, die wir uns auf der Rückbank des kleinen, lauten und hässlichen Autos duckten.

Ich spornte meinen Vater zu höherem Tempo an, falls er mich im Lärmpegel des jaulenden Trabi-Motors überhaupt verstand, und triumphierte, wenn wir dann doch einmal einen Mercedes überholten, der sich aus Angst vor den Abzockern von der Volkspolizei an die vorgeschriebene Höchstgeschwindigkeit von 100 km/h hielt. Ich freute mich vor allem, meinen Freunden etwas erzählen zu können, wenn die Schule wieder losging. Denn «Westautos», wir kannten sie alle, schließlich lebten wir ja in der gut besuchten Messestadt Leipzig, waren immer ein dankbares Jungenthema.

Die Autobahnen waren damals noch in ihrem Ursprungszustand aus der Nazizeit, bestanden also aus verlegten Betonplatten. Und weil die sich witterungsbedingt und im Lauf der Zeit gehoben oder gesenkt hatten, machte unser Trabi in unregelmäßigen Abständen kleine Hüpfer. Bald quälte uns Kinder die Endlosigkeit dieser Fahrten. Meine Schwester musste regelmäßig kotzen. Noch heute kann ich die Reihenfolge der zu passierenden Autobahnabfahrten – Jena-Lobeda, Arnstadt, Weimar, Erfurt – im Schlaf herunterspulen. Unterbrochen wurde diese Monotonie von am Fenster vorbeiziehenden Ritterburgen wie den Drei Gleichen zum Beispiel oder dem Panzerschrottplatz im Südosten Gothas, nachdem man die Autobahn verlassen hatte. Da standen ausgemusterte sowjetische Panzer, deren entschärfte Kanonenrohre nun sinnlos in den Himmel wiesen. Wie auf einer Berg-und-Tal-Bahn ging es danach über die Fernverkehrsstraße 7, die ehemalige Reichsstraße 7, scharf in Richtung Westen. Erster Vorbote des nahen Ziels war die auf dem Krahnberg über Omas Dorf gelegene «Russenkaserne». Sie war in der damaligen Wahrnehmung ein verwunschener Ort, über den die Menschen mehr flüsterten als sprachen. Nichts war darüber in der Zeitung zu lesen. Obwohl die Kaserne vermutlich mehr Menschen beherbergte als das Dorf mit seinen knapp 300 Seelen.

Gut durchgeschüttelt erreichten wir schließlich Trügleben, die Einheimischen nannten es «Driläben». Das Dorf liegt westlich von Gotha in einer extremen Hanglage und wird im Norden lediglich von der wenig frequentierten Fernverkehrsstraße 7 tangiert, die noch heute Gotha und Eisenach verbindet, aber vor Jahren zur Landesstraße 3007 degradiert wurde. Oma bewohnte ein kleines, gedrungenes Häuschen, erbaut am Ende des 19. Jahrhunderts, an dem der Zahn der Zeit nicht mehr nur nagte, sondern bereits mit großem Appetit fraß. Putz fiel von der Wand, Schindeln lösten sich aus dem Dach. Ein schweres, fast drei Meter hohes Holztor versperrte die Sicht auf die unbefestigte, stets von tiefen Traktorspuren zerpflügte Dorfstraße. Die schräg stehende und das Häuschen überragende Scheune war einsturzgefährdet, eine Wand wurde durch einen angelehnten, schweren Stahlträger provisorisch gestützt. Die morschen Holzbretter auf dem Heuboden trugen keinen Menschen mehr, man drohte schlicht hindurchzufallen. In der Scheune hingen, lagen, standen Geräte und Dinge, die heute ein Heimatmuseum füllen könnten: Dreschflegel, antiquierte Sicheln und Sensen, geflochtene Tragekörbe, Petroleumlaternen.

Auf dem uneben mit Feldsteinen gepflasterten Hof tapste eine Handvoll Hühner umher, die aus einem alten Wehrmachtskochgeschirr Futter pickten. In meiner Erinnerung war das Alleinstellungsmerkmal dieses Dorfes sein Geruch, an den man sich nach wenigen Stunden gewöhnt hatte. Es roch nach Dung, nach Landwirtschaft, nach Gülle. Nicht einmal unangenehm, aber so komplett anders als das, was wir aus unserer Stadt mit ihrem penetranten Odem aus verbrannten Braunkohlebriketts, Industrieabluft und Abgasen der Zweitakt-Verbrennungsmotoren kannten.

Hühnergegacker, Entengeschnatter, Hundegebell, das einmalige Schlagen der Kirchturmuhr zur halben und das die Uhrzeit zählende Schlagen zur vollen Stunde bildeten den Sound der Trüglebener Wochen. Die Tage waren eine ewige Wiederkunft des Gleichen. Morgens trieb pünktlich ein Schäfer seine Herde die Dorfstraße hinauf, dessen zwei aggressive Hunde sich dann heftigste Bell-Duelle mit Omas Mischlingsrüden Mohrle lieferten; das Hoftor verhinderte die physische Entladung der tierischen Gewalt.

Gegen Mittag kam die Milchfrau Hedwig, ihren Karren schiebend und aus einem großen, mit einem Gummipfropfen verschlossenen Metallbehälter Milch schöpfend. Kurz darauf erschien, von Oma ersehnt, die Postfrau Steffi. Mit einer schweren Tasche behängt, war ihre Ankunft für Oma stets Anlass zu einem langen Plausch. Das waren Omas überschaubare soziale Kontakte. Als junges Paar waren Oma Marie und ihr August, noch nicht 30, in das Haus gezogen, in dem ihre betagte, verwitwete Mutter allein lebte, vermutlich der günstigen Lebenshaltungskosten im Dorf wegen und der Nähe zu Gotha. August kam aus dem hessischen Gladenbach, keine 200 Kilometer westlich. Für uns Spätergeborene blieb es das Land «hinter den Hörselbergen», gelegen irgendwo da, wo die Sonne unterging, im unerreichbaren Westen. Hier in Thüringen bekam der Landschaftsarchitekt eine Anstellung, Oma kümmerte sich fortan um ihre betagte Mutter, das Haus und die kleine Landwirtschaft. Im August 1933 wurde ihr einziges Kind geboren, mein Vater. Ich vermute, dass die Zugezogenen im Dorf stets als Fremdkörper empfunden wurden. Das änderte sich auch nicht nach dem Tod ihrer Mutter und ihres Mannes sowie dem Wegzug des Sohnes. Oma blieb eine Außenseiterin.

Jeden Mittwoch kam ihr Schwager aus dem nahen Gotha zu Besuch, Onkel Hermann, Hermann Buck, damals verwitwet und bereits jenseits der 90. Er kam mit dem einzigen Bus am Vormittag, blieb zum Mittagessen, hielt dann einen Mittagsschlaf und fuhr mit dem Nachmittagsbus wieder zurück. Hermann war ein sparsamer Schwabe, dem aber nachgesagt wurde, dass der ehemalige Malermeister sagenhaft reich sei. Er saß im Garten auf einem Stuhl, las die Zeitung, sprach wenig – und war der erfolgreichste Fliegenfänger der Welt. Er klatschte Fliegen mit der flachen Hand weg, indem er die Hand über dem Insekt minutenlang bedrohlich ruhen ließ, immer näher kam – und blitzartig zuschlug. Jeder Schlag ein Treffer.

Über die meisten Dörfler sprach Oma wenig schmeichelhaft. Was sicher auch an ihrem und auch deren kauzigen Wesen lag, aber zugleich Produkt eines unterkühlten Miteinanders der Dörfler war in dieser von Neid und Missgunst einerseits, andererseits aber von pflichtgemäßer Solidarität und Verantwortung füreinander geprägten Welt. Echte Freunde hatte Oma im Dorf nicht, aber sie war Teil dieser Gemeinschaft. Die alte Frau hatte gelernt, sich Hilfe zu organisieren, wenn nötig. Und sie wurde ihr von den Bauern, argwöhnischen und eigensinnigen Leuten, auch stets gewährt. Der Umgang miteinander war nicht freundlich, die Rauheit des Lebens hatte auf das soziale Miteinander abgefärbt. Aber man wurde im Zweifel auch nicht alleingelassen.

In Omas Haus gab es kein fließendes Wasser, sodass sie täglich mit zwei schweren Emaille-Eimern zum Dorfbrunnen laufen und den Schwengel bedienen musste, um das kostbare Nass zu bekommen. Erst 1979 wurde das Dorf an die regionale Wasserversorgung angeschlossen. Waren wir Kinder da, übernahmen wir die Schlepperei. Die alte Frau, Jahrgang 1900, war ausgesprochen genügsam, lebte von 165 Ostmark Mindestrente und schaltete ständig das Licht aus, das wir Kinder brennen ließen. Nie wurden Lebensmittel weggeworfen, alles wurde irgendwie verwertet. So bekam der Hund die Wurstpelle, die Hühner hart gewordenes Brot, die Kaninchen Kartoffelschalen. Fast nichts landete im Müll. Gewöhnungsbedürftig war das Waschen in einer Schüssel mit kaltem Wasser und der Gang aufs Plumpsklo quer über den Hof, zumal bei Dunkelheit. Unsere Eltern gaben uns stets ein paar Rollen Toilettenpapier mit. Denn Oma benutzte aus alter Gewohnheit die gelesenen Zeitungen. So erfüllte «Das Volk», so der Name der einzigen Tageszeitung des Bezirks Erfurt, neben seiner propagandistischen Aufgabe im Omas Haus auch eine sehr menschliche.

Oma hatte keinen Kühlschrank, Lebensmittel lagerten im Schrank, die Butter legte sie an sehr heißen Tagen in einen Eimer mit kaltem Wasser. An kalten Tagen wurde nur das Wohnzimmer von einem kleinen «Kanonenofen» beheizt, dessen Wärme aber nicht bis ins Obergeschoss drang. Der Steinboden im Untergeschoss war stets kalt, «fußkalt». Die Zimmerdecken waren so niedrig, dass hochgewachsene Menschen den Kopf einziehen mussten. Die kleine Oma jedoch konnte mühelos stehen und gehen, wir Kinder natürlich auch. Und manchmal dachte ich, vielleicht hatte sie sich nach dem Erwerb dieses Hauses entschieden, nicht weiterzuwachsen, weil alles so viel praktischer war. Ungemütlich war es auch, sich nachts über knarrende Dielen in ein kaltes, dunkles Zimmer zu tasten. Eine elektrische Heizdecke machte den Gang ins Bett erträglicher. Begleitet vom Gongen der Kirchturmuhr vis-à-vis zu jeder vollen und halben Stunde schlief ich ein – doch oft hatte ich Angst in diesem verwinkelten, knarrenden Haus.

Schön war es, durch Wiesen und Wälder zu streifen. Teile davon aber, wie das sogenannte Berlach, waren gesperrt, weil die Soldaten der auf dem Krahnberg gelegenen russischen Kaserne den Forst als Übungsgelände nutzten. Die Russen, die gelegentlich in schmutzigen Uniformen durchs Dorf marschierten, waren in den Augen der Dörfler Aliens. Dabei waren «die Russen» nur in seltenen Fällen Russen, viele der jungen Burschen stammten aus Kirgistan, Tadschikistan, Usbekistan, aus den unermesslichen Weiten des Sowjetimperiums. Die Bauern bezichtigten sie, Diebe und Vergewaltiger zu sein, von vollstreckten Todesurteilen in der Kaserne munkelte man hinter vorgehaltener Hand. In

Wahrheit waren es halbe Kinder, die oft gar nicht wussten, wohin es sie verschlagen hatte.

Wir ahnten damals nicht, dass die in dieser Region stationierten sowjetischen Soldaten in der Logik des Kalten Krieges auserkoren waren, im Fall eines heißen Krieges den Hauptstoß in die weiche Flanke der NATO hinter dem Eisernen Vorhang zu führen – in die sogenannte Fulda Gap in Osthessen mit Ziel Frankfurt. Hier in Thüringen waren die schlagkräftigsten Einheiten der Russen stationiert, das 172. Garde-Motor-Schützenregiment und das 87. Garde-Panzerartillerieregiment. Sie alle gehörten zur 8. Gardearmee. Was nach belanglosem Militärkauderwelsch klingt, hat eine interessante Vorgeschichte, denn diese 8. Gardearmee trug im Zweiten Weltkrieg als 62. Armee der Sowjets in der Schlacht von Stalingrad die Hauptlast. Weshalb sie auch nie den Namen «Stalingrader Armee» ablegte. Hier auf dem Krahnberg hielt sie sich also bereit, um durch jene Senke vorzustoßen, die sich hier im ansonsten für Panzerverbände eher schwer passierbaren Thüringer Wald auftat. Historiker nennen das heute die vermutlich «heißeste Stelle des Kalten Krieges».

Sowjetsoldaten vom Krahnberg machten sich mitunter auf, um ihre eigene «Fulda Gap», also ihre Lücke im Eisernen Vorhang, zu finden. Ausnahmslos scheiterte das und endete überwiegend mit dem Tod der Fahnenflüchtigen. Die Oma erzählte, ihr seien bei ihren täglichen Spaziergängen mehrfach solche gehetzt wirkenden Menschen über den Weg gelaufen. Kam es zur Flucht eines Soldaten, dann wurde im Dorf eine Art Alarmzustand ausgelöst. Sowjetische Feldgendarmerie und ostdeutsche Volkspolizei schwärmte aus, um der «Verräter» habhaft zu werden. Oma erzählte, sie habe stets verneint, wenn sie gefragt wurde, ob sie einen der Flüchtigen gesehen hatte. Und sie hätte wohl gern mehr für diese armen Kerle getan.

Oma warnte uns eindringlich vor Spaziergängen ins Berlacher Wäldchen. Das beflügelte meine Fantasie: Der verbotene Wald übte eine Faszination aus, vergleichbar mit der des Landes hinter den Hörselbergen, wo damals die innerdeutsche Grenze verlief. Ich stellte mir vor, im Wald mit seinen umgestürzten Bäumen lägen versteckte Reichtümer. Wenn die Russen auf den Ladeflächen der dunkelgrünen GAZ-Lastwagen durch das Dorf gefahren wurden, kletterte ich oft auf das Hoftor, schaute in ihre Kindergesichter und winkte ihnen zu. Auch ich hatte Mitleid mit diesen Jungen, über die hier im Dorf gesprochen wurde, als seien es Tiere. Nein, diese stoppelhaarigen Knabengesichter waren liebe, bedauernswerte Menschen, die nach jeder freundlichen Geste dürsteten, das spürte man. Ich winkte ihnen also zu und fand es faszinierend, dass diese Menschen aus einer Welt stammen sollten, die so anders als jene war, die ich kannte.

Oma sagte, manchmal kämen Russen vorbei, sich ängstlich umblickend, um Geschäfte zu machen. Sie böten ihre klobigen russischen Uhren feil, oder Messer, manchmal auch Feuerzeuge – Dinge, die Oma aber nicht brauchte. Sie gab ihnen dennoch, was sie begehrten: eine Flasche Bier, mal Zigaretten, mal was zu essen. Sie hatte im Schubfach ihres Schreibtisches sogar extra eine Packung Zigaretten der besseren Sorte «Club» liegen, die sie dann an Russen verteilte – oder an einen Dorfmenschen, der ihr bei einer kleinen Dienstleistung half, falls mal ein Haken aus der Wand fiel. Die Menschen waren damals genügsam.

Mitleid empfand Oma auch mit den Hunden, die in den Nachbarhöfen jaulten, weil sie geprügelt wurden oder tagelang an der Kette hingen, die an einer umgekippten Regentonne befestigt war, ihrer Hütte. Manchmal fasste sie sich ein Herz und ging rüber. Zu Schellenberg, Ortlepp oder Wagenführ. «Günter, warum schlägst du den Hund? Lass doch das arme Tier zufrieden.» Wagenführ knurrte dann zurück: «Höll dinn Mul, das geht dich nichts an, Mariechen. Kümmere dich um deine Sachen. Und selbst wenn ich den Köter totschlage, dann ist das meine Sache! Hast du verstanden?» Sie hatte verstanden und wusste, dass sich nichts ändern würde, dass der Graben, der sie seit fünfzig Jahren von diesen Bauern trennte, niemals würde zugeschüttet werden können. Sie war eine Schiffbrüchige umgeben von einem Ozean der Borniertheit.

In Omas Haus ging ich auf Schatzsuche, las in alten, in Frakturschrift gedruckten Büchern, die ich in schweren Truhen aufspürte: über den Aufstand der «Hottentotten» in Südwestafrika und über den Burenkrieg. Die Kämpfe spielte ich mit Elastolin-Soldaten nach, die in Kisten auf dem Dachboden lagen. Es gab Geschütze und zwei Blechpanzer. Papas Spielzeugsoldaten zogen in den Krieg gegen meine Kautschukindianer, Kontinente und Jahrhunderte wurden übersprungen. Panzer kämpften gegen Reiter, es wurde viel gestorben. Meine Oma mochte diese Massaker nicht und schickte uns lieber vor die Tür. Auf unseren vielen Spaziergängen erklärte uns Oma die Pflanzen – Scharfgarbe, Spitzwegerich, Schachtelhalm, Hirtentäschel. Ich kenne sie noch heute. Ich lernte, Rotkehlchen von Dompfaffen zu unterscheiden. Oder den Ruf des Eichelhähers zu identifizieren, der die anderen Vögel des Waldes vor unserem Nahen warnte. Und manchmal saßen wir auf der großen Wiese, die Oma außerhalb des Dorfes besaß, unter einer kleinen Gruppe von Eschen, blickten auf den Inselsberg und sangen der Sonne, die goldgelb hinter den Hörselbergen versank, ein Abschiedslied.

Die Trüglebener Sommerwochen waren eine Zeitreise, die uns lehrte, elementare Dinge des Lebens zu schätzen: das Wasser, das wir vom Brunnen schleppten. Das Holz, welches wir für den Ofen hackten. Die Tiere, die wir mit dem auf den Wiesen und Feldern eingesammelten Grünzeug fütterten. Und die von Zeit zu Zeit auf unseren Tellern landeten. Oma half, das Chaos in meinem Kopf zumindest etwas zu entwirren. Ich hatte so unendlich viele Fragen. Und diese kleine, unterkühlte und belesene Frau half, Antworten zu finden. Mitunter sprach die Oma in einer veralteten Sprache, benutzte Worte, die mich schmunzeln ließen. Zum Beispiel sagte sie immer: «Wichs doch mal die Schuhe.»

Meine Schwester hatte im Dorf mehr Anschluss, während ich mich in Büchern verirrte oder Krieg spielte. Es gab ein paar ältere Mädchen, Margit zum Beispiel, mit der verschwand sie mitunter den ganzen Tag. Ich, der kleine Bruder, durfte natürlich nicht dabei sein. Sie hörten dann Musik auf klobigen, rasselnden Kassettenrekordern oder fuhren schon morgens in die «Stadt», womit Gotha gemeint war. Immerhin konnte man da Eis essen.

WIR ALLE WAREN INDIANER

Wir Kinder machten uns die Welt bunt – indem wir uns zum Beispiel bunte Federn in die Haare steckten oder das Gesicht bemalten. Carsten Blasig aus dem Nachbarhaus, der etwas ältere Frank, der am liebsten allein spielte, Jordis und ich. Wir alle waren nämlich Indianer. Damals nannte man Amerikas indigene Bevölkerung noch ganz selbstverständlich so, wir wussten es ja nicht besser. Die heutige Kontroverse über das verquere Bild der amerikanischen Indigenen, welches ganzen Generationen vermittelt wurde, finde ich richtig und wichtig. Dennoch verwende ich hier das aus der Zeit gefallene Idiom Indianer weiter, weil es eben unsere damalige Lebenswirklichkeit authentischer beschreibt – mit all ihren Irrungen.

Der gesamte Hinterhof der Reihe des Triftwegs mit den ungeraden Hausnummern glich einem Indianerreservat. Kinder mit Gänsefedern im weißblonden Stoppelhaar schlichen geduckt durch die Kleingärten «Am Denkmalsblick», bewaffnet mit Plastik-Tomahawks aus der Produktion des VEB Vereinigte Erzgebirgische Spielwarenwerke in Olbernhau, um dann laut jaulend über ihre Opfer herzufallen. Ja, es herrschte Krieg! Und ich vermute mal, nicht nur in Marienbrunn. Tokei-ihto, Tecumseh, Chingachgook, Osceola, Ulzana – was für Nichteingeweihte wie die mysteriösen Beschwörungsformeln einer Geheimsprache klang, waren für uns, die in den 60er-Jahren geborenen Ost-Kinder, die «Viel-zu-vielen» der Baby-Boomer-Generation,

Namen von Helden, mit denen wir in unseren Träumen ritten, kämpften, johlten.

Und bei Licht besehen hatten alle diese Indianer-Häuptlinge ein und dasselbe Gesicht: jenes von Gojko Mitić, dem «Chefindianer» der ostdeutschen Filmgesellschaft DEFA, in dessen alljährliche Kinopremieren wir mit pochenden Herzen zogen wie die Dakota in die Schlacht. Niemand blieb so cool, auch wenn wir diesen Begriff damals nicht kannten, während die Pfeile der verfeindeten Huronen den Umriss seines Luxuskörpers im Holz des Marterpfahls markierten. Keiner schoss schneller, ritt tollkühner, starb dramatischer – und sah dabei stets so umwerfend gut aus.

Indianer mit ihren langen Haaren, den nackten Oberkörpern, diesem wilden Outfit waren irgendwie sexy – auch dies freilich ein Begriff, der uns damals hätte rätseln lassen. Und sie bildeten damit den schärfsten Kontrast zum DDR-Alltag, der eben genau das nicht war: aufregend. In unserer Freizeit zwang man uns in Pionier-Uniformen, unsere Papis fuhren Trabi, den Urlaub verbrachten wir in den Bettenbaracken der FDGB-Ferienheime an Müritz und Ostsee. Wer träumt da nicht von den Black Hills oder der Prärie?

Diese Indianerwelt, die sich uns da in Form von Filmen, Comics oder Spielzeug öffnete, war wie ein vom System geförderter Fantasieritt in das Jenseits hinter dem Grau des Alltags. Und anders als die Mythen vom Kampf der längst zu SED-Apparatschiks mutierten Antifaschisten wurden die indianischen Helden von der Jugend auch tatsächlich angenommen. Gojko Mitić war einer der wenigen vom staatlichen Filmverleih DEFA kreierten Helden, dem es gelang, sich in unsere Jungenherzen zu schleichen – neben den «West-Helden» Marshal Matt Dillon und Festus aus der Serie «Rauchende Colts», den Cartwrights aus «Bonanza» oder Daniel Boone. Zwischen 1966 und 1975 entstanden zehn Indianerfilme der DEFA, für uns Jungen und mutmaßlich auch viele Mädchen stets die Highlights eines jeden Kinojahres. Sie hatten sogar noch in der qualitativ unvergleichlich schlechteren Schwarz-Weiß-Variante des Fernsehens das Zeug zum Straßenfeger. Lief einer dieser Streifen mit seinem serbischen Hauptdarsteller im Fernsehen, dann wurde bei uns zu Hause mal Ostfernsehen eingeschaltet, was sonst eher selten geschah.

Unsere fast schon wahnhafte Indianerbesessenheit wurde über diverse Kanäle gefüttert. Zu Geburtstagen und Weihnachten bekam ich Indianer-Figuren aus Kautschuk geschenkt, im Laufe der Jahre kam eine gewaltige Streitmacht zusammen. Mit Carsten aus dem Nachbarhaus spielte ich dann die Indianerfilme nach – und korrigierte im Spiel das Drehbuch, weil doch zu oft am Ende das Böse triumphierte. Wir bauten Schlachtpanoramen auf, Hunderte von Figuren lieferten sich da blutige Gefechte. Es wurde, wie im Film, reichlich gelitten und gestorben. Und natürlich gewannen immer die Indianer, was allein schon daran lag, dass das Angebot an Figuren, die überwiegend von kleinen ehemaligen Familienunternehmen im «Sonneberger Spielzeugwinkel» in Südthüringen hergestellt wurden, klar Schlagseite hatte: Zwei Drittel waren Indianer, nur ein Drittel «Bleichgesichter». Letztere hatten jedoch den Vorteil, als Verteidiger eines Forts, einer Festung, deren Palisaden wir aus leeren Kofferradio-Batterien bauten (die damals noch die Größe von Deo-Rollern hatten), strategisch im Vorteil zu sein. Das Ungleichgewicht zwischen Roten und Weißen tarierten wir zudem aus, indem die Cowboys durch Wehrmachtssoldaten aus Elastolin verstärkt wurden, dem Spielzeug meines Vaters, der einer Generation entstammte, die offenbar im Herzen nie Indianer gewesen ist.

Und so kam es zu einer «Achse des Bösen», von knienden Wehrmachtssoldaten mit Maschinengewehren oder Flammenwerfern, flankiert von schießenden Cowboys mit Mund- und Nasenschutz, was sie als Posträuber kenntlich machte. Es gab auch Reiter. Doch da die Pferde aus einem sehr zerbrechlichen

Kunststoff gefertigt waren, wurden die alsbald pferdelosen Reiter als Gefallene über das Schlachtfeld verteilt. Aus Kleinteilen zusammensteckbare «Westindianer» verirrten sich dank eines Weihnachtspakets ebenfalls in unsere Sammlung – genügten aber unseren Qualitätsansprüchen nicht. Die Figuren waren zu klein, wirkten wie Pygmäen, waren nicht einmal als Gefallene zu gebrauchen.

Paradoxe Situationen spielten sich in Carstens Kinderzimmer ab: Da hockten wir, spielten mit Kautschuk-Indianern und Elastolin-Nazis Szenen aus dem Film «Die Spur des Falken» nach, während als Soundtrack dazu vom Plattenspieler «Spaniens Himmel breitet seine Sterne» oder «Vorwärts Bolschewik» dudelte, gesungen vom legendären Arbeiter-Barden Ernst Busch. Busch war in der polarisierten Zeit der 20er- und 30er-Jahre des vorigen Jahrhunderts vor der Machtergreifung der Nazis der singende Einpeitscher der Weltrevolution gewesen, übertragen auf die heutige Fanszene großer Fußballmannschaften war er so was wie der «Capo» oder Vorsänger der proletarischen Massen. Mit knarziger Stimme und dem in den 20er- und 30er-Jahren offenbar unerlässlichen gerollten «Errrr» feuerte Busch musikalisch Salven gegen jene, die als Erzfeinde der proletarischen Revolution galten: Faschisten, Industrielle, Militärs, Bürgerliche, Pfaffen, kurzum: gegen die Rrrreaktion. «Lasst den britischen Löwen brüllen, zahnlos fletschende Sphinx …» Carsten befand, diese Musik passe ganz gut zum Indianerspiel, und ich stimmte ihm bei.

Sein Vater Herbert Blasig war ein betagter Alt-Kommunist, ein ehemaliges Mitglied der KPD und später im kommunistischen Untergrund im schlesischen Breslau. Dafür hatte er Jahre in den Gefängnissen der Nazis zugebracht. Die Schallplatte mit Widmung war ihm vermutlich anlässlich eines Jubiläums geschenkt worden. In der DDR genoss er als «VVN», als anerkanntes Mitglied der Vereinigung Verfolgter des Nazi-Regimes, gewisse Privilegien. Herbert Blasig war das Gegenteil eines Dogmatikers. Dass meine Eltern mich instruiert hatten, vor Carstens Eltern nicht alles preiszugeben, schmierte ich Dreikäsehoch ihnen direkt aufs Brot: «Ich darf mit euch nicht über Westfernsehen reden, haben meine Eltern gesagt, weil ihr Kommunisten seid ...»

Herr und Frau Blasig reagierten auf souveränste Art und Weise, sie lächelten mich aufrichtig freundlich an und sagten: «Aber wir schauen doch selbst gern Westfernsehen. Und politisch sind wir eigentlich gar nicht interessiert. Grüß deine Eltern lieb von uns, wir sollten Freunde sein ...» Es war wirklich nicht einfach, diese komplizierte Welt der Erwachsenen zu verstehen.

Herbert Blasig war liebenswürdig, geradezu großherzig, und es war ihm sichtlich unangenehm, dass da ein Nachbarskind ausgerechnet in seiner Wohnung beim Spielen mit kommunistischen Kampfgesängen beschallt wurde. Mitunter intervenierte er zögerlich: «Soll ich nicht besser den Plattenspieler ausschalten?»

«Nö, lass mal ...» Carsten bestand darauf, und der gutmütige ältere Herr ließ uns kopfschüttelnd gewähren.

Meine Elastolin-Soldaten in Feldgrau erwiesen sich als eine dem Untergang geweihte Armee, so wie ihre historischen Vorbilder auch. Ihr Schicksal war besiegelt, als ich sie dem sicheren Dachboden der Trüglebener Oma entrissen und mit nach Leipzig genommen hatte. Wie alle Mieter des Triftwegs hatten wir im Hinterhof einen kleinen Garten, in dem wir im Sommer eine Zinkwanne mit Wasser aufstellten. Eines schönen Tages mussten sich Indianer und Wehrmachtssoldaten in bunten Holzkanus eine Seeschlacht liefern. Wer getroffen wurde, stürzte ins Wasser. Mit meinen Indianern hatte ich das schon des Öfteren gespielt. Dass diese Seeschlacht zur Auflösung meines Wehrmachtskontingents führte, merkte ich erst, als ich im zunehmend trüben Wasser die Soldaten suchte. Es blieben nur Drahtskelette übrig. Die verleimte Tonmasse hatte sich aufgelöst.

Wenig überzeugend fanden wir die Winnetou-Verfilmungen

im Westfernsehen. Dieser kichernde Sam Hawkens, gespielt von Ralf Wolter, oder dieser von Eddi Arent gemimte alberne englische Lord mit seinem Kescher, der im Wilden Westen Schmetterlinge fing – sie wurden dem heiligen Anliegen unserer Indianer-Leidenschaft nicht gerecht. Tatsächlich waren die DEFA-Indianerfilme im Vergleich zu den Winnetou-Verfilmungen brutal, geradezu blutrünstig und eigentlich für Kinder ungeeignet, hielten sich aber viel genauer an wahre historische Begebenheiten. Massaker an wehrlosen Frauen und Kindern wurden da gezeigt, das Böse durfte sich viel ungehemmter ausleben. Denn ganz nebenbei transportierten diese Filme auch eine ideologische Botschaft, die eine Konstante, beginnend in der Zeit der Besiedlung des amerikanischen Westens, bis in die Gegenwart ziehen sollte: Amerika verkörperte da das zeitlose Böse, und aus den Indianern wurde so eine revolutionäre Vorhut, frühe Bündnisgenossen des Antiimperialismus, die auf derselben Seite standen wie Ernst Thälmann und Walter Ulbricht, der starke Mann im Gehege. Die Filmbösewichter waren komplett überzeichnete Gegenentwürfe zur Lichtgestalt Gojko Mitić – skrupellos, feige und obendrein hässlich. Sie hießen James Bashan, wir nannten ihn mit sächsischem Zungenschlag «Bäsch'n», oder Joe Bludgeon, «Platsch'n». Rolf Hoppe war ein begnadeter Schauspieler, für mich blieb er auch in seinen späteren Rollen aber stets verlinkt mit «Bäsch'n», dem verhassten, feigen Mörder der schönen Indianerin Blauhaar, «Weitspähender Falkes» großer Liebe.

In meiner Gedankenwelt gab es auch ein Reservat – und darin war ich der Hauptdarsteller, ob ich im Kindergarten oder in der Schule war oder nachts im Bett lag. Ich träumte davon, Indianer zu sein und die Räder der amerikanischen Geschichte zurückzudrehen – jene der Planwagen und «Dampffrösser», die das Indianerland überrollt hatten. Natürlich wurden wir auch zu Indianern, wenn mal wieder Fasching war. Ich war in der ersten Klasse, als meine Mutter mir ein Indianer-Faschingskostüm genäht hat, die halbe Nacht lang. Am nächsten Morgen sollte ich es anziehen: Ein kariertes Hemd mit angenähten Papierfransen. Ich protestierte, so etwas hatte Gojko Mitić nie an. Ich packte zum Beweis meine DEFA-Programmhefte und meine Kautschuk-indianer aus, zeigte sie ihr: «Guck, keiner hat so ein kariertes Hemd an.» Ich weinte, wollte so nicht in die Schule und musste es am Ende doch, mit verheulten Augen. Ich war der traurigste Indianer der Welt.

In unserer Freizeit lasen wir DDR-Kids das «Mosaik», ein auch in der Rückschau wirklich gut gemachtes Comic-Heft, das mo-natlich erschien und – wo sonst? – in den 70er-Jahren natürlich im «Wilden Westen» Amerikas spielte. Von einer unserer Mär-chen-Feen aus dem Westen, der lieben Tante Anna-Marie, die uns zu Weihnachten mit Paketen beschenkte, bekam ich irgend-wann «Der Schatz im Silbersee» von Karl May geschenkt. Dann kamen «Der Ölprinz», «Winnetou I» und «Winnetou III». Der zweite Band verschwand auf ominöse Weise aus einem der Pake-te. Kein Einzelfall, wie sich später zeigen sollte.

Für meinen Eintritt in die Welt der Bücher nahm ich also den Umweg über das Indianerland. «Der Schatz im Silbersee» wurde das erste bilderlose 500-Seiten-Buch, durch das ich mich fraß. Mühsam zwar, aber beharrlich. Kein Pfad war zu weit, keine Mühsal zu groß auf dem Weg zum Little Bighorn.

EINE WELT IN FRAKTUR

Diese Welt, in der ich aufgewachsen bin, erscheint mir in der Rückschau wie ein fremder Stern, der längst verglüht ist. Eine Welt, die sich nur marginal von jener unterschied, von der uns die Großeltern erzählten. Eine Zeit wie ein sanft dahinfließender Strom, der stoisch seine Bahn zieht und dessen Weg bis in alle Ewigkeiten vorgezeichnet ist. Damals war es nicht ungewöhnlich, dass man plötzlich in weißen Rauch gehüllt war, während man auf der Eisenbahnbrücke auf der Zwickauer Straße stand, weil unter einem eine Dampflok fuhr. Die Autos sahen aus wie in heutigen Kriegsfilmen. So fuhr mein Leipziger Opa einen alten DKW F8, der an der Stelle von Blinkern je einen Winker hatte, eine Art ausklappbarer Löffelstiel an jeder Seite. Daneben besaß er noch ein Dreirad, einen Kleintransporter mit Ladefläche auf drei Rädern – hinten zwei und vorne eins. In einer scharfen Kurve konnte das Gefährt auch schon mal umkippen. Mein Onkel Peter hatte einen holzvertäfelten Kastenwagen.

Damals kam noch jeden Morgen und jeden Abend der Laternenmann und entfachte oder löschte mit einer Art Enterhaken die Gaslaternen, die die Gehwege mit einem warmen, sanften Licht bestäubten. Im Winter warfen wir Schneebälle auf diese Laternen. Manchmal schafften wir es, dass der Schneeball durch den schmalen Spalt zwischen Glas und Flamme vordrang, die dann zischend erlosch. Manchmal reichte aber auch die Erschütterung des Glaskörpers, um die Flamme sterben zu lassen. Und wenn der Schneeball zu hart geformt war, kam es vor, dass eine der sechs Glasscheiben zerbrach. Dann waren flinke Beine gefragt, denn wer sich bei solchen Dummheiten erwischen ließ, bekam gern auch mal von wildfremden Anwohnern einen Tritt in den Hintern ab, im günstigeren Fall eine Schimpfkanonade. Der Müll wurde mitunter noch von alten Männern mit Pferdefuhrwerken abgeholt, deren vierbeinige Zugmaschinen auf dem Asphalt ihren verdauten Treibstoff zurückließen.

Einmal im Jahr wurde den Haushalten Kohlen geliefert. Ein riesiger Berg dunkler Steine, Braunkohlebriketts, oft nur unförmiger Bruch, wurde dann auf dem Gehweg vor dem Hauseingang abgeladen. Und falls sich dieser Berg Kohlen anschließend nicht per Rutsche durch die kleinen Fenster knapp über dem Erdboden in den Keller verfrachten ließ, blieb den Bewohnern der Häuser nichts anderes übrig, als die schwarzen Gebirge mit Emaille-Eimern abzutragen. Eine mühsame Arbeit. Dieser Kohlenvorrat war der Brennstoff, der die Öfen der Häuser beheizte, dessen Staub unter den Nägeln der Menschen haftete, die morgens, bevor sie zur Arbeit fuhren, ihre Öfen anheizten, um an den Wintertagen nicht abends in kalte Wohnungen heimzukehren. Und dessen schwerer Rauch im Winter die Luft erfüllte, der Geruch nach verbrannten Briketts. In gewisser Weise war die Luft auch noch erfüllt vom Pulverdampf des letzten Krieges. Seine Spuren an den Gebäuden waren allgegenwärtig, Einschusslöcher in den Häusern am Nibelungenring oder tote Häuserskelette in der Hainstraße im Innenstadtbereich.

Es war eine Welt, die jener der Großeltern auch darin glich, dass sie viel Arbeit und wenig Komfort bereithielt. Die Vorboten einer neuen Zeit erreichten uns, als westlich der Zwickauer Straße Ende der 60er-Jahre sechs fünfgeschossige Wohnblöcke errichtet wurden – wir nannten sie «Hochhäuser». Fließend Warmwasser und Fernheizung waren Verlockungen, die auch bei meinen Eltern verfingen. Dafür hätten sie sofort ihre schöne Wohnung mit Hinterhausgarten, hohen Wänden, Holzdielenfußboden und Balkon hergegeben. Doch die Nachfrage war groß, wir hatten zunächst keine Chance.

Aber die neue Zeit bescherte uns schon einmal mehr Helligkeit. «Kommunismus, das heißt Sowjetherrschaft plus Elektrifizierung des Landes», hatten wir in der Schule gelernt. Für den Triftweg in Marienbrunn hieß das, dass die Straße aufgerissen wurde und die historischen Gaslaternen verschwanden, die Gasleitungen gleich mit. Hohe, hässliche Betonpfähle wurden an die Stellen der eleganten, grauen Metallständer gesetzt.

Die Strahler der neuen Laternen waren viel weiter oben positioniert, sie sahen sehr modern und ein wenig wie Duschköpfe aus. Sie spendeten ein ins Rötliche changierendes Licht. Es wirkte synthetisch, verglichen mit dem warmen Licht der flauschigen Gaslaternen. «Die werden alle in den Westen verkauft», sagte Frau Röhr, unsere Nachbarin. Die Leute erzählten viel, wenn der Tag lang war. Ich erinnere mich noch, dass Kinder eines Tages im Kindergarten riefen: «Der Laternenmann ist tot.» Ich war traurig und erzählte das zu Hause. Doch es stellte sich heraus, dass ein verdienter Genosse der Partei- und Staatsführung verschieden war. Und der hieß Hermann Matern. Das klang ähnlich, für uns Kinder zumindest. Und irgendetwas war ja tatsächlich mit den Laternen passiert.

Es war nicht die einzige Nachricht, die mir damals einen gehörigen Schrecken einjagte. Im heißen Feriensommer 1973 hieß es im Fernsehen, der gütige alte Mann, der das kleine Land mit väterlicher, gelegentlich aber auch strenger Hand gelenkt hatte, sei nun auch im Arbeiterhimmel. «Haben wir jetzt gegen den Westen verloren?», fragte ich die Oma. Die lachte nur laut: «Kindskopf, nein, wir haben nicht verloren. Einer ist weg, der Nächste wird kommen. Und auch morgen scheint die Sonne wieder.»

In unserer Familie trauerte niemand um diesen Walter Ulbricht, dessen Bild in jeder Schule, in jeder Amtsstube hing. Alle Sympathien flogen einem anderen Politiker zu. Der hieß Willy Brandt und regierte im Westen. Warum Oma, Mama, Papa, Onkel und Tanten diesen Mann mit der etwas gepressten, tiefen Stimme so mochten, erschloss sich mir damals nicht. Wir bekamen nur mit, dass er auch viele Feinde hatte, sogar im Westen. Im «Westfernsehen», und das war schließlich maßgeblich, wurde über den liebenswürdigen Willy auch viel Häme ausgegossen. Es gab da jene, die ihn scharf attackierten, und jene, die ihn mochten. Wir nahmen das sehr ernst: Es gab die «guten» Westleute, die mochten Willy und waren für die SPD. Und es gab die weniger guten, die wollten ihn stürzen und mochten diesen unsympathischen CDU-Vorsitzenden, dessen Name mit etwas Fantasie an eine hässliche Hautwucherung erinnerte: Rainer Barzel. Und es gab die «richtig Bösen», in meiner Vorstellung rangierten sie auf dem Niveau der Cowboy-Fieslinge «Bäsch'n», und «Platsch'n», die mochten diese bayerische Bulldogge, diesen bissigen, krawalligen Franz Josef Strauß. Wenn wir Westbesuch bekamen, Tante Anna Marie oder dieser Nennonkel Willy zum Beispiel, dann versuchten wir im Nachhinein zu ergründen, ob sie wohl für die «gute SPD» oder für die «böse CDU» seien. Alles schien sehr übersichtlich.

Es war derselbe Sommer, in dem unser Papa ein mit einem mächtigen Stoffüberwurf gehülltes schweres Gerät aus der nahen Kreisstadt Gotha in das kleine Trüglebener Häuschen der Oma trug: ein Fernsehgerät der Marke «Sybille», produziert im Volkseigenen Betrieb Fernsehgerätewerk Staßfurt. Es dauerte fast eine Minute, bis die Maschine auf Betriebstemperatur gekommen war, auf der von einer Art Passepartout verengten Mattscheibe erschien ein in bläuliches Licht getauchtes Licht-Schatten-Gemisch aus Hell und Dunkel. Auf dem niedrigen, mit betagten Schindeln gedeckten Dach wurde eine Art Stahl-Rechen installiert, eine große Antenne. Während Papa auf dem Dach dieses wäscheständerartige Gebilde drehte, wurde ihm von unten vielstimmig zugerufen, inwieweit sich der flirrende Lichtsalat auf der Scheibe zu so etwas wie einem Fernsehbild verdichtete.

Es war nicht so, dass ich nicht wusste, was ein Fernsehgerät war. Wir hatten ja einen in Leipzig. Doch die geografische Nähe zum Westen erleichterte den Empfang der für uns wichtigen Programme. Und dass jetzt hier in diesem Dorf jenseits von Raum und Zeit Sendungen wie Ilja Richters «Disco» oder der «Musikladen» zu sehen sein sollten, das hatte schon etwas von einer kleinen Kulturrevolution.

Aus Respekt vor diesem technischen Wunderwerk verbat die Oma uns Kindern jedoch, es eigenhändig einzuschalten. Zu groß war dieser Frau, geboren drei Jahre bevor das erste Flugzeug ein paar Meter geflogen war, der Respekt vor diesem fragilen Teufelswerk.

Nur am Abend zur «Tagesschau» und danach wurde ferngesehen, vorausgesetzt, es war eine jener Sendungen angekündigt, die als sehenswert erachtet wurden. Weil es Zeitschriften mit den Programmen nicht gab, erstellte sich die Oma alsbald einen eigenen TV-Wochenplan, indem sie jeweils am Sonntagmorgen die Vorschau für das ARD-Programm der kommenden Woche mitschrieb. Unschlagbare Highlights waren die Unterhaltungssendungen des Niederländers Rudi Carrell, zunächst die «Rudi-Carrell-Show», später «Am laufenden Band». Daneben die abendfüllende Sendung «Spiel ohne Grenzen», in der europäische Mannschaften sich in Übungen und kleinen Wettstreiten maßen. Und natürlich Hans-Joachim Kulenkampffs Marathon-Show «Einer wird gewinnen».

«Dalli Dalli» mit Hans Rosenthal war eine besonders aufschlussreiche Sendung, weil ich mir endlich ein Bild machen konnte, wie sie denn aussahen – diese Juden. Denn stets betonte Oma, dass «der Rosenthal eine richtige Juden-Goschen» hätte. Ich glaube, sie sagte das ohne despektierlichen Unterton. Mich interessierte das, und ich fragte nach: «Was machen die Juden denn so?» Oma gab umgehend wieder, was sie in ihrer Jugend darüber gelernt hatte: «Juden sind schlau, sie haben oft mit Geld zu tun, arbeiten bei Banken und so», seien aber «sehr feine Leute», sagte sie. Heinrich Heine sei Jude gewesen, den mochte sie. Karl Marx war auch Jude, der war ihr egal. Persönlich hätte sie nie einen Juden kennengelernt, im Dorf gab es keine. Die Nazis haben die Juden umgebracht, auch beinahe die gesamte Familie von Hans Rosenthal. Das sei schlimm, sagte die Oma. Übrigens seien auch viele Kommunisten Juden. Als Kind muss ich eine echte Nervensäge gewesen sein, denn ich fragte die Erwachsenen sprichwörtlich Löcher in den Bauch. «Was ist ein …», «Wer ist das?». Wieso, weshalb, warum … Und es gab nur wenige Erwachsene in meinem Umfeld, meine Oma gehörte dazu, die die Geduld und vor allem das Wissen hatten, auf fast alle meine mitunter seltsamen Fragen zu antworten.

Also schaute ich fortan «Dalli Dalli» mit anderen Augen. Und konnte gar nicht verstehen, dass dieser quirlige Mann, der aus Begeisterung in seiner Sendung aus dem Stand fast einen Meter in die Höhe hüpfen konnte, so viel Lebensfreude ausstrahlte. Ich nahm ihm das nicht ab und war überzeugt, dass Hans Rosenthal ein todunglücklicher Mensch war, der bestimmt vor und nach der Sendung weinte. Mein Vater, ein eher verschlossener Mensch, erzählte mir in einem der seltenen Momente, in denen er mir einen Blick in die Innenwelt seines Lebens gewährte, dass sie als Jungen im Dorf stets «lustige» Reime über die Juden rezitiert hätten. Reime wie jenen: «Ich sag es dir im Guten, geh nicht bei die Juden. Die Juden sind gemein, die haun dir eine rein …»

Er sagte dies mit einem verschämten Grinsen, weil es den Geist einer Zeit atmete, über die man eigentlich nicht laut sprechen durfte. Doch auch er hatte keinen Juden kennengelernt und konnte mir nicht erklären, was an diesen Menschen so anders sei. «Sie glauben nicht an unseren Gott», hatte die Oma gesagt.

Das fand ich verwirrend. Denn schließlich glaubten auch wir nicht an Gott. Oma ging schon lange nicht mehr in die schöne Feldsteinkirche St. Johannis, die schräg gegenüber ihrem Hause lag. Dem im Pfarrhaus wohnenden Pfarrer Rieger unterstellte man im Dorf, er unterschlage der Gemeinde die alljährlich ankommenden Westpakete von der Partnergemeinde drüben im Hessischen jenseits der Hörselberge. «Der Rieger, der Fresssack, frisst alles selbst», sagte sie. «Steffi hat erzählt, dass er dieses Jahr mindestens drei Pakete bekommen hat – und nichts davon hat er im Dorf verteilt …»

Den langen Sommern im Dorf der Oma verdanke ich, dass ich ein Bücherjunkie wurde. Weil ich ja kaum Kontakt zu den wenigen Dorfkindern hatte, meine Schwester mit ihrer älteren Freundin Margit meist eigene Wege ging und man ja nicht ewig den Hühnern Kunststückchen beibringen konnte, ging ich auf dem Dachboden oder in den kleinen Seitenkammern von Omas Haus, welche die Dachschrägen ausfüllten, auf Schatzsuche.

Viel gab es zu entdecken. Eine blecherne Märklin-Eisenbahn, komische Sachen, die niemand mehr trug – Mäntel, Hüte, alte Koffer. Und ich fand Truhen mit Büchern. Bücher mit wunderschönen Illustrationen, die stets von Kriegen handelten. Krieg in Südafrika, Krieg in Südwestafrika, der Krieg der Welt, der in die Geschichte als der «erste» einging. Ich liebte den Duft dieser schweren Bücher, ihre aufwendig verzierten Einbände, diese Illustrationen, schöner als Fotografien.

Ich lernte schnell, diese verschnörkelten Buchstaben zu entziffern, Fraktur, die Schrift einer untergegangenen Zeit, die hier in diesem Haus noch lebendig war. «s» und «f» sahen fast identisch aus. Ich fraß diese Bücher, egal wie dumpf nationalistisch und rassistisch ihr Inhalt auch war, in mich hinein. Zwei riesige Bände, auf deren Einbänden zwei Kaiser abgebildet waren – der deutsche und der österreichisch-ungarische – hatte einst Omas

Bruder eingebunden. Walter Herrling war Buchbinder gewesen, so hatte sie mit trauriger Stimme erzählt. Und noch als Teenager habe er, als der Erste Weltkrieg begann, Zeitschriften gesammelt, die das Töten in berauschenden Bildern und begeisternden Texten verherrlichten. Zwei dicke Bände hatte er so geschaffen, weil er eine Zeit, die alle als groß empfanden, mit etwas Großem würdigen wollte. Doch bevor der dritte Band fertig wurde, musste er, der so künstlerisch begabt war, selbst in den Krieg – und wurde schon nach kurzer Zeit von ihm verschlungen.

Alles was von Walter blieb, waren die wenigen Feldpostbriefe, die Oma bewahrte. Darin ein paar rührende Landschaftsskizzen, die er in den Feuerpausen gezeichnet hat. Dazu diese beiden Chroniken. Und ein Foto, aus dem große, scheue Jungenaugen unter einer zu großen Pickelhaube hervor direkt in die Augen des Betrachters blicken. Das Foto brannte sich mir ein. Es war wie ein Vorwurf: Schaut mich an, in mir ist so viel Leben, so viel Kreativität, ich hätte dieser Menschheit Großes schenken können – und muss jetzt diesen komischen Helm mit dieser Spitze tragen.

Oma erzählte, dass Walter ihr, seiner Lieblingsschwester, regelmäßig geschrieben hatte. Über die Landschaft in den Vogesen, über von Weiden gesäumte Feldwege, die ihn an Thüringen erinnerten. Ich stellte mir vor, was für ein grottenschlechter Soldat dieser Schöngeist vermutlich gewesen sein muss, der ganz sicher das «Tick-Tick-Siiip» eines Rotkehlchens vom eher ratternden «Zerrr» eines Zaunkönigs unterscheiden konnte. Und vielleicht war so ein Vogel auch das Letzte, das Walter Herrling in seinem Leben sah – bevor das Geschoss eines britischen 18-Pounders, auf dessen Heulen in der Luft er nicht geachtet hatte, sein Dasein auslöschte.

Ich vergrub mich in meiner kleinen Welt und begann zu lesen. Ich arbeitete mich mit Engelsgeduld durch die alten Schwarten, Seite für Seite. In diesen Büchern wurde viel gestorben, alles war

Kampf. Und dieses Sterben, die Kämpfe und Zerstörungen wurden als etwas Ästhetisches, etwas Morbid-Schönes dargestellt. Das erschreckte mich, aber ich nahm es als gegeben hin. Weil es dem ähnelte, was man uns in Schule und Gesellschaft vorlebte, wenn auch unter anderen politischen Vorzeichen.

MUSIK IM KOPF

Seltsam, aber in der Rückschau spielten sich wichtige Dinge in meinem Leben oft vor dem Hintergrund dieser eigentlich viel zu kurzen und obendrein sonnenarmen mitteleuropäischen Sommer ab. Im Sommer 1974 machte ich zwei Entdeckungen, die in meinem jungen Leben plötzlich ganz wichtig wurden. Und nein, es ging noch nicht um Mädchen.

Zunächst war da die Musik. Ich wuchs in einem Haushalt auf, in dem Musik praktisch keine Rolle spielte. Allmorgendlich, während ich mich bei Malzkaffee und Marmeladenschwarzbrot in unserer Küche mental auf einen trostlosen Schultag vorbereitete, dudelte das Kofferradio. Aus dem Gerät mit dem Namen «Stern Camping» der ostdeutschen Marke RFT im futuristischen Raumschiff-Orion-Design aus weiß-blauem Kunststoff plätscherte morgens permanent «Kaufhausmusik», wie ich das nannte. Melodien, die den Vorteil hatten, in uns Hörern nicht hängen zu bleiben, unterbrochen von belanglosen Textbeiträgen. Jedoch hatte Leipzig aufgrund seiner Lage das große Glück, aus beinahe allen Himmelsrichtungen mit Westsendern beschallt zu werden. NDR 2 aus dem Nordwesten, Bayern 3 aus dem Südwesten, HR 3 aus dem Westen, dazu RIAS 2 aus dem Nordosten.

Es gab abendliche Musiksendungen, die schafften es im Wochenplan auf einen festen Platz: «Die Schlager der Woche» zum Beispiel auf Bayern 3, ausgestrahlt jeweils Freitagabend. Freitagabend war Badetag, dazu wurde der große, zylindrische Badeofen geheizt, dann gingen wir reihum ins selbe Badewasser – erst der Papa, dann die Mama, dann die Kinder. Währenddessen dudelte aus dem Radio nach dem Orgel-Intro diese Sendung, in der zehn Hits in einer Stunde gespielt wurden. Und ich werde nie vergessen, dass sich Heinos «Blau blüht der Enzian» ein gefühltes halbes Jahr lang auf Platz 1 festsetzte.

Im Fernsehen gehörte die «ZDF-Hitparade» zu meinen frühen Erfahrungen mit Musiksendungen. Wir starrten wie gebannt in die Glotze, wo der ehemalige Autoverkäufer, der legendäre Dieter Thomas Heck, die Anmoderation herunterschnarrte. Das Zeitfenster war winzig, um die nur kurz eingeblendeten Anschriften von Rex Gildo, Chris Roberts oder Daliah Lavi mitzuschreiben. Meine Schwester und ich gingen arbeitsteilig vor: Ich las, sie schrieb. Anschließend setzten wir einen Brief auf, nicht ahnend, dass da am Schulterblatt in Hamburg nicht «Hossa»-Rex wohnte, sondern eine Agentur residierte. «Sehr geehrter Herr Gildo, ich heiße Harald und finde Ihre Musik gut. Ich bin 10 Jahre alt und lese gern, gehe gern schwimmen und wohne in Leipzig. Bitte schicken Sie mir ein Autogramm.»

Diesen Brief frankierten wir ordnungsgemäß mit dem Auslandsporto, weil Hamburg ja für die Parteiführung im «NSW», im Nichtsozialistischen Wirtschaftsgebiet, lag. Und dann schauten wir die nächsten Wochen täglich gespannt in den Briefkasten, ob der Rex Gildo wohl endlich geantwortet hatte. Oder konnte er vielleicht meinen Brief gar nicht lesen? «Aber er singt doch deutsch», beruhigte mich meine Schwester. Ich dachte damals tatsächlich, dass Rex Gildo womöglich Mexikaner sei.

Diese illustre Schar föhngewellter Schlagersternchen mit ihrem stets sommerlich-bronzenen Teint, mit ihren vom Fernweh sprechenden Namen, ihren blendend weißen Kauleisten, sie wirkten auf mich wie die schwülstigen Botschafter eines Fernseh-Gute-Laune-Landes, das geradezu überquoll vor Lebensfreude, Exotik, Farbe, ewiger Liebe und endlosem Sonnenschein.

Diese Schlagermusik war lange der akzeptierte Familiengeschmack, von dem wir Kids uns erst allmählich zu emanzipieren begannen. Vor allem, nachdem meine ältere Schwester von dem Geld, welches sie zur Jugendweihe eingesammelt hatte, der sozialistischen Variante der Konfirmation, einen Kassettenrekorder gekauft hatte. Sonett hieß der imposante, rote Plastikkoffer, auch dieses Gerät stammte vom DDR-Monopolisten RFT. Ein grünes Lämpchen blinkte rhythmisch, während über ein Kabel die im alten Röhrenradio gespielte Musik kopiert wurde. Das war die Initialzündung für eine musikalische Metamorphose, die mein komplettes Wesen verändern sollte.

Sicher ging es vielen Menschen meiner Generation ebenso. Es war, als hätte damals jemand einen Schalter in meinem Inner-Ich angeknipst. Und seitdem spielt eigentlich ständig irgendeine Musik in meinem Kopf, selbst wenn es scheinbar still ist. Ohne das wäre ich ein anderer Mensch geblieben, vermutlich ein sehr armer Mensch.

Das erste musikalische Virus, welches mich im Alter von zehn Jahren infizierte, war der Glam Rock der frühen 70er-Jahre: Sweet, Slade, Kenny, Hello – und wie die Bands alle hießen. Geschminkte, androgyne langhaarige Männer mit Föhntollen in Stiefeln mit Plateausohlen. Es wurde viel gekreischt, mitunter wurden Instrumente zerstört. Songs wie «Blockbuster» oder «Mama Weer All Crazee Now» rissen mich aus dem vorpubertären Wachschlaf. Die Freunde meiner älteren Schwester setzten den Trend – noch. Da gab es Bands, die musste man kennen und hören, weil es einen vor den zumeist unwissenden Gleichaltrigen umgehend aufwertete. Brian Connolly von Sweet, Marc Bolan von T. Rex und die ein wenig debil aussehenden Jungs um Noddy Holder von Slade wurden fortan zu meinen Helden. Gojko Mitić, immerhin war es bei langen Haaren geblieben, musste seinen ersten Platz in meiner Heldengalerie räumen. Auf den Brief von Rex Gildo wartete ich nicht mehr, er sollte uns auch nie erreichen.

Was löste dieses musikalische Erwachen aus? Ein Gefühl, dass es da etwas gab, das viel größer, viel lauter, viel wichtiger war als Sozialismus, Pionierehrenwort und die Russisch-Vokabeln in der Schule. Etwas, zu dem ich aufblickte. Und das Sehnsüchte, sogar Fernweh auslöste. «I've seen the yellow lights go down the Mississippi, I've seen the bridges of the world and they're for real» – sang Noddy Holder von Slade. Ich weiß nicht, ob ich das damals alles verstand. Aber die gelben Lichter auf dem Mississippi, die erahnte ich. Denn damit kannte ich mich aus. Weil der Mississippi, mein Freund Carsten Blasig sagte immer Mister Sippi, in meinem Lieblings-Comic «Mosaik» so intensiv bebildert und beschrieben wurde, dass ich mich zwischen New Orleans und Baton Rouge beinahe schon heimisch fühlte. Der Glam Rock und die Abenteuer unserer Comic-Helden am Mississippi wirbelten wie Flocken in einer Schneekugel durch mein Hirn. Es war einfach nur aufregend.

Meine erste, viel zu große Jeansjacke zerstach ich mir mit Sweet- und Hello-Ansteckern, die ich auf dem Polenmarkt in der Leipziger Heinstraße für je 5 Mark erworben hatte. Das war ein Preis, der meiner Mutter den Atem stocken ließ. «So viel Geld für solchen Mist!» Den begehrten Sweet-Aufnäher bekam ich nicht, dafür schenkte mir ein Freund meiner Schwester einen Aufnäher mit einem bärtigen Typen darauf, den ich zwar nicht kannte, der aber nicht minder wild und böse aussah: «Demis Roussos» stand darauf. Also lief ich fortan mit einem Aufnäher von Demis Roussos auf der Jacke durch Marienbrunn. Ich kannte Demis Roussos nicht, und das war vielleicht auch besser so.

Den Nachschub an Jeans und anderen «Westklamotten» lieferten jene magischen, für uns weitgehend gesichtslosen «Westtanten», es waren unsere Wunsch-Feen. Immerhin gab es die damals hippen Clogs, die ihre Träger mit mächtigen Absätzen mal eben 15 Zentimeter größer machten und zur Einschränkung der Gehfähigkeit führten, aus DDR-Produktion.

Ich fühlte mich erstmals richtig wohl in meiner Haut, mit einem Demis-Roussos-Aufnäher auf der Jeansjacke und, sonst eher einer der Kleineren, über Nacht nicht unerheblich gewachsen. Ich habe diese Popkultur wirklich ernst genommen, so ernst, dass ich als Sweet-Fan jene, die sich zu den soften Mädchen-Helden der Bay City Rollers bekannten, als Feinde betrachte. Denn für mich gab es keine Grautöne – man war das eine oder das andere. Sweet oder Bay City Rollers, Indianer oder Cowboy, Anhänger von Lok Leipzig oder von Chemie ...

Irgendwann tauchten dann in den Gesprächen der älteren, also cooleren Jungs aus dem Freundeskreis meiner Schwester Bands auf, die zu mögen und zu verstehen eine gewisse musikalische Reife voraussetzte. Zumindest war das die Botschaft, die bei mir ankam. Deep Purple, Pink Floyd, Uriah Heep, Jethro Tull, Rainbow, Golden Earring oder Iron Butterfly galt es zu hören, um ernst genommen zu werden, Classic Rock würde man das heute nennen. Ich tat mich zunächst schwer mit zehn Minuten langen Songs wie «Child in Time» von Deep Purple, war aber irgendwann komplett davon begeistert. Die ersten Zweifel an meinen Glam-Rock-Helden keimten, meine musikalische Metamorphose ging weiter.

Im heimischen Röhrenradio oder unserer «Koffer-Heule» dominierten allerdings andere Bands. ABBA, Boney M., die Bee Gees, später Michael Jackson. Damals glaubte ich, sie schrecklich finden zu müssen, weil sie ja dem Massengeschmack entsprachen und zudem gute Laune transportierten. Diese Szene bekannte sich zum Licht, stand für Freude, Schönheit, sexy Outfit. Und ich hatte mich, warum auch immer, für die eher grimmigen Jungs entschieden, jene, welche die dunkle Seite des Mondes besangen.

Deshalb fand ich ABBA oder die Bee Gees also nur heimlich gut. Ich hätte das nie eingestanden, aber in Wahrheit hatte ich so etwas wie Schnappatmung, als ich 1976 in Ilja Richters «Disco» Boney M. erstmals sah, als Bobby Farrell wie ein Derwisch zu «Daddy Cool» umherwirbelte. Und ich vergötterte die blonde Agnetha von ABBA, die da engelsgleich im Minikleid «SOS» sang. Zusammen mit der dunkelhaarigen Frida – wir hatten ja nur Schwarz-Weiß-Fernsehen – das perfekte Damen-Duo einer Schachpartie. Als mein Leipziger Opa während eines Urlaubs in Potsdam ins Krankenhaus musste und wir ihn dort besuchten, dudelte eine Woche lang «Dancing Queen» in meiner inneren Musikbox, ich textete den Refrain aber in «Sanssouci» um, während wir mit Oma und Opa in dem gleichnamigen Park spazieren gingen. Eine Zeile hatte ich aber sehr wohl verstanden: «Anybody could be that guy», jeder könnte der Kerl sein, welchen Frida, die «Dancing Queen», sich erwählt – also auch ich. Das war irgendwie motivierend.

Die andere große Sache, der ich in jenem Sommer 1974 verfiel, war der Fußball. Allerdings war ich stets ein leidenschaftlicherer Fan denn ein Spieler. In den Auswahl-Ritualen unserer Klasse oder auf dem Marienbrunner Hinterhof galt ich als schwer vermittelbar, bildete mit einer Handvoll Mit-Leidender oft die Resterampe, wurde entweder im Tor abgestellt oder saß auf der Auswechselbank.

Als «Fan» und Zuschauer konnte ich jedoch bereits auf bemerkenswerte Erfahrungen verweisen: Im Sommer 1970 hatte mich der knapp erwachsene Sohn unserer Nachbarn im Triftweg, ich nannte ihn «Onkel Michael», mit zu einem Heimspiel ins nahe gelegene Stadion des lokalen Top-Vereins Lok Leipzig genommen. Für die Stadt war das so etwas wie die «Mutter aller Derbys», denn Gegner war der Underdog und Lokalrivale Chemie Leipzig aus dem Norden der Stadt. Wir waren in einem Strom von Fahnenträgern und trötenden Fans den etwa einen Kilometer langen Weg entlang des Triftwegs und der Probstheidaer Straße bis ins Bruno-Plache-Stadion gelaufen, für mich

Sechsjährigen ein aufregendes, aber auch sich endlos hinziehendes Erlebnis.

Im Stadion bekam ich vom 3:0-Sieg der blau-gelben Favoriten nicht viel mit, weil ich in einem Wald von stehenden Erwachsenen nichts sah, mal Hunger hatte, mal auf Toilette musste. Und ich wusste natürlich auch nicht, dass die eigentliche Wunderwaffe der Chemiker, der damals bereits 31-jährige «Superstürmer» Dieter «Schere» Scherbarth, der Vater der ältesten Freundin meiner Schwester Beate war und noch heute ist. Mein 18-jähriger Begleiter mochte es bereits bitter bereut haben, sich meiner angenommen zu haben, denn ich erinnere mich noch sehr gut daran, wie seine Freundlichkeit allmählich «erodierte». Wozu vermutlich auch beitrug, dass die von ihm favorisierten grün-weißen «Chemiker» hoffnungslos untergingen und sich in jener Saison aus der ersten Liga verabschieden mussten.

Im Sommer 1974 dann schäumte meine Fußballbegeisterung geradezu über. Und das hatte viel mit einem Großereignis zu tun.

STICH IN DIE SEELE

Der Antrag meiner Eltern, endlich auch in eine dieser Plattenbauwohnungen einziehen zu dürfen, welche die Parteiführung jetzt im ganzen Land auf dem volkseigenen Grund und Boden errichtete, wurde schließlich positiv beschieden. Wir verließen mein geliebtes Marienbrunn und zogen nur eine kurze Wegstrecke entfernt ins benachbarte Lößnig, in eines dieser Stein im Quadrat gewordenen Symbole realsozialistischer Wohnkultur. Also in das, was jene, die sich für fortschrittlich hielten, unter Fortschritt verstanden. Kalte, schmucklose Kastenbauten mit kleinen Wohnungen, Sprelacart-beschichtete Einheits-Einbauküchen, kleine, quadratische, fensterlose Bäder, «Nassstrecken» genannt – das Metropolis der neuen Zeit. Für mich als Kind war dieses neue Leben vor allem eins: aufregend. Es gab Aufzüge, Heizkörper wärmten die Wohnungen, kurz nachdem man an einem kleinen Rädchen gedreht hatte. Aus dem Wasserhahn schoss wahlweise kaltes oder heißes Wasser. Das klingt nach einer Selbstverständlichkeit, selbst für das Jahr 1974, war es für uns aber nicht. Neu war auch, mit so vielen Leuten in unmittelbarer Nachbarschaft zu leben. Ständig wuselten Menschen durchs Haus, vor allem Kinder. Wie gesagt, es war aufregend.

Ich bekam mein eigenes Zimmer mit einem kleinen Balkon. Vergeblich kämpfte ich dagegen, dass in meinem neuen Reich eine alte Singer-Nähmaschine mit Fußpedal abgestellt wurde.

Nachts schaute ich jetzt aus meinem Fenster auf das Lichtermeer der Trabantenstadt. So muss es auch in New York aussehen, war ich überzeugt. Auf der anderen Seite unserer Wohnung fiel der Blick aus den Fenstern direkt auf die imposante Silhouette des Völkerschlachtdenkmals mit diesen rot glühenden Augen in der Nacht. Vielleicht lag es an der Perspektive aus der luftigen Höhe des siebten Stockwerks, vielleicht aber auch daran, dass ich älter geworden war: Jedenfalls hatte dieser Granit-Godzilla nur einen Kilometer weiter im Nordosten seinen früheren Marienbrunner Schrecken verloren.

Und dann gab es plötzlich für die Dauer dieses endlos erscheinenden Sommers nur noch ein Thema: die Fußball-Weltmeisterschaft. Rückblickend sind mein gleichaltriges Umfeld und ich dem auf Verkaufsoptimierung zielenden Marketing des Gastgeberlandes auf den Leim gegangen. Tatsächlich atmete auf einmal alles Fußball – Zeitschriften, Musik, Nippes, sogar Schokoladentafeln. Unter uns Jungen nahm das Sammeln und Tauschen von Fußballbildern, die den Schokoladentafeln der Marke Sprengel beigelegt waren, rauschhafte Züge an. Natürlich gab es die nur im Westen.

Die Fußballbilder waren heiß begehrt, ich kenne einige der Texte noch heute auswendig («Wie beschwörend hebt Sepp Maier seine Hände»). Der Preis für die Sprengel-Bilder stieg, je näher der Beginn der WM rückte. Für ein Matchbox-Auto bekam man einen ganzen Schwung, ebenso für alte Ausgaben unserer Comic-Serie «Mosaik». Wir waren Händler, alles wurde «gegaubelt», also verhökert. In letzter Sekunde konnte mein Vater verhindern, dass ich wertvolle Fünf-Reichsmark-Silbermünzen aus den 30er-Jahren mit dem Konterfei von Paul von Hindenburg für Fußballbildchen oder «Mosaik»-Hefte hergab.

Und es gab noch eine Steigerung des Fußballfiebers, welches mich gepackt hatte. Ende Mai gastierte England, das sich erstmals nicht qualifiziert hatte, zu einem Vorbereitungsspiel gegen unsere Mannschaft im Leipziger Zentralstadion. Und mein Vater hatte über seine Firma tatsächlich Karten besorgt. Für mich war es, als hätte ich als Zuschauer an dieser Weltmeisterschaft teilgenommen, die ja noch gar nicht begonnen hatte, auch wenn nach 90 Minuten nur ein müdes 1:1 herauskam. Aus Zeitungsausschnitten bastelte ich mir mein eigenes WM-Buch, das Englandspiel bildete den Auftakt, auch wenn es mit dem Fußball-Großereignis eigentlich nichts zu tun hatte. Ich war heiß auf diesen Rausch, der Mitte Juni endlich losging.

Die Welt traf sich zum großen Fest des Fußballs im Land des Lichts, der Farben und der quiekenden Lebensfreude, im Westen also. Und unser kleines Schattenreich war wider Erwarten auch dabei, hatte sich wacker durch die Qualifikation gekämpft. Bis dato graue und inhaltsleere Zeitungen und Zeitschriften transportierten in diesem Sommer plötzlich auch bei uns diese bumsfidele Vorfreude auf den Fußball. In der Illustrierten NBI (Neue Berliner Illustrierte) wurden die teilnehmenden Mannschaften vorgestellt, es gab eine Sonderausgabe mit großen, farbigen Fotos der letzten WM 1970 – die vor allem ein Brasilianer namens Pelé dominiert hatte. Ich tapezierte mein Zimmer mit aus der NBI ausgeschnittenen Pelé-Bildern. Ich pinnte an die Wand, was ich bekommen konnte. Die Ausgaben der Zeitschrift, in denen die Mannschaften der Bundesrepublik, Brasiliens oder der Niederlande vorgestellt wurde, bekam ich leider nicht, andere waren schneller gewesen. Dafür landeten die Teams von Zaire und Jugoslawien an meiner Kinderzimmerwand. Was zur Folge hatte, dass die Leoparden aus Zaire zu meinen Helden wurden – allein schon ihrer Trikots wegen: Auf einem grünen Untergrund war da ein roter Leopard abgebildet. Noch heute kann ich einige Spieler aufzählen, trotz der nicht einfach zu prononcierenden Namen:

Mukombo, Kazadi, Mwepupu. Im Fernsehen musste ich später mit ansehen, wie sie im Spiel gegen Jugoslawien mit 9:0 untergingen.

Mit noch größerem Eifer unterstützte ich «unsere Helden» – und die hießen Martin Hoffmann, Jürgen Sparwasser, Eberhard Vogel, Jürgen Croy. «Unsere», das waren die Jungs von hier, einer davon, Henning Frenzel, war sogar unser Gartennachbar.

Begeistert sah ich die DDR gegen Australien siegen, ein Unentschieden gegen Chile erkämpfen, zur Krönung kam noch ein Sieg gegen den großen, allmächtigen Bruder aus dem Westen dazu. Ich konnte den Spielzug im Schlaf herbeten – der Pass des Frankfurters Erich Hamann, dann ein Solo-Lauf des Magdeburgers Jürgen Sparwasser – und drin war das Ding. Dann dieser etwas gehemmt wirkende Torjubel, Sparwasser vollzog eine Art Purzelbaum. Das musste die «Mutter aller Spiele» sein, das Finale aller Klassenkämpfe, der letzte Beweis für die Überlegenheit des kleinen, etwas missratenen, wenig geliebten Geschwisters. War es nicht schon damals erreicht, das Ende der Geschichte? Bedurfte es noch eines Beweises? Konnte es je wieder so sein wie vor dem Spiel? WIR hatten gewonnen, waren also besser – jetzt musste sich doch alles klären. Mauer weg, Mangelwirtschaft weg, hallo, Welt, wir kommen. So oder ähnlich stellte ich mir das damals vor.

Der Sieg der Ostmannschaft am 22. Juni 1974 in Hamburg verursachte in mir letztlich eine große Verwirrung. Denn während ich als Zehnjähriger vor dem Fernseher herumhüpfte wie ein Flummi, wartete ich auf den Widerhall dieser rauschhaften Freude in den Augen der Erwachsenen – leider vergeblich. Es war irritierend, dass ich mit meiner Begeisterung weitgehend allein blieb, mal abgesehen am Montag darauf von den Gleichaltrigen in der Schule.

Papa schaute missmutig drein. Und auch aus den an diesem lauen Abend geöffneten Fenstern der Plattenbausiedlung trug der Wind nichts, jedenfalls keinen Torjubel herüber, dafür aber so manches Fluchen. Obwohl es gerade kurz nach 21 Uhr war und noch gut 13 Minuten zu spielen waren, ging Papa zu Bett. «Ich bin müde», sagte er knapp und verschwand ins Schlafzimmer. Ich begriff jetzt gar nichts mehr. Mama kommentierte entschuldigend: «Er muss morgen sehr früh raus …» Und dann beinahe verschwörerisch: «Es ärgert ihn, dass unsere gewonnen haben.»

Damit war er im Gehege nicht allein. Jürgen Sparwasser, der Schütze des heißesten Tors in diesem kalten Krieg des Fußballs, erzählte 72-jährig 2020 in der ARD-«Sportschau», dass der Vater seines besten Freundes aus Frust den Stuhl in den Fernseher schleuderte. Wirklich geliebt wurde er für dieses Tor von seinen Landsleuten nicht, doch immerhin hat es ihn unsterblich gemacht.

Alle Spiele, die im Fernsehen übertragen wurden, sah ich mir an. Bis spät in die Nacht. Die Weltmeisterschaft setzte die gewohnten, strengen Regeln außer Kraft – und eröffnete mir neue Freiheiten, auch was das Zubettgehen betraf. Allein dafür schuldete ich meiner neuen Leidenschaft Dank. Die (west-)deutsche Mannschaft siegte sich durch das Turnier, während unsere in der zweiten Gruppenphase von den viel besseren Holländern und Brasilianern überrollt wurden. Am 7. Juli, das war ein extrem heißer Tag, kam es zum Finale zwischen Deutschland und den Niederlanden im Münchner Olympiastadion. Ich war damals etwas unschlüssig, wem von beiden Teams ich den Sieg mehr gönnte. Als die Orangefarbenen durch einen Foulelfmeter in Führung gingen, standen die Holländer für mich als Sieger fest, so weit erinnere ich mich. Doch nie werde ich vergessen, was geschah, als Gerd Müller nach dem Ausgleich kurz vor Ende der ersten Halbzeit die Führung für die Bundesrepublik mehr erstolperte als erspielte: Durch die offenen Fenster von draußen echote Jubel, brach sich vielfach an den Mauern der Betonblöcke. Ich verstand das nicht – und war dennoch beeindruckt. Ich ahnte, dass es hier um mehr ging als um Sport.

Meine traurigen Helden aus Zaire beließ ich aber an meiner Kinderzimmerwand. Das zentralafrikanische Land, dessen Existenz meine Oma mit den Worten bestritt: «Es gibt in Afrika kein Land, das so heißt», weil sie die Umbenennung des Kongo schlicht nicht mitbekommen hatte, stand im Oktober dieses Jahres 1974 noch einmal im Mittelpunkt unseres Interesses. Mein Vater blieb am 30. Oktober die ganze Nacht wach, weil Muhammad Ali in Kinshasa gegen George Foreman boxte. Ich musste leider ins Bett, die Sondergenehmigung aus den WM-Tagen hatte keine Gültigkeit mehr. Es war der Boxkampf des Jahrhunderts, der auch die Kids in der Schule elektrisierte. Ich erinnere mich noch, dass die Masse skandierte «Ali bumaye», «Ali, töte ihn!», natürlich Ausdruck einer unglaublichen Verrohung, aber so eindrucksvoll für meine Kinderseele wie die Mondlandung.

Nachdem ich zuvor gern Fußballer geworden wäre, wollte ich jetzt Boxer werden. Aber ich musste schnell lernen, dass ich nicht Alice war und im Wunderland lebte. Weder im Fußballverein beim nahe gelegenen Stadion des Oberliga-Klubs Lokomotive Leipzig noch im Judo- oder Boxverein kam ich unter, weil es in diesem Land eben nicht darum ging, den Kindern eine Freizeitbeschäftigung zu gönnen, sondern um die Massenproduktion sportlicher Erfolge. Fußballvereine wurden in diesem Fördersystem vernachlässigt, weil der Schwerpunkt der auf Prestige zielenden Förderung andere, mehr Medaillen und damit einhergehend mehr Prestige verheißende Sportarten bevorzugte. Es gab also nur wenige freie Plätze.

Wer in einen Verein eintrat, musste entsprechende Leistungen vorweisen. Weil ich dann doch «kämpfen» bevorzugte und Karate als Freizeitbeschäftigung nicht angeboten wurde, ging ich fortan zweimal die Woche zum Training in der Sektion Ringen des Sportklubs Leipzig. Da ich tatsächlich in den folgenden

Jahren als Freistilringer bei Stadt-, Kreis- und Bezirksmeisterschaften recht erfolgreich war, wuchs mein Selbstbewusstsein etwas, analog zu dem Respekt, den mir jetzt Gleichaltrige entgegenbrachten, ohne dass ich tatsächlich meine neu erlernten Techniken demonstrieren musste. Der Ruf als «Kampfsportler» reichte. Wenn es sich vermeiden ließ, behielt ich meine neue Freizeitbeschäftigung aber für mich, weil ich es nicht wirklich cool fand, mit dem Herumbalgen verschwitzter Männerkörper hausieren zu gehen.

Mein Geburtstag stand bevor, und die liebe West-Tante aus dem hessischen Gladenbach fragte mich nach meinen Wünschen. Wir hatten kein Telefon, kaum jemand hatte ein Telefon, also schrieb man Briefe. Es hat mich manch schlaflose Nacht gekostet, ehe mein Wunsch tatsächlich feststand: Ich wollte einen Lederball, möglichst einen von Adidas, also einen mit schwarzen und weißen Fünf- und Sechsecken.

Wir spielten damals Fußball mit allem, was rund war. Nur die wenigsten von uns hatten einen echten Lederball. Wer ihn hatte, bestimmte auf dem Hof die Regeln und mischte bei der Mannschaftsbildung mit. War das nicht meine Chance? Und auf die Märchenfee war Verlass, an diesem Geburtstag im Herbst 1974 und auch an späteren. Das Paket erreichte mich, es war wie im Traum, ich weiß es wie heute. So viele Dinge, nur für mich: Ein WM-Quartett, ein paar Tafeln Sprengel-Schokolade, Geschmack war egal, aber die musste es wegen der Fußball-Sammelbilder sein, dazu eine Ball-Pumpe, der gewünschte Lederfußball, ein Glas Nutella, für die Eltern Pralinen und Kaffee.

Erste kleine Enttäuschung: Alle Schokoladentafeln waren aufgerissen, die Fußballbilder waren weg. Wer machte denn so was? Und dann setzte ich die Ballpumpe an den flauen, nach neuem Leder duftenden Ball und pumpte. Ich pumpte und pumpte, der Ball blähte sich etwas auf, gleich musste er das volle Volumen erreicht haben ... Ich pumpte eine halbe Stunde. Mein Gott, wie viel Luft in so einen Westball reinging, ich konnte es nicht fassen. Oder war ich einfach zu schwach? Ich war doch jetzt Ringer. Also ging ich zu Papa. Er nahm das jetzt in die Hand. Ist ja ein Profiball, dachte ich, Kinder können eben nicht pumpen. Nach kurzer Zeit kam Papa zu mir und sprach die Worte aus, die mich vernichteten: «Der Ball hat ein Loch. Hör, da zischt die Luft wieder raus ...» Und dann hörte ich es mit meinen eigenen Ohren: Zschschsch. Ich konnte es nicht fassen. Für meine Eltern war der Fall klar, es gab kein Vertun: «DIE haben in den Ball reingestochen. Vielleicht haben DIE vermutet, da sind verbotene Dinge versteckt. Und die Sammelbilder haben sie auch aus der Schokolade genommen.» DIE. Die? Das waren jene, die unser Leben kontrollierten, unsere Pakete natürlich auch. Ich heulte vor Wut. Der Ball glänzte, roch nach Leder, hatte so wunderschöne Stempel – und sollte nie den Rasen sehen, nie im Netz eines Tores zappeln. «So etwas Gemeines», sagte meine Mutter. In den nächsten Tagen schmierte ich in meiner Hilflosigkeit Gummilösung in die Fugen zwischen die schwarzen und weißen Fünf- und Sechsecke, dahin, wo ich das Zischen lokalisierte. Doch es brachte nichts, der Ball war nicht zu gebrauchen. Aus mir wurde kein besserer Fußballspieler, dafür hatten SIE mit dem Stich in meinen Ball ewige Feindschaft in meine noch junge Seele geimpft.

Ich war damals ein Schokoladenjunkie, der sich in Zeiten des Überflusses, also den Wochen nach Geburtstagen oder Weihnachten, wenn uns die Märchenfeen reichlich versorgt hatten, schamlos zu Lasten der anderen bediente. Weil Schokoladentafeln stets abgezählt waren, befriedigte ich meinen Appetit an den Pralinenschachteln. Deren Inhalt wurde nicht so streng überwacht, weil meine Eltern natürlich davon ausgingen, dass wir Kinder die mit Alkohol gefüllten Leckereien verschmähten. Ich aber nicht. Ich weiß nicht, woran es lag, aber besonders gern schickte uns eine der Tanten «Edle Tropfen in Nuss» von Trumpf. Mehrere dieser großen Schachteln stapelten sich in der Lade des «Bar-Bereichs» unserer Schrankwand vom Typ «Poel», ein Design-Inferno plastikbeschichteter Spanplatten des Volkseigenen Betriebes Deutsche Werkstätten Hellerau. Ich gönnte mir also immer nur eine oder zwei von den mit Nussschokolade ummantelten Pralinen, gefüllt mit Himbeergeist oder Zwetschgenwasser, damit mein selbstsüchtiges Tun nicht allzu sehr auffiel. Aber es hatte zur Folge, dass ich am Nachmittag bisweilen leicht derangiert in meinem Zimmer über den Hausaufgaben brütete und mich schließlich der Bettschwere hingab, was meine Mutter stets freute: «Mittagsschlaf tut dir sehr gut ...»

In der Mon-Chéri-Werbung im Fernsehen hatte ich gesehen, dass es im Westen offenbar Usus war, ein «Anstandsstück» in der Schachtel zurückzulassen – als Ausdruck moralischer Integrität und persönlichen Verzichts. Doch ich war noch nicht reif für diese Art altruistischer Selbstbeherrschung. Die letzte Praline oder das letzte Toffifee, welches ich aus der passgenauen Verpackung pulte – es war auch immer das leckerste. Es im Mund verschwinden zu lassen und es nicht den anderen zu überlassen, hatte damals auch etwas von einem persönlichen Triumph. Den Ärger, den meine Naschsucht irgendwann automatisch nach sich ziehen musste, blendete ich im Augenblick des Genusses einfach aus.

EIN HAUCH VON WELTLÄUFIGKEIT

Für ältere Zonenkids gab es während der achtwöchigen Sommerferien sogenannte Kinderferienlager. Diese Camps, überwiegend von den Betrieben der Eltern, boten die seltene Gelegenheit, mit Gleichaltrigen aus anderen Regionen Ostdeutschlands und sogar aus den Nachbarländern Polen und der Tschechoslowakei zusammenzukommen.

Das empfand ich als eine willkommene Horizonterweiterung, denn man lernte dort so wichtige Dinge wie das Küssen oder die neuesten zotigen Ausdrücke, die es noch nicht in den heimatlichen Freundeskreis geschafft hatten. Bis zu meinem 14. Lebensjahr wurde ich an vier hintereinander folgenden Sommern in verschiedene Kinderferienlager geschickt.

Meine erste Erfahrung im Sommer 1975 im brandenburgischen Tornow, einem Stadtteil von Fürstenberg an der Havel, war unschön. Im Lager herrschte ein strenger Befehlston, gleichaltrige Jungen übten ein Schreckensregime aus, und ich war froh, als es vorüber war. Die nächsten Jahre wurden besser, 1976 kam ich nach Hodoňovice nahe Friedek-Mistek in den mährischen Beskiden, heute Tschechien, damals bildete das Land zusammen mit der Slowakei noch die Tschechoslowakei.

Die Tschechoslowakei war für uns eine Art Sehnsuchtsort, denn es gab dort Dinge zu kaufen, die es bei uns nicht gab: Kaugummi, bedruckte T-Shirts, Coca-Cola und andere Westprodukte. Begehrte Dinge also, die zwar teuer, aber eben nicht unbezahlbar waren. Viele der Kids bekamen deshalb von ihren Eltern etliche tschechische Kronen extra in die Taschen gestopft und dazu eine «Wunschliste», auf der Posten standen wie «Body Milk» von Nivea, Omo-Waschmittel, Dorschleber in Dosen oder für Papa ein paar Flaschen Staropramen-Bier. Man war ja schon als Kind nie nur Kind, sondern stets auch ein gut gebriefter «Jäger und Sammler» mit geübtem Blick für «Schätze».

Wir wohnten in Holzhütten zu viert, das Lager befand sich in einem Tal, umgeben von sanften, bewaldeten Hügeln. Direkt neben unserem Lager war ein Truppenübungsplatz der tschechoslowakischen Streitkräfte; während des ganzen Aufenthalts war die Luft vom lauten Geknatter auf dem Schießplatz erfüllt. Tschechische Soldaten schienen dort gerade eine Art Manöver abzuhalten. Auf unseren Wanderungen sammelten wir Jungen Taschen voll mit leeren Patronenhülsen ein.

Wie schon im Jahr zuvor in Tornow waren unter den Jungen Sprüche mit Bezug zur Nazi-Zeit populär, die wir für witzig hielten. Wenn wir auf dem Appellplatz antreten mussten und aus den umliegenden Bergen echoten die Schüsse herüber, kommentierte das stets einer der Jungs mit Sätzen in die Runde wie: «Zehn Juden erschossen», oder auch: «Fünf Russen auf der Flucht eliminiert.» Alle lachten dann, ich auch, weil das ja Tabubrüche waren, die einen vor den anderen besonders mutig aussehen ließen. Die Erwachsenen, unsere leitenden Betreuer also, zischten dann immer nur: «Ruhe!», vielleicht noch: «Könnt ihr während des Appells nicht mal die Fresse halten?» Aus heutiger Sicht hatten wir schlicht keinen Kompass. Niemand empfand das Ungeheuerliche dessen, was wir da sagten.

Im Jahr zuvor in Tornow war es in einer mir verhassten Gruppe von Jungen, die uns anderen das Leben extrem schwer machte, sogar üblich gewesen, sich mit «Jawohl, Herr Sturmbannführer» und ausgestrecktem Arm gegenseitig Meldung zu erstatten. Und um ehrlich zu sein, habe ich diese Jungen nicht gehasst, weil sie sich dieser Nazisprache bedienten, sondern weil wir zu ihren Opfern wurden.

Im Lager in den tschechischen Beskiden lernte ich im zarten Alter von zwölf Jahren von einem tschechischen Mädchen, wie man küsst, sozusagen als grenzüberschreitende Entwicklungshilfe. Ein deutscher Freund und seine weißblonde tschechische Freundin machten es vor. Und so schob auch ich beim Küssen meine Zunge vorsichtig in ihren Mund – allerdings viel zu mechanisch und gefühllos, wie mir von unseren «Entwicklungshelferinnen» bedeutet wurde. Aber wir hatten ja Zeit, im Wald, als die Waffen ausnahmsweise einmal schwiegen. Um ehrlich zu sein: Ich fand es eklig und mochte bald nicht mehr, aber alle redeten auf mich ein, und ich tat, wie mir geheißen wurde.

Unsere 18-jährige Betreuerin, ich erinnere mich noch, dass sie einen aufgestickten, bunt glitzernden Kaktus auf ihrer Jeansjacke hatte, war ausgesprochen hübsch. Und auch sie demonstrierte uns kleinen Jungs allabendlich vor dem Zubettgehen, sozusagen mit «berufenem Munde», wie man richtig, also «französisch» geküsst wird. Und was man währenddessen als Junge mit seinen Händen anfangen sollte. Aus heutiger Sicht war das übergriffig und hätte ihr eine Menge Ärger eingebracht. Aber weil wir alle sie anhimmelten, genossen wir es, zumal sie diese Gunst nur wenigen gewährte. Mit meinen zwölf Jahren war mir das dann schon ein bisschen zu viel Knutscherei, ich empfand es irgendwie als eine Art Lernstoff, für den ich noch nicht bereit war.

Wir Leipziger, Potsdamer, Ostberliner bekamen damals schnell mit: Wenn du mit Kids aus Dresden auf einer Bude hocktest, dann liefen Erzählungen über deine Lieblings-Fernsehserien wie «Bonanza» oder «Rauchende Colts» mit dem heiser keifenden Hilfssheriff Festus und seinem Boss Matt Dillon erst einmal ins Leere. Das galt auch für die Begeisterung für Ilja Richters «Disco», Lieblingsbands wie Sweet oder Slade und meine damaligen Fußball-Helden, die kickenden Fohlen von Borussia Mönchengladbach. Denn Dresdner verstanden zumeist nur Bahnhof, wenn es um die Ereignisse ging, die uns aus der großen, weiten Welt erreichten. Womit wir in der Regel natürlich das Westfernsehen meinten. Der Grund dafür war, dass Dresden im legendären «Tal der Ahnungslosen» lag, einer Region, die von ARD, ZDF, RIAS und NDR nicht erreicht wurde.

Dies hatte zur Folge, dass die Dresdner Kids im Ferienlager neidisch unseren nächtlichen Erzählungen lauschten. Dann prahlten sie ihrerseits mit Helden, über die wir aber nur mitleidig lächelten – oder die wir im Zweifel gar nicht kannten: die Kommissare der DDR-Krimi-Serie «Polizeiruf 110» zum Beispiel, die sowjetischen Weltkriegs-Helden der Serie «Vier Panzersoldaten und ein Hund». Oder die Moderatoren der DDR-Musiksendung «Rund», zudem Bands wie die Puhdys oder Karat. Hier konnte ich damals tatsächlich kaum mitreden, weil meine Eltern das Ostfernsehen schlicht ignorierten. Zu Hause schalteten wir es eigentlich nur dann ein, wenn Kultfilme wie jene des dänischen Gauner-Trios «Die Olsenbande» oder natürlich unseres ostdeutschen «Chef-Indianers» Gojko Mitić gezeigt wurden.

Wenn also die Dresdner im Ferienlager unseren Erzählungen lauschten, respektvoll und ein wenig neidisch, so hatte man als Leipziger für einen Moment das angenehme, weil seltene Gefühl eigener Weltläufigkeit, die hier auf Provinzialität zu treffen schien. Uns selbst aber ging es ebenso mit den (Ost-)Berlinern, die natürlich schon rein geografisch noch näher an dem dran waren, was wir damals unter «Leben» verstanden. Immerhin lebten sie in derselben Stadt wie David Bowie und Iggy Pop. Sie hätten sich nur aufs Fahrrad zu schwingen brauchen, um bei den beiden in der Hauptstraße 155 in Schöneberg zu klingeln – rein theoretisch natürlich nur, denn dazwischen lag ja diese bekloppte Mauer.

Im Verhältnis der drei größten DDR-Städte Berlin, Leipzig

und Dresden stand die Hauptstadt für privilegierte Versorgung, aber auch für Systemnähe und eine gewisse Überheblichkeit. Um es mit Bildern aus dem Märchenreich zu beschreiben, war Ostberlin die Goldmarie und Leipzig das Aschenputtel, nicht nur seiner schlechten Luft und der heruntergekommenen Industrie wegen. Ganze Stadtteile dieser einst so reichen und mächtigen Stadt verfielen. Die Antwort der Leipziger auf diese als solche auch so empfundene Demütigung war Renitenz, die sich zunächst in versteckter, später offener Rebellion entlud.

Dresden indes dämmerte in einer Art Dornröschenschlaf vor sich hin und sonnte sich in einem kulturellen Glanz, der längst verblichen war.

Kaum verwunderlich, dass die 89er-Revolution von Leipzig ihren Ausgang nahm. Was da keimte, sollte am Ende das ganze System besiegen. Berlin sprang etwas später auf den revolutionären Zug auf, während Dresden und Ostsachsen seine Ankunft beinahe verschliefen.

Allerdings war die Ausgangssituation in Dresden auch grundlegend anders. Die Zerstörung der Stadt durch britische und amerikanische Bombenflugzeuge am 13. Februar 1945 instrumentalisierte die DDR zu einer alljährlichen Anklage gegen den Westen. Sie wusste sich damit an der Seite jener Dresdner, die das Inferno überlebt hatten. In der DDR wurde das bis zuletzt nicht vollständig wiederaufgebaute Dresden zu einem Symbol stilisiert, zu einer auf Ruinen gegründeten Erzählung von der Verkommenheit des Westens. Das grub sich tief ins Bewusstsein der Dresdner ein. Vielleicht ist das eine der wenigen Indoktrinationen, mit denen die DDR-Führung wirklich erfolgreich war, weil sie auf den schrecklichen Erfahrungen der Überlebenden fußte. Eine Aussöhnung oder Einordnung der Ereignisse – wer hatte den Krieg, auch die Flächenbombardements, denn begonnen? – war dabei nie vorgesehen.

Leipzig war zweimal im Jahr Gastgeber einer internationalen

Besuch in Trügleben, westlich von Gotha gelegen. Das Dorf war fester Bezugspunkt meiner Kindheit und Jugend. Wir verbrachten dort jeden Sommer einige Wochen, und hier begann meine Begeisterung für die Welt der Bücher.

Familie Stutte in Leipzig, aufgenommen 1978 vor der DDR-typischen
Schrankwand der Marke «Poel»: Vater Karl, daneben Schwester Beate und
ich, rechts meine Mutter Christa Stutte (von links).

Karl Stutte, mein Vater, vor dem neu erworbenen Pkw Trabant 601,
der Stolz einer jeden DDR-Familie. Das Foto entstand vermutlich 1970,
ich war sechs, meine Schwester Beate zweieinhalb Jahre älter.

In Trügleben schien die Zeit stehen zu bleiben: Marie Stutte, Jahrgang 1900, meine Großmutter, wohnte bis an ihr Lebensende in dem kleinen Ort in Thüringen.

Das Haus der Oma in den späten 30er-Jahren. Das Kind auf dem Foto ist ihr Söhnchen Karl, mein späterer Vater.

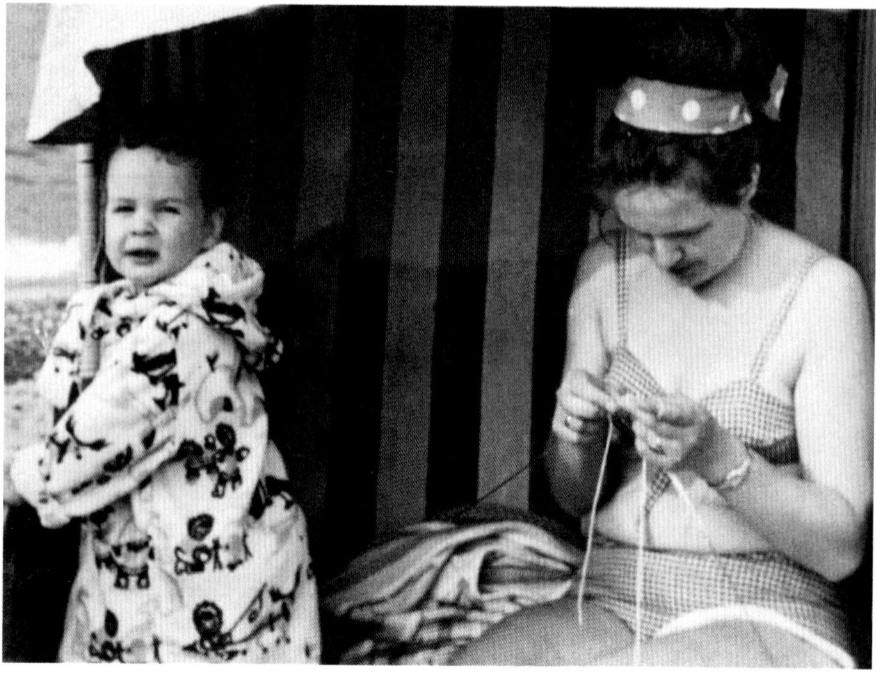

Ferienfreuden an der Ostsee: mit meiner Mutter Christa im Strandkorb an der Ostsee.

Etwas später: im Alter von drei Jahren als Kindergartenkind im Leipziger Stadtteil Marienbrunn.

Erstklässler der Ernst-Schneller-Oberschule im Leipziger Stadtteil Marienbrunn (3. v. r. vorn). Das Foto entstand 1971. Wir Kinder trugen die damals obligatorische «Pionieruniform», weißes Hemd oder Bluse, blaues Halstuch.

Die Klasse, in der ich 1984 mit einer parallelen Berufsausbildung noch Abitur machen konnte, nachdem uns die Erweiterte Oberschule (EOS), die DDR-Variante des Gymnasiums, verwehrt wurde. Freund Koma steht ganz links, zwei Personen weiter rechts ich, Freund Migge in der letzten Reihe ganz rechts (lange Haare). Die Aufnahme entstand 1982.

Zusammen mit dem drei Jahre jüngeren Cousin Lutz (l.) lebte ich an so manchem Wochenende auf dem gemeinsamen Gartengrundstück der Großfamilie in Holzhausen bei Leipzig meine Leidenschaft für die Chemie aus. Wir liebten es, mit Chemikalien zu experimentieren und es dabei ordentlich krachen zu lassen.

Diebesgut: Ich habe sie immer noch, die alte Ausgabe des Buches «Der Einzige und sein Eigenthum» des Philosophen Max Stirner. Ich klaute es in einem Leipziger Antiquariat und beruhigte mein schlechtes Gewissen mit der Selbstrechtfertigung des Diebstahls als Revanche für die Bücherdiebstähle des Staates aus unseren West-Paketen.

Um Coolness stets bemüht: der 16-jährige Harald Stutte 1981.

Kanada-Wimpel, eine Amerika-Karte, ein Poster von Bob Dylan und darüber (angeschnitten) ein Plakat des irakischen Diktators Saddam Hussein: An der Wand meines Jugendzimmers herrschte aufmüpfige Vielfalt.

Der steinige Weg zum Abitur: In dieser Werkshalle mussten wir in Klasse 11 selbst in den Sommerferien arbeiten. Neben dem Abitur erlernten wir im Sellerhausener VEB Galvanotechnik das metallische Beschichten von Oberflächen mittels Elektrolyse. Im Bild zu sehen ist Migge, der bis heute mein Freund ist.

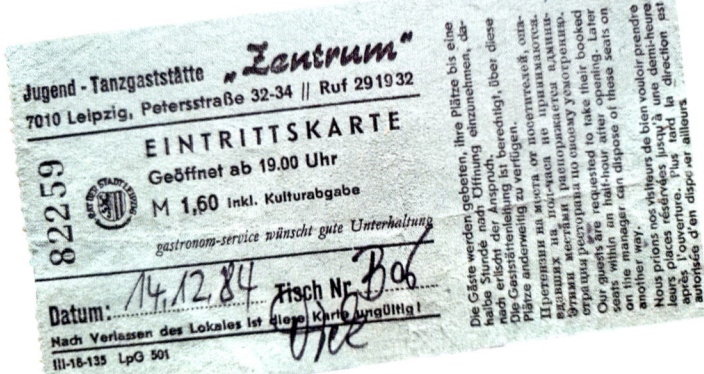

Jugend - Tanzgaststätte „Zentrum"
7010 Leipzig, Petersstraße 32-34 || Ruf 29 19 32

EINTRITTSKARTE

Geöffnet ab 19.00 Uhr

M 1,60 Inkl. Kulturabgabe

gastronom-service wünscht gute Unterhaltung

822 59

Datum: 14.12.84   Tisch Nr. B06

Nach Verlassen des Lokales ist diese Karte ungültig!

III-18-135 LpG 501

Heiß begehrte Tickets: Eintrittskarten für
die Jugend-Tanzgaststätte «Zentrum», wie das
Eden offiziell hieß, wurden hoch gehandelt.

Paradiesvögel:
Migge (links) und
Lauge im Aufgang
der angesagtesten
Leipziger
Diskothek, des
Eden in der
Petersstraße.

Leistungsschau, der Messe, und wurde von einer wahren Invasion internationaler Geschäftsleute und Besucher heimgesucht, die uns Leipziger stets in ihren Bann zog. Man stelle sich vor: Die auf 560 000 Einwohner geschrumpfte Stadt verdoppelte jeweils im März und September ihre Einwohnerzahl für die Dauer einer Woche, darunter waren bis zu 50 000 Aussteller aus der Bundesrepublik. Das prägte diese Stadt, verlieh ihr Speed, im wahren Sinne des Wortes: Im März 1986 landete sogar eine französische Concorde auf dem damals hoffnungslos provinziellen Schkeuditzer Flughafen.

Wir Kids fanden immer die Löcher im Zaun und trieben uns auf dem Messegelände herum, sammelten bunte Heftchen und Prospekte aus aller Welt, Aufkleber und Kugelschreiber, darauf komme ich noch zu sprechen. Weil wir eine für DDR-Verhältnisse große Wohnung hatten, vermieteten wir später zu Messezeiten ein Zimmer an westliche Geschäftsleute – natürlich für Westgeld. Viele Leipziger machten das, profitierten so vom Mangel an Hotelzimmern. Einige Gäste kamen immer wieder, in unserem Fall Ralph Skoe, ein Geschäftsmann aus Minnesota, der zu einer Art Freund der Familie wurde. Ralph fläzte sich in unsere spießige Eckcouchgarnitur und ließ eine DAB-Bierdose nach der anderen ploppen. Ehrfurchtsvoll lauschte ich, als er im gebrochenen Deutsch weissagte, dass Präsident Jimmy Carter die kommende Wahl wohl nicht gewinnen könne, weil er ein «schwacher Präsident» sei. Er begründete das mit seinem Versagen im Kampf um die Befreiung der US-Geiseln aus iranischer Haft. Das wiederholte ich dann genauso im Politikunterricht, Staatsbürgerkunde genannt, schließlich hatte ich für meine Expertise ja eine authentische Quelle. Und so kam es ja dann auch. Und ich war enttäuscht, weil ich Jimmy Carter eigentlich mochte, denn er trug Jeans und ließ viele Rockbands im Weißen Haus spielen.

Egal ob im Ferienlager oder auf der Leipziger Messe – ich bewunderte alle, die diese Welt jenseits unserer Einhegung erleben durften. Solche Menschen waren für mich Botschafter einer anderen, einer aufregenderen, bunteren Welt, die mir wohl für immer verschlossen bleiben würde. Ich bewunderte und beneidete sogar Menschen, die andere Dialekte oder gar andere Sprachen beherrschten oder deren Anderssein sich auch optisch manifestierte – und dafür hatten wir einen Blick. Denn irgendwie sahen wir selbst damals alle gleich aus.

Wenn ich dann am Ende eines Sommers zurück aus dem Ferienlager kam, von tschechischen Mädchen um die Kunst des Knutschens bereichert, im Jahr darauf beeindruckt von polnischen Jungen ob ihres Mutes, sich nicht anzupassen, dann fühlte ich mich stets ein bisschen «weltläufiger». Für meine Eltern hatte ich brav Staropramen, Nivea-Creme und Dosen-Dorschleber im Gepäck, für meine Schwester Kaugummi der Marke Pedro und gezuckerte Kondensmilch von Nestlé. Kaum eine Krone hatte ich für mich verwendet. Und zumindest für den Moment lang fühlte ich mich wie eine unserer großherzigen West-Tanten.

HINTER DEM GLAM ROCK
GEHT ES WEITER

uf einer dieser sommerlichen Fahrten ins Dorf der Oma ließ sich mein sonst so kontrollierter Vater zu einem beinahe schon rebellischen Akt hinreißen. Auf einem Rastplatz von einem langhaarigen Wesen angesprochen: «Kannst du mich vielleicht bis Weimar mitnehmen?», sagte er tatsächlich Ja. Trampen, Fahren per Anhalter, war im Bonsaistaat sehr populär. Sicherheitsbedenken gab es nicht. Jeder trampte: Mädchen, Jungen, Teenager, Volljährige. Doch meine Eltern hatten zuvor nie Anstalten gemacht, einen Fremden in das heilige Auto zu lassen.

Ich kam gerade von der Tankstellen-Toilette zurück und sah, wie ein Mensch um die zwanzig mit sehr langen Haaren, dessen Frisur Mama und Papa vor Kurzem noch als «Dummheits-Gardine» abgekanzelt hätten, seine Gitarre in den Kofferraum unseres Wartburgs lud. Ja, wir hatten uns kurz zuvor für DDR-Verhältnisse geradezu revolutionär verbessert: Der kleine Trabant war von einem größeren, viertürigen Wartburg abgelöst worden. Mit diesem Fahrzeug rangierte man in der Auto-Hierarchie gleich unterhalb der Spitze, welche die Besitzer eines russischen Lada bildeten, die überwiegend zur ostdeutschen Nomenklatura gehörten. Den Wartburg hatten wir übrigens unter Umgehung der üblichen, mindestens ein Jahrzehnt währenden Wartezeit über unsere «West-Connection» bekommen, bezahlt mit dem Anteil meines Vaters aus einem Familienerbe. Ein Westauto zu erwerben, einen VW oder Opel zum Beispiel, war im Osten so gut wie ausgeschlossen.

Mein Vater hatte sich also von einem Tramper überreden lassen, ihn mitzunehmen. Rückblickend, vermute ich, direkt und freundlich angesprochen, besaß er einfach nicht die Traute, Nein zu sagen. Jedenfalls saß jener Petrus kurze Zeit später zwischen mir und meiner Schwester auf dem Rücksitz. Petrus entsprach dem Klischee eines Zonen-Hippies: Er hatte diese, Jesuslatschen genannten, Riemchen-Sandalen an, zerschlissene Jeans und ein eigentlich als Arbeitskleidung gedachtes blau-weiß längs gestreiftes Fleischerhemd aus Baumwolle. Er trug einen Bart, hatte langes, filziges Haar, und um den Hals baumelte an einem Lederriemen ein kleines Lederetui, in dem ein Wegwerffeuerzeug steckte.

Petrus war ein Gesamtkunstwerk und allein kraft seines Habitus eine einzige Systemverweigerung. Ich wunderte mich, dass sich meine Eltern und Petrus so freundlich unterhielten, erschien er mir doch wie ein Gegenentwurf zu ihrer Welt. Ich war beeindruckt und von der Freundlichkeit überrascht, mit der sich diese Erwachsenen da unterhielten, also nutzte ich die Gunst des Moments und spielte Petrus auf dem Kassettenrekorder der Schwester «unsere Musik» vor – all diese Glam-Rock-Helden, Sweet, Slade, T. Rex, Queen. Von Petrus erhoffte ich mir, was mir meine Eltern stets verweigerten: Anerkennung für etwas, was mich umtrieb.

Der «Sonett» mit seinem feuerroten Plastikgehäuse gab gemessen an heutigen Ansprüchen einen schrecklichen Sound wieder. Doch für mich hatte dieser Apparat etwas gewaltig Befreiendes – die Freiheit nämlich, jene Musik zu spielen, welche man gerade hören wollte. Petrus zeigte Geduld, lächelte milde, als ich die klobigen Rückspul- und Vorspultasten drückte, um endlich das Lied zu finden, mit dem ich glaubte, ihn zu beeindrucken. Ja, das seien einst auch seine Lieblingsbands gewesen, bestätigte er mir. Aber jetzt sei er älter, reifer, abgeklärter und höre nur noch Neil Young, Cat Stevens, Bob Dylan und Pink Floyd. Hippie-Mucke eben.

Ich war nicht enttäuscht, sondern spitzte die Lauscher. Immerhin hatte mir Petrus eine Art Seelenverwandtschaft zugestanden, wenn auch in unterschiedlichen Entwicklungsstadien. Und ich war schwer beeindruckt, dass es jenseits dieser Glam-Rock-Szene offenbar noch genialere Bands gab.

Ohne dass ich je einen Akkord von Neil Young oder Cat Stevens bewusst gehört hatte, war mir klar, dass das meine zukünftige Lieblingsmusik sein würde. Petrus hatte mir ein Stück weit meine musikalische Evolution skizziert. Es gab neue Ziele. Es fiel mir dann auch gar nicht schwer, diese Musik zu mögen. Und schon begann ich, Helden wie Brian Connolly und Gary Glitter mit anderen Augen zu sehen und vor allem mit anderen Ohren zu hören. Ist doch tatsächlich Kindermusik, dachte ich – und malte mir schon aus, wie ich in der Schule mit meinem musikalischen Fortschritt würde punkten können. Und wie ahnungslos die anderen aussehen würden.

Weil man ja nicht in einen Plattenladen gehen und sich aus einem Angebot von gefühlt 10 000 Platten seine Lieblingsmusik kaufen konnte, war man darauf angewiesen zu hören, was andere so hörten. Und viele, die sich grundsätzlich auf Musik einließen, durchliefen ähnliche Metamorphosen: das Radio, aber auch zunehmend «Rockpalast»-Mitschnitte und vor allem die in Lizenzproduktion vom Ost-Label Amiga unters Volk gestreuten Platten von «West-Bands» setzten den Rahmen für den Massengeschmack. Wer Musik liebte, hatte in seiner Kassettensammlung Kopien identischer Platten, die als Amiga-Lizenz erschienen waren – «The Dark Side of the Moon» von Pink Floyd und je einen Sampler von Jethro Tull, Deep Purple, Dire Straits, Bob Dylan, Cat Stevens, AC/DC oder Fleetwood Mac. Nahm man wahr, dass sich vor einem der wenigen Leipziger Schallplattenläden einmal Menschenschlangen bildeten, so war das ein untrügliches Zeichen dafür, dass es eine Lizenzplatte im Angebot gab. Dann stellte man sich eben dazu, ob Rentnerin oder Teenager. Man kaufte es, egal, was es war. Ein Onkel kam so in den Genuss einer Platte von Deep Purple, um die ich ihn sehr beneidete. Und er zog mich damit immer auf, indem er im breitesten Sächsisch über «die Popel» lästerte. Mit der Musik konnte er nichts anfangen, aber er empfand es als erstrebenswert, diese Platte zu besitzen, weil sie begehrt war.

Popkultur, also Musik, Klamotten und Frisuren irgendwie den Idolen anpassen, wurde zum bestimmenden Impuls im Leben meiner ersten Teenagerjahre. Glücklicherweise gab es unsere West-Tanten (die meisten Onkel waren übrigens früh gestorben), und sie verstanden die Not, unter der vor allem wir Kids litten. Natürlich litten wir keine elementare Not, wir hatten ja, was man zum Leben benötigte. Es gab genug zu essen, wir wurden medizinisch versorgt, alle hatten ein warmes Zuhause. Doch eine im Weihnachtspaket eingetroffene Levi's-Jeans, ein Buch von Karl May, aber auch das Kopieren einer Neil-Young-Platte ließ mich für Tage durchs Leben schweben. Neue Sneakers, die Marke und Größe hatte ich der alten Tante genau aufgeschrieben, konnten die ostzonale Tristesse in ein rauschendes Fest verwandeln.

Das galt selbst für den öden sozialistischen Schultag, weil man ja in neuen Jeans oder bunt bedruckten T-Shirts mehr Aufmerksamkeit von den Mädchen bekam. Um dann auf Kids, welche lediglich ihre Ost-Jeans der hoffnungslos abgemeldeten Marken «Wisent» oder «Boxer» spazieren trugen, mitleidig herabblicken zu können. Ja, Kinder können schon recht grausam sein.

Bis ins fünfte Schuljahr empfand ich ansonsten den Gang in die Schule an sechs von sieben Wochentagen, wir hatten auch sonnabends halbtags Unterricht, auch in neuen Jeans und Sneakers als ein freudloses Unterfangen. Der Unterricht war in meiner Wahrnehmung ein stupides Erlernen von Inhalten, die mich nicht für einen Alu-Groschen interessierten. Die Beschäftigung mit Rechtschreibregeln, Gedichten oder mathematischen Lösungswegen bedeutete, im Kopf Platz zulasten von anderen Dingen zu schaffen, die ich für viel wichtiger hielt. Also wetteiferten in meinem Kopf Bandnamen und Liedtexte mit russischen Vokabeln und mathematischen Lehrsätzen um den limitierten Speicherplatz. Entsprechend mittelmäßig waren meine Noten. Erst neue Unterrichtsfächer wie Geschichte, Erdkunde, Chemie und Biologie weckten meine Neugier. Und für diese Gier auf Neues gab ich im Kopf sogar freiwillig jede Menge Speicherplatz frei.

Kinderbücher spielten dabei eine große Rolle.

Ich liebte Geschichte – Geschichten aus der Geschichte. Erzählungen davon, wie Denker die Welt einst deuteten, wie Chemiker die Stoffe erforschten, aus denen unsere Welt besteht. Das alles hatte mit Lesen zu tun, seltener auch mit Fernsehen. Aus heutiger Sicht war es ein Glück, in dieser tristen, an alternativen Verlockungen armen Zeit gelebt zu haben. Ich glaube nicht, dass ich, in die heutige Zeit hineingeboren, einen ähnlichen Hang zum Lesen entwickelt hätte. Damals hatten es Bücher leicht, bei mir zumindest, weil es kaum konkurrierende Beschäftigungen gab.

Keine Mobiltelefone, keine Computer, keine Spiele-Konsolen, im West-Fernsehen nur drei Programme. Was also anfangen mit der freien Zeit? Denn auch damals hatte der Tag 24 Stunden.

Meinen Appetit auf Denker und Schreiber, auf Geschichte, auf alles, was nicht mit Ideologie versalzen war, musste ich alleine stillen, die Schule half mir dabei nicht. Es gab keine Arbeitsgemeinschaften, Projekte, Referate, Diskussionen, in denen ich die vielen Fragen, die mich umtrieben, hätte loswerden können. Ich hatte vielmehr schon früh den Eindruck, dass man mit uns nicht gern redete. Dass man ungern Antworten auf Fragen gab, dass man ganz grundlegend Fragenden misstraute. Weil es Fragen gab, die als Disziplinlosigkeit ausgelegt wurden. Etwa das «Hinterfragen» von ideologisch definierten «Wahrheiten». Fragen wurden mitunter als Provokation empfunden. Sodass ich als wichtigste Lektion in der Schule lernte: Gewünscht war das Auswendiglernen, das Wiedergeben dessen, was sie hören wollten. Um des lieben Friedens willen galt es, nicht zu viel zu fragen! Agitation hieß in der Sprache der Ideologen das Zauberwort. Man war stolz auf die eigene «Agitation und Propaganda», kurz Agitprop genannt. Also ließ ich sie «agitieren» und «propagieren», dachte mir aber mein Teil. Auf Widersprüche, die sich mir aufdrängten, suchte ich selbst die Antworten.

DAS SYSTEM WILL DICH!

ie Lehrer in der Schule hatten ein gutes Gedächtnis. Und es gab das Klassenbuch. Es ähnelte einer großen Kladde, und der Umschlag war abwaschbar. Dahinein schrieben die Lehrer unsere Noten und kommentierten knapp unsere Auffälligkeiten. Alle Schüler einer Klasse waren alphabetisch aufgelistet. Manchmal, wenn kein Lehrer im Klassenzimmer war, schauten wir hinein, es war wie ein Blick in unsere Personalakte. Und dann entdeckten wir diese Buchstaben, die hinter unseren Namen standen. Es gab ein «A», das stand für besonders förderwürdige Schüler, wie wir später erfahren sollten. Außerdem gab es noch das «I» und das Kürzel «Selbst.». Die A-Schüler waren nicht schlauer, nicht schöner und auch nicht besser erzogen. A-Schüler wurden, den Beruf der Eltern berücksichtigend, zur Arbeiterklasse gerechnet. Ich war ein I-Kind, das stand für Intelligenz, weil mein Vater Ingenieur war. Es war das erklärte Ziel, den Anteil von Kindern der Intelligenz an höheren Bildungseinrichtungen zu reduzieren, um gleichzeitig den Anteil der A-Kinder zu erhöhen. Das wurde auch ganz offiziell so gesagt, zum Beispiel auf Elternabenden. Wir I-Kinder mussten also besonders gut sein. Vermerkt im Klassenbuch wurde auch, ob die Eltern Mitglied «der Partei» waren, womit natürlich die SED gemeint war, die allein herrschende «Sozialistische Einheitspartei Deutschlands». Stand in einer der Spalten SED (V+M), galt das Kind als im höchsten Grade förderungswürdig, weil beide

Eltern Parteimitglieder waren und am Revers das kleine Parteiabzeichen trugen, im Volksmund als «Webfehler» verspottet. Bei mir blieb diese Spalte natürlich leer, beide Eltern waren in keiner Partei.

Am schwersten hatten es jedoch «Selbst.»-Kinder. Die Abkürzung stand für «Selbständige», die überlebenden Reste also der «sterbenden Kapitalistenklasse», eine in der DDR wenig geschätzte Berufsgruppe. Auch Künstler wurden so stigmatisiert. Andre P. zum Beispiel in unserer Klasse, dessen Stiefvater Goldschmied war. Andre war ein sehr fantasievolles, künstlerisch begabtes, aber auch etwas chaotisches Kind. Er wohnte direkt gegenüber der Schule, kam aber oft zu spät, seine Eltern waren langhaarige Lebenskünstler. Als er an einem nebligen Tag wieder einmal zu spät kam, erklärte er: «Ich habe die Schule nicht gesehen und bin in die falsche Richtung gelaufen.» Wir mochten diesen verspielten Jungen, dem bei jeder sich bietenden Gelegenheit von den Lehrern vorgehalten wurde, dass er leistungsschwach sei. Missratene Aufsätze wurden laut vorgelesen, die in Arbeiten erzielten Noten wurden vor versammelter Klasse genannt; für leistungsschwache Schüler glich das einer ständigen Demütigung.

I- und «Selbst.»-Kinder sollten nur in Ausnahmefällen in den Genuss privilegierter Bildungsangebote kommen, an die Erweiterte Oberschule zum Beispiel, kurz EOS genannt, die DDR-Variante des Gymnasiums. Besonders paradox war, dass die Kinder hauptamtlicher Parteifunktionäre oder Militärs per Definition auch als der Arbeiterklasse zugehörig galten, also förderwürdig waren.

Ich mochte etwa elf Jahre gewesen sein, hatte mich von einem desinteressierten Schulbankdrücker zu einem der leistungsstärksten Schüler der Klasse entwickelt, der bereits erwähnten neuen Fächer wegen, da wurde ich aufgefordert, in das Zimmer des wichtigen, großen Schuldirektors zu kommen. Herr Münzel war fast zwei Meter lang, grauhaarig und hager. Es umgab ihn stets eine Geruchswolke aus Nikotin. Gab man ihm die Hand, so roch die Hand danach nach Zigaretten. Der Stoff seines weinroten Anzugs, den er ständig trug, dünstete all das Nikotin aus, welchem er sich im Direktorenzimmer, das eher einem Rauchfang glich, aussetzte. Immerhin konnte ich durch all den Zigarettenrauch hindurch wahrnehmen, dass dort neben Herrn Münzel noch zwei andere Lehrer saßen, die ich nicht kannte.

«Setz dich bitte dorthin», sagte Herr Münzel freundlich und wies auf einen Stuhl am Tisch. Schnell ließ er die Befürchtung in mir sterben, ich hätte etwas Unangenehmes zu erwarten. Alle lächelten süßlich und sprachen über furchtbar wichtige Dinge. Angelegenheiten, die man mit Elfjährigen eigentlich gar nicht bespricht. «Es geht um den Frieden und um deinen Beitrag, damit es in unserer Welt friedlich bleibt.»

Ich fühlte mich aufgewertet, schaute von einem der Männer zum nächsten. In der Schule war ja oft vom Kommunismus die Rede, der irgendwann den Sozialismus ablösen sollte, in dem wir gerade lebten. Und das fand ich stets eine beruhigende Vorstellung, weil die gegenwärtige Situation ja doch viel Raum für Träume ließ, mit all dem Grau, den Mängeln und so weiter. Der Kommunismus dagegen wurde uns von den Lehrern als etwas rauschhaft Schönes beschrieben. Das Geld würde abgeschafft, alles wäre gratis. «Wir werden das wahrscheinlich nicht mehr erleben, aber ihr jungen Menschen vielleicht schon», hatte unsere Klassenlehrerin Frau Remmel geweissagt. Und ich dachte bei dem Gedanken an ein Einkaufen ohne Geld sofort an die Intershops, jene Läden, in denen es gegen Westgeld Kaugummi, Matchbox-Autos und bunte T-Shirts zu kaufen gab. Waren, die es in DDR-Läden nicht gab. Ob das versprochene Einkaufen ohne Geld im Kommunismus dann auch für die Intershops galt, war eine unter uns Jungen tatsächlich heiß diskutierte Frage.

Ich hatte mir jedenfalls vorgenommen, dass mein erster Weg am ersten Tag unseres Lebens im Kommunismus in den nächsten Intershop führen würde. Man konnte es ja mal probieren. Ich stellte mir den Kommunismus als eine Art andauernden Kölner Karnevalszug vor, jene Veranstaltung, die immer am Rosenmontag im Fernsehen übertragen wurde: Man stand am Straßenrand, spannte den Schirm auf links, und es regnete Schokolade und Kamelle hinein. Wenn das die Zukunft ist, dann bin ich auch Kommunist, dachte ich.

Die drei Erwachsenen nahmen sich viel Zeit für mich, nur für mich. Und es wurde nicht ein einziges Mal geschimpft, sondern es ging um die ganzen großen Fragen des Lebens: um den Sozialismus, um den Vietnamkrieg, der soeben für das sozialistische Lager siegreich endete. Es ging um das Putschisten-Regime in Chile, um die westdeutschen Klassenfeinde (noch war das Kürzel BeErDe nicht so verbreitet), um die USA – und dann um den kleinen Harald: «Kannst du dir vorstellen, später einmal als Berufsoffizier deinem Land zu dienen?»

Ich an der Seite der Indianer gegen Amerika, durchfuhr es mich. Doch das war nur ein kindischer Reflex. In Wahrheit hatte sich mein Amerika-Bild längst gewandelt. Und das hatte viel mit Jeans, Wrigley's Spearmint und Neil Young zu tun.

Einer der Männer sprach weiter: «Du findest vielleicht, dass es etwas früh ist, sich zu entscheiden. Aber wir würden dich jetzt schon gezielt fördern, zum Beispiel auch hier in der Schule oder beim Wunsch, eine EOS zu besuchen. Das würde dir die Türen zu einer höherwertigen akademischen Ausbildung öffnen ...»

Ich saß da mit gelähmten Gesichtszügen. Nicken, war mein erster Gedanke. Das kann nie schaden; also nickte ich. Ich dachte an Schießen, Uniformen, Geländeübungen. Was eigentlich ganz lustig sein konnte. Aber auch daran, dass Uniformen nicht das Label von Levi's oder Wrangler trugen. Und dass bei der Armee auch keine föhnfrisierten Mittelscheitelgardinen geduldet wurden. Ob sie ahnten, wie schwer es mir fiel, hier die richtige Reaktion zu zeigen? «Wir verstehen ja, wenn du dich da jetzt nicht festlegen möchtest. Aber sprich doch bitte mal mit deinen Eltern darüber, und dann gib uns irgendwann Bescheid», sagte Schuldirektor Münzel mit sonorer Stimme. Anschließend durfte ich dem erkalteten Zigarettenrauch entfliehen.

In meiner Klasse befand ich mich mit zwei anderen Jungen in einem permanenten Wettbewerb, nicht der Klassen-Kleinste zu sein, und nach dem Gespräch mit dem Direktor fühlte ich mich mindestens um Hauteslänge gewachsen. Die Ernüchterung folgte, als ich zu Hause meinen Eltern davon erzählte. Papa lächelte nur, Mama entschied: «Sag ihnen, du hast andere Pläne. Und du bist zu klein für das Militär.»

Ich wartete damit eine Woche, sonnte mich im Gefühl des Umworbenseins. Und dann informierte ich meine Klassenlehrerin Frau Remmel, die schon mehrfach nach einer Antwort in dieser Angelegenheit gefragt hatte, meine Eltern seien nicht begeistert von einer Offizierslaufbahn ihres Sohnes. Und wer will seinen Eltern schon widersprechen?

Tatsächlich faszinierte mich schon damals, was politisch in der Welt geschah. Die Bücherfunde in Omas Haus hatten das Feld bereitet. Und vor dem Fernseher sitzend, saugte ich die Bilder aus aller Welt auf, die uns via «Tagesschau» oder «Weltspiegel» erreichten. Ich kann mich tatsächlich noch an die Reportagen über den Vietnamkrieg erinnern. Wie Popstars erklärten uns Reporter-Legenden wie Winfried Scharlau oder Peter Scholl-Latour die Welt, das Mikrofon in der Hand, im Hintergrund eine zerschossene Kriegskulisse. Da spielten sich Dramen in Echtzeit ab, Soldaten mit Funkgeräten und riesigen Antennen wieselten durchs Bild, andere ließen eine Granate nach der anderen in einen kleinen Granatwerfer gleiten, wendeten sich ab, hielten sich die Ohren zu, während ein dumpfer Knall das TV-Bild leicht hüpfen ließ. Oder an die Bilder von landenden Hubschraubern zur Evakuierung von Menschen auf dem Dach der US-Botschaft in Saigon, danach das Entsorgen von Hubschraubern im Südchinesischen Meer, um so auf den Kriegsschiffen für noch mehr Flüchtlinge Platz zu schaffen – Bilder, die sich mir einbrannten.

Boatpeople, die türkische Invasion im Norden Zyperns, der libanesische Bürgerkrieg und vielleicht am stärksten jene Bilder aus Teheran während der letzten Tage des Schahs – all das steigerte in mir den Wunsch, mehr über diese aufregende, unruhige Welt zu erfahren.

Ich wäre so gern so ein «Welterklärer» wie jene im Fernsehen geworden.

Doch wir waren Rädchen im großen Uhrwerk des real existierenden Sozialismus. Jede unserer noch so unbedeutenden Handlungen, selbst das Lernen oder das Sitzen in der Schule, wurde von Lehrern, Pionierleitern oder anderen Funktionären in einen politischen Gesamtkontext eingeordnet, wurde als unser Beitrag zum globalen Klassenkampf verklärt.

Im Umkehrschluss verschafften schlechte Leistungen oder Bocklosigkeit als Pionier dem «Klassenfeind» Vorteile. Wer sich verweigerte, war konterrevolutionär. Selbst wer nur Briefe an Rex Gildo schrieb. Wir übernahmen diese Bewertungen nicht, waren aber grundsätzlich politisch-ideologisch geeicht. Und das konnte auch schnell ins Gegenteil umschlagen – in totale Ablehnung.

Wir hatten zu funktionieren. Individualismus und Kreativität waren nur willkommen, wenn sie der «historischen Mission der Arbeiterklasse» dienten, das nannte man wirklich so. So wie die sowjetische Heldenfigur «Timur» in dem Jugendroman «Timur und sein Trupp», den wir im Rahmen des Unterrichts zu lesen hatten. Oder wie Pawel Kortschagin in dem Buch «Wie der Stahl gehärtet wurde», das zur Pflichtlektüre späterer Schuljahre gehörte. Uns wurde immer wieder gesagt, wie schön und vollkommen unser Leben doch sei. «Es ist eine Lust zu leben», titelte eine DDR-Zeitung in jenen Tagen allen Ernstes. Doch es gebe noch immer wichtige Schlachten zu schlagen, die in ihrer Bedeutung jenen der Altvorderen wie Ernst Thälmann oder Fritz Heckert gleichkämen.

Die Kreativität von uns «Thälmann-Pionieren» war zum Beispiel beim Sammeln von Altpapier und Glasflaschen gefragt, um die Gerichtskosten der amerikanischen Kommunistin Angela Davis zu bezahlen oder den Menschen in Vietnam zu helfen. Wir schrieben Karten mit einer Rose darauf zur Unterstützung der Amerikanerin, verfassten Protestbriefe an den chilenischen Diktator Pinochet, der den kommunistischen Politiker Luis Corvalán inhaftiert hatte, sammelten Ost-Groschen zur Unterstützung der nicaraguanischen Revolution. Stets hieß es, unsere Aktivitäten an den Pioniernachmittagen bewirkten weltweit Großes. Und wer da nicht mitmachte, gefährdete das Leben der inhaftierten Genossen.

Also teilten wir die Straßen unseres Heimatbezirks unter uns Pionieren auf und klingelten dann die Leute heraus: «Haben Sie Flaschen, Gläser, Altpapier?» So lange, bis der Bollerwagen voll war und wir ihn zur Sammelstelle am Rotkäppchenweg schieben konnten. Wir ließen uns ausbezahlen und lieferten das Geld brav in der Schule ab. Dieses Hausieren für eine Handvoll Ostmark bescherte mir nebenbei ein paar alte Bücher, einen Volks-Brockhaus von 1943 und eine illustrierte Robinson-Crusoe-Ausgabe, deren Gegenwert als Altpapier ich Angela Davis und dem vietnamesischen Volk dreist entzog – was glücklicherweise folgenlos blieb.

Angela Davis gewann am Ende ihren Prozess und wurde freigesprochen. Heute genießt sie als viel beschäftigte und respektierte Professorin und Frauenrechtlerin einen angenehmen Lebensabend. Angela Davis ist eine wahrhaft bewundernswerte Frau. Ihr Kampf für die Rechte amerikanischer People of Color war mutig, wichtig und über alle Zweifel erhaben. Zwei Jahre saß sie im Gefängnis. Doch ich habe ihr nie ganz verziehen, dass sie sich zur Bundesgenossin der Ostblock-Apparatschiks machte und nie ein Wort über politische Verfolgung und Mauertote verlor.

Auch Luis Corváláns Kampf war nicht umsonst. Am Ende durfte er in den Ostblock ausreisen, für ihn war das tatsächlich die Freiheit. Er wurde mit dem Karl-Marx-Orden und dem Leninpreis geehrt und schlief 2010 friedlich und hochbetagt im Kreis seiner Familie in einem freien, also demokratischen Chile ein. In Nicaragua regiert Daniel Ortega sogar zum Zeitpunkt dieser Niederschrift noch seine Heimat, sehr zum Leidwesen vieler Untertanen. Da behaupte noch jemand, unsere Pioniernachmittage hätten nichts bewirkt …

BIG BANG IN HOLZHAUSEN

Welche Formel hat die Leidenschaft? Mitunter jene von Salzsäure, Kaliumpermanganat und Natriumhydroxid. Mit zwölf Jahren bekam ich von meinen Eltern zu Weihnachten einen Chemiebaukasten geschenkt. Einen Chemiebaukasten, der heute aus Jugendschutzgründen – vermutlich aufgrund gesundheitlicher, pyrotechnischer, emissionsgefährdender Risiken – nicht mehr verkauft werden dürfte. Sicher nicht an Minderjährige. Aber damals gab es im Handel noch Chemiebaukästen, auf deren Gläschen Totenschädel als Warnhinweis angebracht waren. Für mich galt damals: je giftiger, je explosiver, desto besser.

Ab der sechsten Klasse hatte ich Chemieunterricht. Allerdings war das erste Jahr eine Katastrophe. Zum ersten Mal spürte ich die Antipathie eines Lehrers. Herr Ölschläger ließ mich seine Verachtung spüren, indem er mich mit schlechten Noten traktierte. Er stellte mir regelrecht Fallen, ließ mich mündlich auflaufen und in Klassenarbeiten verzweifeln.

Das Weihnachtsgeschenk meiner Eltern war der Versuch, an diesem Zustand etwas zu ändern. Es änderte sich auch etwas, aber erst, als ich im Schuljahr darauf einen neuen Chemielehrer bekam. Er war Alkoholiker, das mutmaßten wir jedenfalls seiner oft geröteten Augen wegen, und mitunter etwas cholerisch. Aber er mochte mich. Vor allem spürte er bei mir die Begeisterung für die Chemie. Ich glaube, wir waren die beiden Einzigen in diesen Chemiestunden, die in diesem Universum aus knapp über 100 Elementen (damals war im Periodensystem der Elemente beim Mendelevium Schluss) eine gemeinsame Sprache fanden. Meine Begeisterung für Chemie ging so weit, dass ich meinen Ranzen mit Glaskolben aus dem Schulbestand vollstopfte, wenn ich die Schule verließ. Mein Lehrer bekam das mit, nötigte mich in sein Zimmer und sagte: «Wenn du chemische Behälter brauchst, dann frag mich bitte, vielleicht gebe ich sie dir ja so. Diese lässt du aber hier!» Nach meinen ersten Einsern konnte ich dann mitnehmen, was ich brauchte.

Chemie wurde mein Lieblingsfach, gleichauf mit Geschichte. Der Chemiebaukasten mit seinen Säuren, Basen und Salzen genügte schon bald meinen Ansprüchen nicht mehr. Ich kaufte mir diverse Erlenmeyer- und Rundkolben dazu, besorgte mir konzentrierte Salz-, Salpeter- und Schwefelsäure und experimentierte auf Teufel komm raus. Mein Leipziger Opa, der Vater meiner Mutter, war einst ein recht erfolgreicher Tischlermeister gewesen und hatte sich ein großes Grundstück in Holzhausen südöstlich von Leipzig gekauft. Dieses Grundstück war noch zu Lebzeiten meiner Großeltern auf die Familien ihrer drei Töchter aufgeteilt worden, sodass wir jedes Wochenende in unser Gartenhaus fuhren, in Ostdeutschland auch nach russischem Vorbild «Datsche» genannt, um dort von Freitagabend an die Wochenenden zu verbringen. Dort richtete ich mir in einem Schuppen mein Labor ein, in dem ich zusammen mit meinem drei Jahre jüngeren Cousin Lutz experimentierte. Grundlage bildete ein dickes Buch mit dem verheißungsvollen Titel «Chemie selbst erlebt».

Unsere Eltern vertrauten meinen nun stark verbesserten Chemiekenntnissen. Und das war aus heutiger Sicht ziemlich leichtsinnig. Aus unserem Schuppen stiegen die braun-roten Nebel nitroser Gase auf, wir isolierten Chlor und kleine Natrium-Kügelchen durch die Elektrolyse einer konzentrierten Kochsalzlösung und versuchten Phosphor herzustellen, indem wir in ein feuerfestes Reagenzglas pinkelten und das Ganze immer wieder eindampfen ließen. Ich hatte in einem alten, reich illustrierten Gründerzeitbuch, einem Antiquariatsfund mit dem Titel «Buch der Erfindungen, Gewerbe und Industrien», gelesen, dass der Apotheker Hennig Brand 350 Jahre zuvor auf diese Weise den sich selbst entzündenden weißen Phosphor entdeckt haben soll. Unser Phosphor war eine Enttäuschung und stank obendrein nach Latrine, sodass wir entnervt aufgaben.

Stolz war ich aber, dass es uns gelang, durch die Veresterung von Baumwolle mit Salpeter- und Schwefelsäure, das Ganze musste durch lange Glasröhren kompliziert gekühlt werden, Schießbaumwolle herzustellen. Die stopften wir in eine Metallhülle. Mein Cousin, der mehr von elektrischen Prozessen verstand, bastelte aus einer Glühbirne ohne Glashülle und einem Batterieblock eine Fernzündung. Auf dem nahen Feld in Holzhausen brachten wir unsere Bombe zur Sprengung, sie hinterließ einen beeindruckend tiefen Trichter. Immerhin hatte ich als «Großer» noch so viel Verantwortungsgefühl, dem drei Jahre jüngeren Lutz einen Helm aufzusetzen – aus Gründen der Sicherheit. Es war ein alter, rostiger Wehrmachtshelm von Omas Trüglebener Hof. Ich selbst trug einen Luftschutzhelm. Wir müssen ein seltsames Bild abgegeben haben. Und wir können froh sein, an unseren Händen noch alle zehn Finger zu haben.

Um für Nachschub zu sorgen, musste man kreativ sein. «Haben Sie Pökelsalz?», fragte ich die Verkäuferin in einem Gewürzladen unter den Arkaden am Alten Rathaus in der Leipziger Innenstadt. Die Frau schaute den Dreizehnjährigen etwas ratlos an. «Ich glaube, ja», antwortete sie. «Dann hätte ich gern zwanzig Tüten», sagte ich und bezahlte den bescheidenen Preis von acht Pfennig pro Tüte.

Die Verkäuferin mag sich gefragt haben, ob dieser Halbwüchsige eine eigene Metzgerei betrieb. «Hamwa nisch, ist ausverkooft», antwortete mir die Verkäuferin übrigens Wochen später, als ich mal wieder ankam. Doch ich hatte ja vorerst genug davon gebunkert.

Das Pökelsalz, alle Hobbychemiker wussten das, bestand aus Kaliumnitrat, auch Kalisalpeter genannt, was eine ähnliche Verbindung war wie das Unkraut-Ex Ammoniumnitrat. Damit ließ sich das allerfeinste Schwarzpulver herstellen, und man konnte es ordentlich rumsen lassen. Wir Jungs liebten das. Und niemand machte sich Sorgen, was sicher nicht an der Verantwortungslosigkeit unserer Eltern lag, sondern am Zeitgeist. Man ließ Kinder eben «ihr Ding» machen, ob sie auf fünf Meter hohe Bäume kletterten, über Eisenbahnbrücken ohne Geländer balancierten, in irgendwelche Tümpel sprangen oder eben ihre Leidenschaft für die Chemie auslebten. Chemie war mein Einser-Fach, meine Eltern dachten, dass ich da eine Art private Weiterbildung betrieb. Und ich ließ sie in diesem Glauben.

Doch es musste nicht immer knallen, wir sorgten auch für viel Rauch. Dazu mischten wir Kalisalpeter mit Zucker, stopften die Mixtur in einen abgeschnittenen Gartenschlauch und benutzten als Zünder eine Wunderkerze. Aber als dann die Sommersonne hinter einer undurchdringlichen weißen und beißenden Nebelwand verschwand, war der Moment gekommen, an dem es unseren Eltern zu viel wurde. «Ihr müsst doch bleede sein ...» Und dann gab es für den Rest des Tages Laborsperre. Ich musste den Rasen mähen und Äste klein hacken.

Verbarrikadierte ich mich nicht in meinem Gartenlabor, dann studierte ich das Periodensystem der Elemente; noch heute erkenne ich die Elemente allein am Symbol. Längst hatte ich in meinem Zimmer die Fußballplakate durch eine große Periodentafel ersetzt. Und ich las Bücher wie jenes, das den Titel «Wer einem Stern folgt» trug und von meinen neuen Helden erzählte, die Marie Curie, Justus von Liebig oder August Kekulé hießen. Madame Curie hatte aus Tonnen gefährlicher Pechblende in ihrem Pariser Hinterhof-Labor das strahlende Element Uran gewonnen – und war am Ende daran zugrunde gegangen.

Gern wäre auch ich solch einem Stern gefolgt. Hätten sie mir die Chance gegeben, ich wäre vielleicht sogar dem roten Stern gefolgt. Doch mein Stern drohte im Nirwana zu verglühen. Denn als es am Ende der achten Klasse darum ging, die begehrte Delegierung an die Erweiterte Oberschule zu bekommen, war ich nicht dabei – wider Erwarten. Nur vier Mitschüler aus meiner Klasse bekamen die Freifahrt zum Abitur – zwei Mädchen, die tatsächlich Einser-Zeugnisse hatten, und zwei Jungen, die schlechtere Noten hatten als ich. Beide waren A-Kinder, beide hatten sich bereit erklärt, als Berufsoffiziere einen längeren Wehrdienst zu leisten. Und das hatte ich ja bereits vor Jahren abgelehnt. Es wurde zwar nicht offen ausgesprochen, war aber allen Beteiligten klar. Ich war tief enttäuscht und sah allen Grund, mich von diesem unfairen Kastensystem abzuwenden.

NERD AUF ABWEGEN

Unsere Klasse in Marienbrunn wurde aufgelöst, weil die Schule eine dreizügige neunte Klasse nicht unterbringen konnte. Mit einer Handvoll anderen musste ich in den benachbarten Stadtteil Dölitz. Dies hatte den Vorteil, dass man ganz neu starten konnte, auch imagemäßig. Ich war 16. Mädchen interessierten mich inzwischen. Und Mädchen interessierten sich auch für mich.

Irgendwann stellte ich im Unterricht fest, dass ich schlecht sah. An die Wand projizierte Folien der Overhead-Projektoren, im Osten hießen sie «Polylux», sah ich nur noch verschwommen. Hatte ich mir durch zu vieles Lesen die Augen verdorben? Meine Eltern waren beide brillenlos, meine Schwester zunächst auch. Kaum zu glauben, aber die Aussicht, eine Brille tragen zu müssen, bereitete mir damals schlaflose Nächte. Keine Sorge quälte mich so stark. Brillen waren das Gegenteil von cool, Brillenträger waren «unrockbar», wie die Ärzte das später mal texteten, also das Gegenteil von hot.

John Lennon existierte jenseits meiner Wahrnehmung, dafür kannte ich aber als abschreckende Beispiele Nana Mouskouri und Heino – die hatten Brillen. Und Erich Honecker. Der schlimmste aller Bebrillten hieß Karl-Eduard von Schnitzler, Hetzer vom Dienst im Ostfernsehen, Sudel-Ede genannt. Durch wahre Glasbausteine hindurch blickte dieser Schnitzler allmontäglich aus kleinen, bösen Augen auf die Zuschauer herab, um seine Mission einer überschaubaren Zuschauer-Community nahezubringen, die da lautete: Jenseits der Mauer ist es schrecklich; seid froh, dass wir euch davon abhalten, es mit eigenen Augen zu sehen.

Sosehr ich auch nachdachte, es gab einfach keine coole Sau mit Brille. Dass ausgerechnet ich jetzt eine Brille nötig hatte, empfand ich als schreiende Ungerechtigkeit. Ich sah mich bereits altern als männliche Jungfrau. Welches Mädchen würde mich mit Brille noch angucken?

In der Tat war das ostdeutsche Angebot an Sehhilfen erbärmlich. Gestanzte Lupen in strengen Hornfassungen. Der dicke Dirk, ein Mitschüler, hatte hinter seinen Brillengläsern riesige Kuhaugen. Brillengläser wie jene von Sudel-Ede ließen die Augen wie hinter einem Eispanzer ganz klein werden. Kurzum: Ich wollte keine Brille und trickste mich durch den Schulalltag, indem ich die Augen zusammenkniff, was die Sehkraft etwas verbesserte. Oder ich schrieb vom Nachbarn ab, was in Arbeiten und Tests ziemlich riskant war. Meine Kurzsichtigkeit nahm zu, ich erkannte Freunde auf der Straße nicht mehr, erkannte die Nummern der Straßenbahnen nicht, musste dichter an den Fernseher rücken, um genug zu sehen.

Irgendwann überwand ich mich, zumal meine liebe Tante Ursel einen Optikladen im Leipziger Westen hatte. Apropos Tanten: Es gab bei uns direkte Tanten, das waren die zwei Schwestern meiner Mutter. Die West-Tanten waren eine Großtante (Frau des Bruders meiner Oma) und eine Cousine meiner Mutter. Dazu Onkel Willy, ein Nennonkel. Von Tante Ursel also bekam ich eine Brille mit einem tropfenförmigen Drahtgestell, in der DDR begehrte «Bückware», also schwer zu erhalten. Als ich sie das erste Mal aufsetzte, wurde mir beinahe schwindelig, so detailgetreu hatte ich beim Blick auf eine grüne Grasfläche schon lange nicht mehr die einzelnen Halme sehen können. Doch der Blick in den Spiegel ernüchterte mich – ich fühlte mich schrecklich hässlich und wollte das Ding nicht tragen. Es war hoffnungslos:

Ich war ein pubertierender Teenager und unverbesserlich eitel. Also tappte ich lieber beinahe blind durch die Stadt. Selbst auf meinem Moped, einer Simson S 50, welche ich mir im Alter von 16 Jahren kaufte, fuhr ich ohne Brille und ließ mir gelegentlich von Freunden, die ich auf dem Rücksitz mitnahm, soufflieren, ob die Ampel da vorn bereits auf Grün gesprungen war.

Dabei hätte eine Brille mein Gesamtbild ehrlicherweise abgerundet. Denn ich war ein Nerd, ein einsamer Nerd, der viel las, der die Chemie liebte und sich durch philosophische Schriften wühlte, ohne sie vollends zu verstehen. Es gab eine Zeit, ich mag zwischen 15 und 17 Jahren alt gewesen sein, da gab es niemanden in meinem Freundeskreis, der ähnlich empfand. Ich hatte «Freunde», mit denen ich meine Zeit teilte, aber keine Gedanken. Die Gleichaltrigen, mit denen ich mich damals traf, waren ruppig, grob und etwas primitiv. Man fuhr Moped, man traf sich an einem von Pappeln gesäumten Platz inmitten Marienbrunns, auf dem mehrere Bänke standen. «Die Bank» wurde das genannt. «Ich geh mal zur Bank», sagte ich dann zu Hause, und niemand kam auf die Idee, ich hätte etwas in einem Geldinstitut zu tun. Die wenigen Mädchen unter uns mussten ebenfalls Grobheiten über sich ergehen lassen, es wurde auch mal gegrabscht. Ab und an grölte jemand von Hormonschüben benebelt aus der Anonymität der Gruppe heraus «Ficken», «Fotzen» oder «Die hat Nippel wie 80er-Kesselnieten».

Es war erbärmlich. Es wurde gepöbelt, man trank viel Bier und rauchte, maß sich im Weitspucken. Die Spucke, «Aule» genannt, hing dann wie ein Eiszapfen am Strauch. Man rühmte sich kleiner Raubzüge – Kellereinbruch, Ladendiebstahl, Fahrradklau. Das Ansehen in der Gemeinschaft wurde durch die Frage definiert: «Hat der was druff?» Was bedeutete: Ist er stark, ist er ein Draufgänger, traut er sich was? Ich war immer dabei, weil ich dachte: Besser diese Freunde als gar keine. Und andere Freunde fand ich irgendwie nicht, seit ich nicht mehr mit Indianern spielte. Außerdem bestand an der «Bank» immerhin die theoretische Möglichkeit, Mädchen kennenzulernen. Allerdings: Mädchen, die mich interessierten, waren für mich mysteriöse, fantastische Wesen, die mir die Fähigkeit raubten, sinnvolle Dinge zu sagen. In ihrer Gegenwart faselte ich zumeist sinnentleertes Zeug daher.

Anfangs fuhr ich auf dem Damenfahrrad meiner Mutter zur Bank, während die coolen Jungs schon große Motorräder vom Typ MZ 150 oder 250 fuhren. Das war natürlich rufschädigend, war mir aber egal. Später kaufte ich mir dann das bereits erwähnte Moped, vor allem aus Bequemlichkeit, weil der Nahverkehr, der vor allem aus der Straßenbahn bestand, schlecht ausgebaut war. Zur «Bank»-Gang gehörten Leute wie die beiden Bauer-Brüder, Gasch, der Dicke, der Sachse, Löber und viele Namenlose. Ich wollte mich nicht dem Verdacht aussetzen, nicht wirklich dazuzugehören, also stimmte ich in die Sprücheklopferei, in das Mobben anderer, in die Lästerei mit ein, kurzum in all das, was an der Bank angesagt war.

Ich blieb aber auch gern mal zu Hause und igelte mich in meinem Zimmer ein. Am Tag meiner Jugendweihe, Gegenentwurf zu der von den Ideologen verpönten christlichen Konfirmation, hatte mir eine der Tanten aus dem Westen einen eigenen Kassettenrekorder geschenkt – einen C450 von Grundig. Der hatte zwar kein Radioteil, aber ich verfügte über ein altes Röhrenradio, einen imposanten Holzkasten mit Stoffbespannung und zwei großen Rädern zur Sender- und Lautstärkeregelung. Auf einer beleuchteten Glasplatte waren die ehemaligen Stationen aufgelistet – von Rom bis Hilversum. Weil Leipzig sehr zentral lag, terrestrisch auf Tuchfühlung mit allen Regionen der Bundesrepublik, empfing ich im Radio Sender von NDR 2 über HR3 bis Bayern 3 – und auch RIAS 2, wo nachmittags «ZigZag – Das New Wave Magazin» zu hören war, mit New-Wave- und Punk-Musik, was mich vor allem in späteren Jahren elektrisierte. Abends hörte ich Sendungen wie das legendäre «Pop nach acht» auf Bayern 3, moderiert von einem Jungspund namens Thomas Gottschalk, der damals neben Werner Reinke vom HR3 und Wolf-Dieter Stubel vom NDR 2 zu unseren Moderatoren-Helden gehörte.

Ich war ein niemals ermüdender Fernsehjunkie geworden. Ich schaute wahllos alles, was die Schwarz-Weiß-Glotze mit ihren sechs Sendeplatz-Schaltknöpfen, nur vier davon waren mit Sendern belegt, in den späten 70er- und frühen 80er-Jahren an Sendungen ausspie: Nachmittags Bildungsfernsehen wie «English for you» mit dem legendären Paar Tom und Peggy, Werbeclips mit Klementine von Ariel oder dem HB-Männchen, Stummfilme von Buster Keaton, abends «Was bin ich?» mit Robert Lembke und im Zweifel selbst Volksschauspiele aus dem Ohnsorg-Theater mit Heidi Kabel oder den bayerischen Komödienstadel.

Oft, wenn ich von einem der vier Fernsehkanäle zum nächsten und wieder zurück sprang, allein über meinen Büchern brütete oder meine Musik aufnahm, nötigte mich Mama, die am frühen Nachmittag aus ihrem Büro kam, vor die Tür zu gehen: «Geh doch mal raus, du kannst nicht immer drinnen hocken …» Nach der x-ten Aufforderung gab ich dem Drängen nach und schlich durch die mitunter bereits dunklen Straßen in Richtung Bank. Ich ging sogar mit den anderen auf «Raubzug». Jugendliche von der Bank holten sich aus den Kellerkammern der Wohnblöcke an der Zwickauer Straße Bier- oder Weinflaschen, die Familien dort lagerten. Es war schäbig, ich hatte Angst, doch ich wollte kein Feigling sein. In der Kaufhalle, wie die Selbstbedienungsmärkte hießen, klauten wir vor allem Zigaretten, was ein riskantes Unterfangen war, denn diese Waren wurden – wie heute auch – rund um die Kasse deponiert.

Vom «Sachsen», der eigentlich Rene hieß, hatte ich schon sehr früh rauchen «gelernt». Wir waren gerade erst acht oder neun Jahre jung gewesen, als wir unsere ersten Zigaretten pafften, dem Vorrat von Renes Vater entnommen. Die ersten Schulstunden waren ausgefallen, wir mussten erst später los, also trafen wir uns vormittags bei ihm und rauchten im Keller des Hauses unsere ersten Zigaretten. Sie schmeckten grässlich, mir wurde sogar etwas schwindlig. Doch ich rauchte sie brav zu Ende, denn ich wollte zeigen, was für ein harter Hund ich war. Und der Sachse legte beim Rauchen wirklich ein bemerkenswertes Tempo vor.

An der Bank begann ich dann im Alter von 15 oder 16 Jahren regelmäßig zu rauchen. Nur beim Klauen in der Kaufhalle hatte ich nie ein gutes Gefühl. Einerseits fielen wir durch unsere Jugend auf und wurden von den Verkäuferinnen meistens observiert. Dabei kosteten die Zigaretten gar nicht so viel Geld: 2,50 Ostmark die begehrte Alte Juwel, 1,60 Ostmark die Kultmarke Karo ohne Filter, 3,20 Ostmark die Standardsorten f6 oder Cabinet, 4 Mark die gehobenere Sorte Club. Vom «Musterschüler», der für eine Offizierslaufbahn vorgesehen war, war ich inzwischen Lichtjahre entfernt.

ABSCHIEDE

er Sommer 1981 war ein Sommer des Abschieds, des Wandels, etwas zerbrach in meinem noch jungen Leben. Mein Vater ging von uns. Ein Schicksalsschlag zerstörte das Fundament unserer Familie, gnadenlos und ohne Vorwarnung wie ein Meteoriteneinschlag inmitten einer Großstadt. Ich war damit in meiner fragilen, unsicheren Teenagerexistenz völlig überfordert.

An einem lauen Junitag schoss ihn ein Herzinfarkt aus unserem Leben, während im Abendprogramm die «Tagesschau» lief und gerade einen Beitrag über die Pariser Luftfahrtmesse brachte. Völlig nebensächliche Details angesichts des Verlustes eines geliebten Menschen, aber sie bleiben eben auf alle Ewigkeit in meiner Erinnerung und mit diesem 15. Juni 1981, einem Montag, verbunden. Gespeichert und archiviert in meinem Langzeitgedächtnis, ebenso wie Mamas hilfloser Versuch einer Mund-zu-Mund-Beatmung, unterbrochen von ihrem lauten Flehen. «Karl, Karl …» Mein Vater wirkte wie in einem Krampf erstarrt, der sich irgendwann wie in einem Stoßseufzer oder einem Ausatmen löste. Und ich glaube, das war der Moment, an dem wir ihn endgültig verloren haben. Ich rannte zu den Nachbarn, um einen Rettungswagen zu rufen. Der kam nach geschätzten 45 Minuten, als es zu retten nichts mehr gab.

An jenem Abend trank ich meinen ersten Weinbrand, eingeschenkt vom Nachbarn, einem hauptamtlichen Stasi-Mitarbeiter, wie wir erst viel später erfahren sollten. Das war ein schauriges, scharfes Gesöff, welches aber, nachdem es den Geschmacks-Checkpoint im Rachen passiert und ein Schütteln ausgelöst hatte, in Körper und Seele eine wohlige Wärme verbreitete und diesen Abend in ein anderes, eine Art Sepia-Licht tauchte. Ich blieb im nachbarlichen Wohnzimmer, wurde mit Weinbrand abgefüllt, was in mir die Hoffnung nährte, dass das alles Teil eines ganz üblen Traums war, aus dem es bald ein Zurück in die Wirklichkeit geben würde. Meine damals achtzehnjährige Schwester war zu diesem Zeitpunkt mit ihrem Freund im Urlaub.

Am kommenden Morgen lag mein toter Vater noch immer auf unserer Eckcouchgarnitur. Papa hatte ein stilles, in sich gekehrtes Eigenleben geführt, das ich nie so recht hatte ergründen können. Wie ein nur zum Vorübergehen bestimmtes Wesen. Er hat nicht viele seiner Gedanken preisgegeben, hat nie viel gesprochen, hat mit uns Kindern nur recht oberflächlich verkehrt. Jetzt, als mein Vater gegangen war, merkte ich, dass ich ihn eigentlich schon immer vermisst hatte.

Im Grunde lernte ich ihn erst richtig kennen, als er nicht mehr da war. Denn erst im posthumen Nachdenken über ihn ergab sich ein Bild, das zu Lebzeiten stets lückenhaft geblieben war. Weil es in unserer gemeinsamen Zeit nur Momente gab, in denen sie sichtbar wurde, diese unentdeckte Seite meines Vaters, dieses etwas verschlossenen, mitunter missmutigen, über weite Strecken unbekannten Wesens.

Erst sehr spät, in mir dudelte längst Glam Rock in Endlosschleife, begann auch mein Vater, seine Liebe zur Musik ein wenig auszuleben. Bis dahin hatte sie sich darin erschöpft, dass er immer einmal wieder von dem einzigen Konzert erzählte, das er je besucht hatte: den Auftritt der amerikanischen Jazz-Legende Louis Armstrong 1965 in Leipzig. Doch dann, Ende der 70er-Jahre, kaufte er sich plötzlich einen japanischen Sanyo-Kassettenrekorder «M2429FZ», der für eine astronomische Summe in DDR-Geld angeboten wurde. Und er, den ich davor nie hatte Musik hören erlebt und der meine Musik stets belächelt hatte, war plötzlich zum stets kopierbereiten «Jäger und Sammler» geworden.

Es war der Sommer, in dem Elvis starb. Und der «King» lief auf allen Radiokanälen. Mein Vater schuf sich eine veritable Sammlung von Elvis-Songs. Ich glaube, er konnte von dem, was an Leidenschaften in ihm schlummerte, nur wenig in das verwandeln, was man unter Leben versteht. Er wäre gerne mehr verreist, hätte gern ein schnelles Auto gefahren, auch von seinem früheren Motorrad, einer AWO, schwärmte er oft. Und auch meine Mutter wurde erst zu jenem die eigenen Interessen auslebenden Genussmenschen, als sich unsere Familie aufgelöst hatte, wir Kinder halbwegs erwachsen waren und das bedrückende System verschwunden. Da begann sie zu wandern und zu reisen.

Wir verlebten Wochen, ja Monate in Moll, durch die ich mit tauben Sinnen schlich. In diese Zeit fiel meine Abschlussprüfung der zehnten Klasse, und ich habe heute keine Erinnerung mehr daran, wie ich sie bestand – nur dass ich gut durchkam, ist verbrieft. «Fade to Grey» von Visage war mein Lied dieses traurigen Sommers. Es wurde zum Soundtrack dieses Abschieds, immer und immer wieder dudelte es auf meinem Grundig-Kassettenrekorder, und ich liebte diesen mysteriösen Clip von Steve Strange, der im Fernsehen gezeigt wurde, ich mochte den französischen Teil, gesprochen von Brigitte Arens, auch wenn ich kein Wort verstand, ich mochte die Melancholie dieses Liedes.

Mehr noch änderte sich in diesem Sommer. In unseren Treffpunkt, die Bank, schlug sprichwörtlich der Blitz ein. Erst war da nur dieses Gerücht, welches sich allmählich zur Gewissheit verdichtete. Einer der Bauer-Brüder, der Sachse und Löber sollten versucht haben, «rüberzumachen», wie die Flucht in den Westen umgangssprachlich genannt wurde. Der andere Bauer-Bruder, bis zu diesem Zeitpunkt mein Mitschüler, blockte Nachfragen unfreundlich ab: «Kümmert euch um eure Sachen ...»

Doch irgendwann ließ es sich nicht mehr dementieren: Bauer war tot, an der innerdeutschen Grenze von einer Selbstschussanlage nachgerade zerfetzt, der Sachse war schwer verletzt worden, Löber schien körperlich unversehrt geblieben zu sein, er saß im Gefängnis. Drei sechzehnjährige Teenager hatten sich an die Ränder des Systems gewagt, in den Abgrund geschaut – und waren zerschellt. Für mich hieß das: Die Konfrontation mit dem System, die sich bislang eher abstrakt abgespielt hatte, war plötzlich greifbar, spürbar. Sie betraf auch mich, weil der Gedanke, das Gehege zu verlassen, schon in mir keimte, wuchs, und alle Gedanken an eine Zukunft hier unterwanderte.

Die Bank hatte sich als Treffpunkt für mich ohnehin erledigt. Ich hatte mir vorgenommen, ehrlicher zu mir selbst zu sein. Und zu dieser Ehrlichkeit gehörte die Einsicht, dass ich diese Szene nicht mochte. Ich hatte einen Freund gefunden, der hieß Dirk; er träumte von einer Karriere als Theaterschauspieler und lernte heimlich Passagen von Goethes «Faust», weil er irgendwo vorsprechen sollte. Selbst vor mir hielt er es lange geheim, weil es ihm peinlich war. Männer wurden keine Schauspieler, Männer liebten Autos, tranken viel, vögelten in der Gegend herum. Dirk hatte dicke Brillengläser, litt unter Pickeln und fettigem Haar. Mit Mädchen lief bei ihm nicht viel. Er wohnte mit seinen Eltern, Geschwistern und der Oma im obersten Stockwerk eines dieser DDR-Wohntürme auf luxuriösen zwei Etagen. Seine Oma fuhr regelmäßig nach Westberlin und nahm unsere Wünsche mit, die sie erfüllte, wenn ich ihr Westgeld gab, das entweder von unserer Messevermietung stammte oder einer dieser Feen-Tanten.

So instruierten wir Dirks Oma, im Plattenladen nach «Uprising» von Bob Marley oder «Never Mind the Bollocks» von den

Sex Pistols zu fragen. Und ich bekomme heute noch ein schlechtes Gewissen, wenn ich mir vorstelle, wie die kleine gebückte Frau im breitesten Sächsisch den Verkäufern in Westberlin unseren Wunschzettel vorlas. Ein anderes Mal brachte sie mir einen Walkman und sogar einen Motorradhelm für mein Moped mit.

Die dritte große Veränderung dieses schrecklichen Jahres bahnte sich im Herbst an. Man hatte mir den Königsweg zur Hochschulreife – die ostdeutsche Variante des Gymnasiums, «Erweiterte Oberschule» genannt – bekanntermaßen verweigert. Also blieb trotz guter Zensuren nur der beschwerliche Umweg über eine weiterführende Schule mit gleichzeitiger Berufsausbildung. Berufsausbildung mit Abitur oder kurz «BmA» war die Abkürzung dafür. «Irgendetwas mit Chemie» – das war meine einzige Bedingung, der Beruf war mir egal, auf die Hochschulreife kam es an. Ich bekam also eine Zusage für eine Ausbildung zum Galvaniseur, dabei ging es um das metallische Beschichten mittels Elektrolyse, also Strom. Gleichzeitig drückte ich die Schulbank für die Hochschulreife. Wochen geteilt zwischen Produktion und Gymnasium, der «Arbeit der Faust» und der «Arbeit der Stirn», wie es im marxistischen Duktus hieß. Das hatten ich und meine neuen Mitschüler, deren Eltern teils Universitäts-Professoren, Musiker des Leipziger Gewandhausorchesters oder Pastoren waren, miteinander gemein.

Jeweils montags tauchten wir, eine erbarmungswürdige Brigade junger Nerds, in säurefester Arbeitskleidung und in Gummistiefeln in einer schwach beleuchteten und technisch veralteten Hexenküche mit Kleinteilen bestückte Trägergestelle in stinkende und dampfende Elektrolyt-Bäder. Meine Nase wurde schweren Prüfungen unterzogen. In den zugigen Arbeitshallen roch es, je nach Standpunkt, mal stechend nach Ammoniak, dann nach nitrosen Gasen, in einer anderen Ecke wie in einer Backstube nach Mandeln, was von der hochgiftigen Zyanidlösung herrührte. Überall dampften mit bunten Flüssigkeiten gefüllte große Behälter, über denen Metallschienen angebracht waren. An der Wand waren Schalter oder Räder, mit denen die Anlage unter Strom gesetzt werden konnte, sodass dann im Behälter mit den bunten, mal grasgrünen, mal himmelblauen Flüssigkeiten ein munteres Geblubber begann. Das alles machte keinen besonders vertrauenswürdigen Eindruck auf mich und wirkte ziemlich toxisch. Die Armaturen waren alt, trugen dicke Rost- oder Salzkrusten, eine Anlage auf Vorkriegsniveau. Die für unsere Gesundheit unverzichtbare Luftabsaugung war nur Staffage, sie funktionierte nicht. Die dort dauerhaft angestellten Männer und Frauen nahmen uns die letzten Illusionen über Gesundheits- oder gar Umweltstandards. Sie sahen bemitleidenswert aus. So stellte ich mir Dr. Frankensteins Versuchslabor oder einen modernen Vorhof der Hölle vor.

Einen festen Tag in der Woche hatten wir in diesem Fegefeuer zu arbeiten. Ich hatte das Gefühl, schreiend davonlaufen zu müssen. Doch ich besann mich und nahm mir vor: Diese drei Jahre bis zum Abitur hältst du durch – dann hält dich hier nichts mehr. Und man hatte uns ja auch dazu erzogen, Dinge auszuhalten, die Grenzen des Erträglichen zu testen, ganz in der zu Askese und Verzicht neigenden Tradition dieser von Luther geprägten Landstriche. Aufgeben war keine Option.

Die restlichen vier Tage hatten wir Vektorrechnung zu pauken, englische Grammatik und Hegels Dialektik, die Marx angeblich vom Kopf auf die Füße gestellt hatte. In den Schulferien, in denen die «Vollabiturienten» in spe an der EOS es sich gutgehen lassen konnten, mussten wir zurück ins elektrolytische Fegefeuer – und zwar die vollen fünf Tage einer Woche. Dafür bekamen wir als Azubis, damals sagte man noch Lehrlinge, Geld. Ich glaube, es waren etwas mehr als 100 Ostmark. Es war also kein Zufall, dass wir als Klasse ein rebellischer Haufen waren – anarchisch, renitent, um keine Antwort verlegen. Und ewig auf

der Suche nach dem passenden Widerspruch zu diesem apodik-
tisch-maßlosen System, das für sich in Anspruch nahm, im Besitz der absoluten Wahrheit zu sein, auf unsere Fragen gar nicht
einging – oder sie schlicht verbot.

NEUE HORIZONTE

Vom ersten Tag an hatte ich neue Freunde, nein, und es ist nicht übertrieben: hatte ich eine neue Familie: Migge gehörte dazu, ein langhaariger, hagerer, schlaksiger Kerl; als ich ihn kennenlernte, ein ultrasympathischer Hippie in Parka und Röhrenjeans. Und dann war da Koma, der diesen Namen erst später erhielt und anfangs noch ein bisschen hinterwäldlerisch wirkte, weil er Elvis hörte und von uns jedes Trend-Gerücht aufsog und unhinterfragt absorbierte. Lauge gehörte dazu, wie Migge über 1,90 Meter groß, gesegnet mit einer enormen Allgemeinbildung und ebenso viel Humor, der seinen Spitznamen seiner schnoddrigen Handschrift verdankte: Sein auf eine Arbeit gekritzelter Familienname war von einem unserer Lehrer als «Lauge» fehlinterpretiert worden. Fortan hieß er für uns so. Uns verband, was in uns brannte – dieser Appetit auf Leben, auf Spaß, Musik, Klamotten, Mädchen. Was uns noch mehr verband, war die Ablehnung dieses nervigen Systems, das uns nach seinem Bilde formen wollte.

Die meisten meiner neuen Freunde kamen aus Leipzigs Norden, aus Stadtteilen, die Gohlis, Möckern oder Schönefeld heißen. Nur ich kam aus dem Süden. Wir fühlten uns wie Verdurstende, Erstickende, denen man die Luft zum Atmen genommen hatte. Das mag aus heutiger Sicht maßlos überzogen klingen. Aber damals empfand ich das so. Wir waren als «I»- und «Selbst.»-Kinder stigmatisiert, man hatte uns unserer Lebensträume beraubt.

Doch wir litten nicht allein an diesem System, wir litten auch an der Kleingeisterei, der Provinzialität dieser Gesellschaft, die den Mief der Vorkriegszeit konserviert hatte. Wir wurden regelrecht kreativ auf der Jagd nach Informationen, nach dem anderen, dem verbotenen Gedanken in dieser gleichmacherischen Gesellschaft. Weil es keine «ordentlichen Zeitungen» gab, sondern nur diese dürren ostdeutschen Propaganda-Blätter, besorgte ich mir die etwas umfangreicheren, aber keineswegs liberaleren Zeitungen der westdeutschen und österreichischen kommunistischen Parteien, «Unsere Zeit», «Die Wahrheit» und «Volksstimme». Die gab es zwar offiziell zu kaufen, doch sie waren oft vergriffen. Immerhin beinhalteten sie das Fernsehprogramm West und mitunter Zwischentöne in der gleichgeschalteten Berichterstattung.

Ich war ein Politik-Junkie geworden, alles interessierte mich: der Nahe Osten, der Krieg der Russen in Afghanistan, Maggie Thatchers Falklandkrieg, der Aufstieg der Grünen, der Sturz von Kanzler Helmut Schmidt, die beginnende Ära Helmut Kohl, die Debatten um die Nachrüstung mit Mittelstreckenraketen. Ich glaube, ich infizierte meine neuen Mitschüler mit meinem fast schon wahnhaften politischen Interesse. Jedenfalls waren wir bald ein aufgeregter Debattierclub. Ich schrieb damals eine Art politisches Tagebuch, kommentierte Ereignisse.

Ich machte mir einen Sport daraus, die Namen der Staats- und Regierungschefs dieses Planeten auswendig zu lernen. Brasiliens damaligen Präsidenten Tancredo Neves, den kuwaitischen Emir Dschabir al-Ahmad al-Dschabir as-Sabah, Hissène Habré aus dem Tschad, Mohamed Siad Barre aus Somalia – ich kannte sie alle und habe viele der Namen bis heute nicht vergessen.

Wir organisierten in der Klasse Abstimmungen, ob die britische Rückeroberung der kurzzeitig von Argentinien besetzten Falklandinseln rechtens war. Unser Mathelehrer Pietzsch, ein nuschelnder, kettenrauchender Fachidiot, der schon mit gut 50 Jahren in seinem abgewetzten Sakko wie ein Rentner aussah, begann seinen Unterricht mitunter mit Exkursionen in die Tagespolitik. «Ist ja klar, dass die Falklandinseln Argentinien gehören und dementsprechend auch von Argentinien besetzt werden dürfen, denn da liegen sie ja näher dran», moderierte er eines Tages eine Mathe-Stunde an. Für uns war das die Einladung zu einer deftigen Debatte, denn wir standen auf der Seite Großbritanniens. Nicht allein deshalb, weil uns das Land mit so wundervollen Bands wie The Clash und den Sex Pistols beschenkt hatte. Sondern weil es einfach auf der richtigen Seite im Kalten Krieg stand – so einfach war das für uns mitunter.

«Sind Sie dann auch dafür, dass die DDR demnächst Westberlin übernimmt – ‹denn wir sind ja näher dran›?», fragte ich zurück. «Was ist mit Sachalin, das gehört dann zu Japan und nicht zur Sowjetunion, weil ‹es liegt ja näher dran›?», kam von Lauge. «Wollen Sie jetzt wirklich den Überfall der argentinischen faschistischen Junta auf eine von Briten besiedelte Insel rechtfertigen?», kam von Klops, einem weiteren Mitschüler, der auch allmählich zu unserer Gruppe aufschloss. Pietzsch blickte missmutig von Schüler zu Schüler – kniff den Mund zusammen und nuschelte: «So, wir waren zuletzt auf Seite 132 stehen geblieben. Stutte, erläutern Sie mal, was unter der Ableitung als Grenzwert des Differenzenquotienten zu verstehen ist.»

Wir gründeten Parteien und führten in unserer Klasse «Klassentagswahlen» durch – nannten uns «Freie Sachsen» (Slogan: «Keine Faxen – Freie Sachsen!»; nicht zu verwechseln mit späteren politischen Verirrungen), «Christliche Vernunftspartei», «Frauenpartei», «Neutrale Mitte» und «Die Anarchisten». Wir waren in unserer Naivität plötzlich alle Anhänger des irakischen Diktators Saddam Hussein, weil dieser auf gutem Wege schien, die üblen Mullahs im Iran, Feinde der Menschheit, welche ja amerikanisches Botschaftspersonal als Geiseln genommen hatten, mit seinem Krieg zum Teufel zu jagen.

Von 25 jungen Menschen, die mit uns diesen Weg zum Abitur

gingen, galten drei als unverbesserlich «linientreu». Wir machten ihnen das Leben schwer, indem wir sie weitgehend ignorierten oder auf den Arm nahmen. Das war nicht fair, aber wir erlaubten uns das, weil wir uns von «denen», womit das System gemeint war, auch nicht fair behandelt fühlten. In der Rückschau betrachtet waren diese frühen 80er-Jahre politisch wenig aufregende Zeiten. Gemessen an den Umbrüchen, die das ausgehende Jahrzehnt und das neue Jahrhundert noch bereithalten sollten. Die damalige Welt bewegte sich wie ein gemächlich dahinfließender breiter Strom, dessen Flussbett sich im Lauf von Jahrhunderten in die Landschaft eingegraben hatte und sich durch keine Unbilden vom vorgezeichneten Weg abbringen ließ. Diese zweigeteilte Welt, überhaupt alles, schien auf Ewigkeit angelegt. Und da erschienen uns Ereignisse wie die Kontroverse um die Mittelstreckenraketen sowie der sich anbahnende Regierungswechsel in Bonn wie ein «Weltbeben».

Gierig, mir fällt dazu kein anderes Wort ein, sogen wir die Informationen auf, die wir darüber bekommen konnten, verfolgten Bundestagsdebatten im Fernsehen, tauschten uns aufgeregt aus. Das war unsere Welt: Kontroversen, Überzeugungsarbeit, Argument schlägt Gegenargument. Das alles stand in so deutlichem Kontrast zu Einfalt und Tristesse, denen wir in unserem Biotop ausgesetzt waren. Wir imitierten die Bundestagsreden der politischen Alphatiere – Helmut Schmidt, Herbert Wehner, Willy Brandt, Franz Josef Strauß, Hans-Dietrich Genscher. Mit Spannung verfolgten wir die Geburt der neuen Partei, der aufstrebenden Grünen um Petra Kelly und Gerd Bastian. Unser Held aber war Helmut Schmidt. Er glänzte mit Sprachwitz, Schlagfertigkeit, Gelassenheit, war vernunftgeleitet im besten Kant'schen Sinne, brillierte mit philosophischem und ökonomischem Sachverstand und schien sich obendrein eine ausreichende Portion Bodenständigkeit bewahrt zu haben. Schmidts Gegenspieler Helmut Kohl lehnten wir ab. Seine Humorlosigkeit, der konservative Habitus, sein belehrendes und schnell einschnappendes Wesen erinnerten uns eher an die Nomenklatura im Gehege.

Jene Tage im Herbst 1982 – man nannte sie damals die «Bonner Wende» – hatten für mich etwas von der Dramatik eines Endspiels der Fußballweltmeisterschaft. Am Tag der Abstimmung im Bundestag – dieser 1. Oktober 1982 war ein Freitag – brachte Koma ein kleines Radio mit in die Schule. In der großen Pause standen wir also vor dem Schulgebäude, auf der «Straße des Komsomol» quietschte und rumpelte die schwere Tatra-Straßenbahn in Richtung Großzschocher. Wir klebten in einer Traube am Radio – Koma, Lauge, Migge, der Klops und ich –, waren erschüttert von der Larmoyanz des FDP-Vorsitzenden Hans-Dietrich Genscher und begeistert von Günter Verheugen und Ingrid Matthäus-Maier, die wortgewaltig gegen den Kurs der eigenen Partei polemisierten.

Der Höhepunkt war Schmidts Abgeklärtheit angesichts dieses abgrundtiefen Verrats, für den auch wir dieses Szenario hielten. Ein Rentner kam vorbei, freundlich lächelnd fragte er uns: «Was hört'n ihr da?»

Nichtsahnend antwortete Lauge: «Die Misstrauensabstimmung im Bundestag ...»

Der Alte lächelte jetzt noch freundlicher, fragte: «Seid ihr hier aus der Schule?»

«Ja, wir haben gerade Pause», antwortete Koma.

«Dass ihr das schon versteht, Politik und so, ihr seid doch bestimmt erst in der elften Klasse, oder?», hakte süßlich lächelnd der Opa nach.

«Zwölfte Klasse, was gibt es denn da nicht zu verstehen», gab Koma zurück.

Ich hatte es die ganze Zeit geahnt, vermochte aber die Auskunftsfreudigkeit meiner Freunde nicht zu stoppen. Erst jetzt wurde allen bewusst, dass da einer dieser Blockwarte sein Unwesen trieb und neuer Ärger bevorstand. Am meisten ärgerte uns, dass die angeborenen Reflexe der Vorsicht, die fast immer funktionierten – keine Auskunft geben, sich nicht positionieren, sich stets umschauen – dieses Mal versagt hatten. Wir überspielten das und lauschten weiter der Debatte.

Dann mussten wir zurück in die Klasse. Am nächsten Tag mussten wir uns beim Direktor melden und rechtfertigen. «Westradio» hören in einer sozialistischen Bildungseinrichtung, lautete der Vorwurf. Die Namen aller Beteiligten wurden verlangt. Vom Rauswurf sah man nur ab, weil wir zu fünft waren, was ein riesiges Aufsehen nach sich gezogen hätte.

Zweimal im Jahr, wenn Leipzig Tausende Gäste aus aller Welt zur Messe empfing, pilgerten wir zum Messegelände, das nicht weit von meiner Wohngegend entfernt lag. Schon als Knirpse hatten wir stets nach einer Lücke im Zaun gesucht, weil die Besucherausweise sehr viel Geld kosteten und weil es uns Zwölf- bis 14-Jährigen ohnehin nicht erlaubt war, die Messe zu besuchen. Länder präsentierten sich und ihre Produkte. Es war wie ein Schaufenster in die Welt. Und wer von uns sich durch die Hecken an der Richard-Lehmann-Straße schlug, dahinter durch den löchrigen Lattenzaun schlüpfte, anschließend die gefährlichste Strecke, ein kaum besuchtes Freigelände, überquerte, der hatte das Gefühl, der Enge des Lebens zumindest für einen Nachmittag entflohen zu sein. Es war eine von vielen kleinen Fluchten. Als junge Erwachsene leisteten wir uns dann Besucherausweise. Die waren nicht personifiziert. Zwei reichten, um größere Gruppen hineinzuschleusen, denn so konnte immer jemand mit den zwei Karten wieder rausgehen und den nächsten Freund abholen.

Im Frühjahr 1982 wurden wir Zeuge, wie es beinahe zu einer Messe-Version des iranisch-irakischen Krieges kam. Der über alle politischen Realitäten erhabenen Logik des Alphabets folgend, hatten die Messeplaner die Aussteller des Irak und des Iran an benachbarten Ständen derselben Asien-Messehalle platziert. Die iranischen Aussteller bauten gerade verspätet ihren Stand auf und waren offensichtlich damit beschäftigt, Löcher in die Trockenbauwände zu bohren. Es galt, den Stand mit Bildern des iranischen Revolutionsführers Ayatollah Khomeini zu schmücken, mangels anderer Exportgüter. Dabei, so wurde erzählt, soll einer der Handwerker die Wand durchstoßen haben, sodass auf der anderen Seite ein dort aufgehängtes Bild, das den irakischen Diktator Saddam Hussein mit einem kleinen Mädchen auf dem Schoß zeigte, von der Wand fiel und das Glas zersplitterte. Zunächst kam es zu einem Wortgefecht zwischen den Delegationen, anschließend sollen sogar die Fäuste geflogen sein. Mit dem Resultat, dass der mit dem SED-Regime etwas enger verbrüderte Stand des arabischen Landes, regiert von der sozialistischen Baath-Partei, seinen angestammten Platz behalten durfte. Die Iraner wurden in eine andere Ecke der Halle verbannt. Wir gratulierten anschließend den irakischen Ausstellern zum Sieg und wurden dafür mit Postern von Saddam Hussein beschenkt. Eines davon hing anschließend jahrelang in meinem Zimmer. Und meine Mutter fragte erstaunt: «Was singt der denn, hast du auch Platten von dem?»

Am iranischen Stand schenkte man uns Bilder Khomeinis, dazu das Buch «Die Islamische Revolution». Allem, was nicht dem DDR-Einheitsbrei entsprungen zu sein schien, schenkte ich Aufmerksamkeit. Vorbehaltlos. Am Stand Libyens bekam ich drei Ausgaben der «Dritten Universaltheorie», eine einfältige Staatstheorie des Revolutionsführers Muammar al-Gaddafi. Die beiden anderen Exemplare schenkte ich meinen Freunden. Am Stand Nordkoreas gab es theoretische Abhandlungen über die Juche-Philosophie des Staatsgründers Kim Il-sung. Wir machten uns einen Spaß daraus, unsere Lehrer in Schulfächern wie Staatsbürgerkunde mit Zitaten von Gaddafi oder Saddam Hussein zu verwirren, denn dieses exotische Querdenken ließ sich nur schwer in die von unseren Lehren vertretene ideologische Dichotomie von Gut (Ostblock) und Böse (Westen) einordnen.

Auf der Leipziger Buchmesse, die alljährlich im Frühjahr in den Messehallen der Innenstadt stattfand, wurde ich zum Biblio-Kleptomanen. Ich klaute an den Ständen der Westverlage, was ich bekommen konnte. Und die freundlichen Ausstellerinnen aus der Bundesrepublik, die die Schätze von Rowohlt, Goldmann oder Suhrkamp verwahrten, wurden zu heimlichen Komplizinnen. Denn sie kamen stets mit der Absicht nach Leipzig, ihre Bücher in der DDR zu lassen. Ich weiß noch wie heute, wie es sich anfühlte, plötzlich das Buch «Die letzten 30 Tage des Kanzlers Helmut Schmidt» vom ehemaligen Regierungssprecher Klaus Bölling in den Händen zu halten. «Ich geh dann mal eben nach hinten», sagte die Frau vom Rowohlt-Stand, zwinkerte mir zu und verschwand.

Ich klemmte mir das Buch unter den Parka und stürmte aus der übervollen Messehalle, hinter mir schrie ein älterer Herr: «Halt, bleibst du mal sofort stehen!» Ich dachte natürlich gar nicht daran, denn solche Typen, die um diese Stände herumschwirrten wie die Motten ums Licht, waren Stasi-Mitarbeiter, die den Auftrag hatten, jedes der unters Volk gebrachten Bücher einzusammeln und seine vorübergehend neuen Besitzer zu registrieren. Sie gerierten sich als Vertreter des Rechts, die hier aktiv waren, um einen Diebstahl zu verhindern. In Wahrheit waren sie die Diebe. Freiheits-Diebe.

LESEWUT

Ich war ein Suchender, und ich war mir sicher, dass dieses omnipräsente System mich von wichtigen Informationen, von allem Wahren und Wahrhaftigen abschnitt. In mir brannte das Feuer der Wissbegier, und diese Systembüttel standen ständig parat, um es zu löschen. Uns wurde der Dialog verweigert, Fragen führten zu Misstrauen. Also ging man allein oder mit Gleichgesinnten auf die Suche und verirrte sich dabei auch gelegentlich.

Ich las damals wie besessen. Die Lektüre der Trüglebener Oma war von den deutschen Autoren der ersten Hälfte des 20. Jahrhunderts geprägt: Hermann Hesse, Thomas Mann, Ödön von Horváth, Alfred Döblin, Franz Werfel und viele mehr. Kein Dostojewski, Flaubert oder Dickens hatte sich in Omas Bücherschrank verirrt. Ihre Schwägerin im hessischen Gladenbach, nur knapp zwei Autostunden oder 200 Kilometer westlich gelegen, aber unerreichbar hinter dem Eisernen Vorhang, versorgte sie mit ihren Wunsch-Büchern. Was zur Folge hatte, dass ich all diese Bücher, zumeist die mit bunten Schutzumschlägen versehenen Ausgaben der Bibliothek Suhrkamp, die ich sehr mochte, ebenfalls las, nachdem ich meine Karl-May-Phase hinter mir hatte und den Reiz dieser zunächst als langweilig und staubtrocken empfundenen Lektüre entdeckt hatte.

Hesses «Steppenwolf» gefiel mir besonders, die Geschichte von Harry Haller, eines in zwei Persönlichkeiten zerrissenen antibürgerlichen Einzelgängers – ein kontrollierter Funktionsmensch teilte sich Körper und Geist mit einem dem Rausch verfallenen Grenzgänger. Das apollinische focht mit dem dionysischen Prinzip. Haller wusste, dass er nur 50 Jahre alt werden würde. Ich fand diese Vorstellung von einem vorherbestimmten, auf ein Endziel zulaufenden Leben irgendwie logisch. Papa war knapp vor der 50 gegangen, vielleicht war das ja auch mein Schicksal.

Es war dann wie eine Kettenreaktion: Durch Hesse wurde ich auf fernöstliche Philosophie, auf Konfuzius und Laotse neugierig, von Thomas Mann und Hesse war der Weg zu Friedrich Nietzsche nicht weit. In eines von Omas Büchern, Wilhelm Raabes «Die Chronik der Sperlingsgasse» in einer Goldmann-Taschenbuchausgabe, war eine 30-seitige Leseprobe von Nietzsches «Ecce homo» eingefügt worden. Diese 30 Seiten elektrisierten mich. An der Kraft seiner Sprache konnte ich mich besaufen. Ich hatte ein Philosophie-Lexikon aus dem ostdeutschen Dietz-Verlag, darin waren sie alle aufgelistet – von A wie Adorno bis zu Z wie Zarathustra, dem Hauptwerk Nietzsches. Der Inhalt des Lexikons war natürlich ideologisch gefärbt, aber ich konnte das ganz gut trennen.

Es wäre anmaßend, heute zu behaupten, ich hätte damals von Nietzsche und den anderen Philosophen viel verstanden. Doch die Beschäftigung damit hat mich herausgefordert, aus diesem Steinbruch von Gedanken immer neue Stücke herauszubrechen und dann freute ich mich, wenn sich mir Begriffe wie «Sein» und «Dasein» Stück für Stück erschlossen.

Selbst wenn ich damals nur an der Oberfläche dieser philosophischen Tiefen zu surfen vermochte – ich berauschte mich an ihrer Sprache, an Sätzen wie: «Man muss noch Chaos in sich haben, um einen tanzenden Stern gebären zu können.» Klang dieses Nietzsche-Zitat nicht wie ein Text der Deutsch Amerikanischen Freundschaft, einer unserer Lieblings-Bands, nur eben ohne deren elektronischen Defibrillatoren-Beat? Ich pickte mir heraus, was mich weiterbrachte. Allein die Beschäftigung damit machte mich reicher.

Manches von dem, was ich las, verstand ich nicht, namentlich bei Nietzsche. Doch das war nicht wichtig. Wichtig war, dass es mir einen Kick gab, mich nicht einschläferte und dass jeder neue Gedanke viele andere nach sich zog.

Jenseits von Nietzsches Sprache wurde meine Neugierde schon durch die Tatsache befeuert, dass das System ihn zur Unperson erklärt hatte, als maximal verdammungswürdig brandmarkte. Die Bücher dieses Philosophen wurden in der DDR im Giftschrank verwahrt – neben Hitlers «Mein Kampf». Nietzsche galt als Reaktionär, gar als geistiger Wegbereiter des Faschismus. «Ins Nichts mit ihm», hat der marxistische Philosoph Wolfgang Harich im Stile eines Großinquisitors noch 1987 fabuliert. In der Nichtbeschäftigung mit Nietzsche sah man gar einen Akt kultureller Hygiene, was ich intuitiv für ein abgrundtiefes Unrecht hielt. Was ich von Nietzsche bis dahin verstanden hatte, war sein radikaler und konsequenter Anti-Dogmatismus, sein Aufruf zum Sturz von Götzen und das Infragestellen von allgemeingültigen «Wahrheiten». Ich war überrascht, als ich in ihm auch einen konsequenten Anti-Nationalisten und scharfen Kritiker wilhelminischer Deutschtümelei entdeckte. Nichts von dem, was SIE sagten, hielt einer Überprüfung stand! Aber das war ich ja langsam gewohnt.

Mit meinen neuen Freunden fuhr ich vom Leipziger Hauptbahnhof aus nach Markranstädt und weiter bis Röcken; wir wollten uns Nietzsches Geburtshaus und Grab anschauen. Damals war das ein vergessener, beinahe verwunschener Ort. Zwei Gräber, ein zerfallenes Pfarrhaus, eine simple Gedenktafel – mehr Wertschätzung gewährte Röcken am Rande eines riesigen Braunkohle-Abbaugebietes seinem weltberühmten Sohn nicht.

Lauge legte sogar eine Rose am Grab Nietzsches nieder, das

fand ich bereits unverhältnismäßig. Nietzsche hätte so etwas verachtet. «Ihr hattet euch noch nicht gesucht: da fandet ihr mich. So thun alle Gläubigen …» Das hatte ich in «Also sprach Zarathustra» gelesen, welches ich mir von einem Mädchen aus unserer Schule geborgt hatte. Leider habe ich das Buch bis heute nicht zurückgegeben, weil ich dazu später keine Gelegenheit mehr haben sollte.

Mit ihren vollen Auslagen erweckten ostdeutsche Buchläden auf den ersten Blick, anders als Kaufhäuser oder Kaufhallen, einen Anschein von Vielfalt. In Wahrheit herrschte jedoch auch hier quälende Einfalt, weil es eine Art Vorzensur der Verlage gab. Nicht systemkonforme Autoren erschienen auch nicht. Und falls DDR-Verlage ihre Werke dennoch veröffentlichten, dann in geringen Auflagen als «Bückware», die nur über Beziehungen «unter dem Ladentisch» zu bekommen war. Oder durch Zufall, dem man durch häufige Laden-Besuche ein wenig nachhelfen konnte. Ein Volk von Lesern waren die Ostdeutschen dennoch. Bücher wurden wertgeschätzt, wurden mit Nachbarn, Kollegen, in der Familie getauscht, jedes Buch hatte viele Leser. Das lag sicher auch am überschaubaren Angebot an alternativen Freizeitunterhaltungen, war zugleich indessen eine Reaktion auf Bevormundung und staatlich gelenkte Kontrolle. Wer las, beging gedanklich «Republikflucht», floh zumindest für die Länge eines Buches aus der Realität.

Aber auch das ist wahr: Noch populärer als «gute Bücher» waren West-Zeitungen, zumal Illustrierte mit kaum oder gar nicht bekleideten jungen Frauen, die wiederum von «West-Katalogen» getoppt wurden, Kataloge wie jene von Otto, Quelle oder Neckermann. Dem Hineinschmachten in diese mit Hochglanzbildern gespickten Verlockungen der Konsumgesellschaft zu widerstehen, vermochte im Osten niemand, der die Möglichkeit hatte, an sie heranzukommen. Unverbesserliche Genossen hätten vermutlich argumentiert, diese Telefonbuch-dicken Verführer seien nur dazu gemacht worden, um die Menschen im besseren Deutschland, der DDR also, in die Irre zu führen. Westdeutsche Arbeiter hätten bestimmt keinen Zugriff auf diese Produkte. In der Tat waren diese dicken Kataloge, mehr noch als die Bücher von Alexander Solschenizyn, die vermutlich gefährlichsten Propagandawerkzeuge der westdeutschen «Konterrevolutionäre». Keine ideologische Indoktrination, kein realsozialistischer Fanatismus, kein Marxismus-Studium schien geeignet, bei den Töchtern und Söhnen des Arbeiter-und-Bauern-Paradieses ein ausreichendes Maß an Resilienz gegen diese perfiden Verführer zu erzeugen. Auch ich schaute mir gern die «West-Kataloge» an, die man uns zumeist nur für kurze Zeit überließ; als pubertierender Teenager interessierten mich besonders die Seiten mit der Damenunterwäsche.

Zurück zu den Büchern. Wir loteten Möglichkeiten aus, den staatlichen Bücherbann zu umgehen. Der einfachste Weg war, die Bücherschränke der Großeltern oder Bekannten zu flöhen. Dann gab es da ja noch die lieben West-Tanten. Als ich irgendwann merkte, dass sich unsere liebe Tante aus dem hessischen Gladenbach bei der Erfüllung meiner Wünsche – bestimmte Jeans- oder Sneaker-Marken – ob ihres Alters von über 70 Jahren im Angebots-Dschungel der nächsten Stadt Gießen hoffnungslos verirrte, ließ ich das sein – und wünschte mir Bücher. Das funktionierte ganz gut, zumindest anfangs. Bis immer einmal wieder Bücher fehlten. Seltsamerweise schienen die Stasi-Kontrollen in der Provinz etwas lückenhafter zu sein; vielleicht waren dort aber auch die Kontrolleure etwas großherziger, denn in Omas Paketen fehlte nie ein Buch. So kamen wir irgendwann auf den Dreh, Bücherwünsche nur noch über den Umweg Thüringen zu äußern. Das führte zwar dazu, dass mich die Bücher oft ein halbes Jahr später, nämlich anlässlich unserer Sommertour, erreichten – aber das war es wert.

Auf der Jagd nach den verbotenen Büchern entdeckten meine Freunde und ich dann irgendwann die Leipziger Antiquariate, von denen es in den Renaissance-Arkaden am Markt, im Schuhmachergässchen oder in der Nikolaistraße so einige gab. Wir stießen auf eine wahrhafte Goldader. Vor allem vormittags an Werktagen, wenn wir Unterrichtsausfall hatten, streiften wir durch die Innenstadt. Meinen spektakulärsten Fund machte ich an einem Herbsttag des Jahres 1982. In einem der wandhohen Bücherregale eines Antiquariats nahe der Nikolaikirche sah ich sofort, dass sich im Vergleich zum letzten Besuch in der Reihenfolge der Bücherrücken etwas grundlegend verändert hatte. Ein paar sehr schöne, alte, in weißes Leder gebundene Ausgaben standen in einem mit einer Glastür verschlossenen Bücherschrank direkt neben der Kasse. Genau da, wo stets die «Perlen» lagen: Baedeker-Reiseführer oder illustrierte Ausgaben. Teure Bücher kamen immer hinter Glas.

Dieses Mal lagen da eine alte Ausgabe von Kants «Kritik der praktischen Vernunft» sowie Max Stirners «Der Einzige und sein Eigenthum», Letzteres elektrisierte mich umgehend. Stirner gehörte für uns zur unheiligen Dreifaltigkeit des Anarchismus – neben dem Russen Michael Bakunin und dem Franzosen Pierre-Joseph Proudhon. In Wahrheit hatten die Kommunisten Max Stirner als Anarchisten stigmatisiert, um ihn, den Existenzialisten und radikalen Werte-Zerstörer, einer sachlichen Kritik zu entziehen. Das Buch, eine sehr schön erhaltene zweite Auflage des Buches aus dem Jahr 1882, war einst Bestandteil der Bibliothek des Kunstmäzens Harry Graf Kessler gewesen, wie ein Exlibris im Einband verriet.

Während des Blätterns zitterten meine Hände vor Aufregung. «Kauf mich», schien das Buch mir zuzuflüstern. Doch der mit Bleistift ins Buch geschriebene Preis von 270 Mark ließ mir keine Wahl. So viel Geld hatte ich nicht. Und am nächsten Tag wäre das Buch weg gewesen. In der DDR galt das eherne Prinzip

«Kaufen, wenn es daliegt!». In dieser Mangelwirtschaft sich etwas «zurücklegen» lassen konnte nur, wer den Verkäufer wirklich gut kannte. Also rang ich mit mir, ob ich mal wieder zum Dieb werden sollte. Lange Zeit konnte ich mich nicht entscheiden, welchem Handlungsgebot ich folgen sollte: Kants Kategorischem Imperativ, der da lautet: «Handle so, dass die Maxime deines Willens jederzeit zugleich als Prinzip einer allgemeinen Gesetzgebung gelten könnte» – also nicht stehlen. Oder jenem «menschlich, allzu menschlichen Gefühl» der Revanche für die mir von der Stasi entwendeten Bücher. Unentschlossen blätterte ich eine halbe Ewigkeit in dem Buch herum, bis sich der Verkäufer sogar auf ein Gespräch mit mir einließ. «Kennst du Stirner?» Ich nickte. «Er ist ein Gott», sagte ich. «Und er hat Marx schwer zugesetzt ...» Das zumindest hatten wir im Staatsbürgerkunde-Unterricht bei Herrn Taubert gelernt.

Ich denke, die Tatsache, dass dieser unentschlossene, aufgeregte Kunde sprechen konnte, beruhigte den Verkäufer etwas, sodass er irgendwann für einen Moment tatsächlich kurz im hinteren Teil seines Ladens verschwand. Ich war der vermutlich unfähigste, weil auffälligste Dieb der Welt. Jetzt oder nie, dachte ich nach einer gefühlten Ewigkeit – und stürmte, Stirner unter meinen Parka geklemmt, aus der Ladentür, bei deren Öffnen und Schließen auch noch so ein blödes Glöckchen bimmelte. Ich beschleunigte auf der Straße, den Verkäufer im Nacken wähnend. In Wahrheit folgte mir niemand. Dennoch rannte ich durch die Straßen in Richtung Karl-Marx-Platz, dem heutigen Augustusplatz. In Panik stellte ich mir vor, wie der Verkäufer umgehend die Polizei benachrichtigt haben könnte, die jetzt alle Straßenbahnlinien und Hauptverkehrsstraßen kontrollierte. Also ging ich zu Fuß über Nebenstraßen die gut sechs Kilometer in Richtung Lößnig, wo wir wohnten. Unter der Jacke hütete ich meinen Schatz.

Hatte ich ein schlechtes Gewissen? Aber sicher! Doch ich redete mir ein, im Recht zu sein, und vertraute dabei einer Ahnung, dass in diesem Staat ja irgendwie alles miteinander zusammenhing. Tatsächlich war auch der Handel mit Antiquitäten und alten Büchern über das 1959 gegründete Zentralantiquariat fest in staatlicher Hand. Mit dem Gefühl der Wiedergutmachung für die aus den Paketen entwendeten Bücher rechtfertigte ich mein schäbiges Handeln. Und fand in Stirners Text dafür sogar noch philosophischen Beistand: Lass dich nicht von falschen Werten, von Moralvorstellungen oder einem ethischen Gewissen korrumpieren, denke frei und überwinde die durch Erziehung eingepflanzte Unmündigkeit. In meiner Stirner-Interpretation war der Buchklau also ein Akt der Emanzipation auf dem Weg zum Freigeist.

Faszinierender noch als das Buch ist aus heutiger Sicht seine Geschichte – oder besser die seines im Umschlag verewigten ehemaligen Eigentümers Harry Graf Kessler, eines heute weitgehend in Vergessenheit geratenen Kunstförderers, Weltbürgers und Pazifisten im ersten Drittel des 20. Jahrhunderts. In den 20er-Jahren wurde er zum überzeugten Demokraten und Europäer, der mit Politikern wie Walther Rathenau und Gustav Stresemann befreundet war. Kessler war ein modisch gekleideter Dandy, ein Gentleman, der mit den namhaftesten europäischen Künstlern befreundet war und sich von Max Liebermann und Edvard Munch malen ließ. Bereits in der Kaiserzeit suchte er die Konfrontation mit der reaktionären Engstirnigkeit, konsequent und mutig bot der überzeugte Europäer später den Nazis Paroli. Doch mit der Machtergreifung Hitlers musste er das Land verlassen und starb verarmt und an der politischen Entwicklung verzweifelnd 1937 in Lyon. Das alles habe ich natürlich damals nicht gewusst.

FRIEDENSBEWEGT

Ich war in diese so prägenden, weil flirrenden und aufregenden 80er-Jahre auf flachen Wildleder-Schnürschuhen geschlichen, einem ostdeutschen Kultschuh, der Tramper genannt wurde. Ich war ein Abbild jenes Raststätten-Petrus geworden, hatte lange Haare, die sich zu meinem Unglück lockten, glatt hätten sie länger gewirkt.

Dazu trug ich Röhren-Jeans, einen grünen Bundeswehr-Parka, natürlich auch das Geschenk einer West-Tante, unterm Parka an kalten Tagen gern eine Levi's-Jeansjacke, dazu gestreifte Baumwollhemden. Dietlind, eine Mitschülerin, die schon damals wusste, dass sie einmal Pastorin werden will, hatte mir ein rotes Palästinensertuch geschenkt, auch das trug ich mit Stolz. Weil ich in den Palästinensern natürlich Verbündete sah, die einen ähnlich aussichtslosen Kampf gegen eine übermächtige Umgebung führten wie wir – oder früher die Indianer. Ein Verständnis für Israel, für Menschen, die den Mordfabriken der Nazis entkommen oder im Nahen Osten geboren waren und jetzt unter palästinensischem Terror litten, gar ein Gefühl für Verantwortung, resultierend aus historischer Schuld meiner Menschen? Ich hatte so etwas damals nicht. Woher sollte es auch kommen? Es bedurfte dazu noch einiger Erfahrungen.

Ich war das optische Musterbild eines Ost-Hippies. Wir hörten Musik von Neil Young oder den Doors, Classic Rock von Deep Purple und Psychedelic Rock von Pink Floyd. Ich war jetzt viel mit Migge aus meiner neuen Klasse unterwegs, der das Ganze ein bisschen konsequenter lebte. Und der, weil sie in langen Strähnen herabfielen, zumindest auf den ersten Blick die viel längeren Haare hatte, was ich ihm neidete.

An einem Herbstabend nahm er mich mit in die Nikolaikirche, die acht Jahre später als Ausgangspunkt der Leipziger Revolution Prominenz erlangte. In der nur wenig beheizten Kirche hatte sich unweit der Kanzel ein Stuhlkreis gebildet. Menschen mit Einkaufstaschen saßen dort, wesentlich älter als wir. Nur ein paar Jugendliche waren darunter. Es mochten so um die 30 Leute gewesen sein, die sich da am frühen Abend eingefunden hatten. Inmitten des Stuhlkreises stand ein Mensch mit langen Haaren, ähnliches Alter wie wir. Als er Migge sah, winkte er ihm zu und setzte dann seinen Vortrag fort. Auf dem Kirchenboden lag Spielzeug ausgebreitet – Spielzeug, wie ich es aus frühester Kindheit kannte: ferngesteuerte sowjetische Panzer, eine Plastik-Kalaschnikow für Kinder, ein Kinder-Soldatenhelm, Kautschuk-Soldaten der Nationalen Volksarmee, das Jugendbuch «Geballte Waffenbrüderschaft».

«Mit diesem Spielzeug werden Kinder zu Soldaten erzogen. Zu Soldaten, die in Kriege ziehen sollen, die kämpfen ...», sagte der Langhaarige. Er sprach frei, ohne zu stottern, und ganz anders, als das DDR-typische Agitatoren-Kauderwelsch klang. Das war ungewöhnlich, denn wirklich frei und kurzweilig zu sprechen, hatten wir nie gelernt. Noch beeindruckender fand ich, was der Gleichaltrige sagte: Jeder Satz war ein Schlag ins Gesicht des «einzigen deutschen Friedensstaates», wie sich dieses Land gern selbst beschrieb. «Haben die Kinder mit Plastikgewehren und ferngesteuerten Panzern aufeinander geschossen, dann sind sie bald auch schon reif genug, um in der Schule im Wehrkundeunterricht zu lernen, wer der wahre Feind ist, der Klassenfeind oder wie immer er genannt wird. Und dann werden sie ins GST-Lager geschickt, um das Schießen mit richtigen Waffen zu lernen.» Er redete sich in Rage, und die Männlein und Weiblein mit ihren Einkaufstüten nickten ihm zu. «So isses», murmelte manch einer.

Eine halbe Stunde sprach der Langhaarige über dieses militaristische Land und wie schön doch eine Welt ohne Waffen wäre, dann war er mit seinem Vortrag am Ende. Aus heutiger Sicht mag das nicht besonders rebellisch, eher ein wenig klischeehaft und verträumt klingen. Aber in der DDR waren solche Auftritte in der Öffentlichkeit schlicht undenkbar. Sie erforderten zudem viel Mut, denn das Gesagte genügte für eine saftige Haftstrafe.

Die Menschen zogen danach ihres Weges. «Lasst uns noch was trinken gehen», waren seine ersten Worte an uns. «Ich bin übrigens der Bernd, aber alle nennen mich nur Stracke.» Das war sein Familienname. «Ich muss nur noch den Schlüssel zum Pfarrer bringen, dann können wir los.» Wir trabten durch das nur schwach von diesem ost-typischen, orangefarbenen Licht der Straßenlaternen beleuchtete Novemberdunkel.

Ich rechnete damit, dass wir die nächste Kneipe ansteuern. Alle liebten Bier. Und ich tat so, als liebte auch ich Bier. Weil Bier im Osten der Stoff war, der aus Kindern Erwachsene machte. Wer Bier trank – billig und stets ausreichend vorhanden –, der war groß und wichtig. Doch in Wahrheit hasste ich Bier, es löste bei mir einen Würgereiz aus. Doch das hätte ich nie zugegeben. Nach zwei bis drei großen Gläsern Bier musste ich stets kotzen. Es war immer dasselbe. Weil ich es offensichtlich mit Unwillen trank und dabei viel Luft «fraß», sodass sich dieses Bier-Luft-Gemisch irgendwann wieder auf die Rückreise Richtung Eingang begab. Und dennoch hatte ich mich immer wieder dazu hinreißen lassen, mit meinen früheren Freunden Bier trinken zu gehen. Denn es gab keine Alternative. Jeder Verzicht auf Bier wäre vor ihnen ein Zeichen von Schwäche gewesen. Wer kein Bier trank, der hätte sich auch als schwul outen können oder als jemand, der in seiner Freizeit gern Topflappen häkelt. Das war «unmännlich», gesellschaftlich verpönt und zudem ein Ausschlusskriterium in den Kreisen, in denen ich mich zuvor bewegt hatte. Also soff ich angestrengt mit und meldete mich stets, kurz bevor der Kotzpegel erreicht war, auf Toilette ab. Manchmal wurde es wirklich eng. Ich kotzte sozusagen konspirativ, sodass es niemand merkte. Und dann kam ich zurück und konnte mit dem Trinken aufs Neue beginnen. Wir hatten keine Drogen. Und mit Alkohol kam ich nicht klar. Um mich tatsächlich in die Mutter aller Räusche zu versetzen, reichte mir eigentlich schon Ian Gillans Kreischen im Zehn-Minuten-Epos «Child in Time» von Deep Purple.

Ich bereitete mich also mental auf so eine durchkotzte Biernacht vor, doch dann sagte Stracke: «Ich hätte jetzt gern einen Tee, ich liebe Tee, Tee ist das beste Getränk auf der Welt.» Und auch Migge stimmte ein: «Ja, einen schönen Kräutertee, das wäre was Feines ...» Ich hatte noch keinen Menschen kennengelernt, der zugab, Tee zu mögen. Mal abgesehen von der Oma in Trügleben. Alte Menschen oder Kranke mögen Tee, man konnte wohl Beschwerden durch Hämorrhoiden in Sitzbädern von Kamillenaufgüssen lindern, aber junge Menschen, die Tee trinken ...? Das war ziemlich neu. Und ich war schon wieder beeindruckt. Dieser pazifistische Vortrag, diese direkte Konfrontation mit dem Regime, das ganze peacige Auftreten, und natürlich hörten die beiden auch Neil Young und Bob Dylan. Zu guter Letzt auch noch Tee, das gab irgendwie ein stimmiges Gesamtbild ab. Wir setzten uns ins Teehaus am Thomaskirchhof – und tranken gemeinsam Tee. War das erste Teekännchen ausgetrunken, wurde das nächste bestellt, zur Abwechslung mal eine andere Sorte. Ich trank Teeglas um Teeglas, und kein Unwohlsein stellte sich ein.

Auf dem Nachhauseweg räumte ich in mir auf: Meine Begeisterung für die Gama-Blechpanzer, Indianer und Elastolinsoldaten, diese Illustrationen des zerschossenen Kreuzers Emden in der Schlacht vor den Falklandinseln in meinen Büchern – das alles war militaristischer Dreck. Ich wollte mich ändern.

Migge war niemand, der viel las oder Dinge tiefgründig hinter-fragte. Aber uns verband sehr viel. Zum Beispiel die Ablehnung dessen, was wir gerade durchliefen – die Ausbildung in der Gift-küche, der sozialistische Schulalltag, der drohende Wehrdienst. Man unterschätze nicht die verbindende Kraft, die Negationen innewohnt! Schon kurz nachdem wir uns kennengelernt hatten, sprudelte es aus uns heraus: Wir müssen hier weg! In unseren Gedanken spielte Jimi Hendrix das Gitarrenriff dazu: «There must be some kind of way outta here.» Nur noch diesen Scheiß hier zu Ende bringen – und in drei Jahren auf der Reeperbahn … Aber konkret wurden wir nicht. Migge wurde eigentlich nie kon-kret.

Migge schwärmte sehr für Kanada. Und das hatte er wohl, wie so vieles, von seinem Freund Stracke abgeguckt. In Strackes Zimmer hing eine große, selbst bemalte kanadische Fahne. Bei-de sprachen davon, nach Kanada auswandern zu wollen, weil da so viel Natur sei und man da locker leben könne, so wie Grizz-ly Adams, der Mann aus den Bergen, Held einer gleichnamigen Fernsehserie. Kanada war wie Amerika, nur irgendwie integrer, ohne Vietnamkrieg. Das gute Amerika. Diese Kanada-Begeiste-rung fand ich irgendwie gut. Doch ich wollte nicht auch noch auf diesen Kanada-Zug aufspringen, das hätte mich als billigen Nachahmer bloßgestellt. Kanada war irgendwie schon besetzt und eigentlich ohnehin zu kalt.

Ich wollte etwas Eigenes, und mich zog es eher ins Warme. Auf der Leipziger Messe hatte ich einen schönen, bunten Flyer über Australien erstanden, mehrseitig und mit farbigen Bildchen. Da waren das Opernhaus von Sydney abgebildet, natürlich Kängu-rus und das Great Barrier Reef. Alles traumhaft schön. Es war ab sofort mein Sehnsuchtsort. Was noch dazu beitrug, war ein Wes-tern, den ich gesehen hatte. Der hieß «Auch ein Sheriff braucht mal Hilfe». Ein ziemlich cooler Typ, gespielt von James Garner, kam in einen Ort im Wilden Westen, in dem eine kriminelle Familien-Gang ihr Unwesen trieb. Stets erklärte er, ja eigentlich nur auf dem Weg nach Australien zu sein – um dann widerstrebend doch als neuer Sheriff rekrutiert zu werden und mit der Gangsterbande aufzuräumen.

Dieses Prinzip, in einem System eine Art «Gastrolle» zu spielen, weil man ja eigentlich gar nicht dazugehört, sondern auf der Durchreise ist, gefiel mir sehr – und gefällt mir bis heute. Ich glaube, ich sagte das damals auch oft: «Eigentlich bin ich ja nur auf dem Weg nach Australien.» Das schuf die nötige Distanz zu all den Dingen, zu denen man mich nötigte. Der dritte Impuls, der mir Australien sehr sympathisch machte, war natürlich Musik. Es gab diesen schönen Videoclip von David Bowie, «Let's Dance», in dem zwei Aborigines-Teenager vor einer grandiosen Landschaft tanzen. Hits der australischen Bands Men at Work und Icehouse spielten auch eine Rolle.

In den schulfreien Sommerferien konnten Migge und ich der fälligen Arbeit in der Giftküche entwischen, weil wir uns freiwillig zum Streichen der Schule im Stadtteil Schönefeld gemeldet hatten. Wir machten dem uns betreuenden Malermeister viel Kummer, verwendeten die falschen Farben, sodass der Chef viel nachbessern musste, aber wir hörten die ganze Zeit unsere Musik – und da war oft «Down Under» dabei, was bis heute als eine Art Hymne der Aussies gilt.

Migge hatte damals ein ziemlich destruktives Weltbild. Vor allem ein Buch hatte es ihm angetan, er kannte jede Person, jede Szene darin. Und er gab es auch mir zu lesen: «Christiane F. – Wir Kinder vom Bahnhof Zoo». Das Buch zog uns derart in seinen Bann, dass wir umgehend noch mehr David Bowie und Iggy Pop hörten und uns selbst so ein wenig wie lebensmüde Junkies fühlten. Nur dass man im Osten eben nicht an Drogen kam.

Dieses Mäandern im Nichts, ziel- und orientierungslos, das verband uns mit dieser «Generation F.». Frühere Generationen waren angetreten, den Alten die Zukunft zu entreißen und das

Morgen mit den eigenen Farben zu tapezieren. Uns hatte man klargemacht, dass es keinen Tapetenwechsel geben wird – und wir verstanden das so, dass wir in die Zukunft, die andere längst erfunden hatten, nicht so recht hineinpassen.

Damals, zu Beginn der 80er-Jahre, bildeten sich die ersten Zellen jener Bewegungen, die das System Jahre später zur Implosion bringen sollten. Leise, kaum wahrnehmbar. Unter dem Dach der evangelischen Kirchen, einige der Leipziger Pfarrer bewiesen wirklich Mut und öffneten ihre Kirchen für Friedens- und Umweltaktivisten, oppositionelle Gruppen sammelten sich. Ich hatte mit der Kirche nicht viel im Sinn. Meine Mutter war, wohl familiär vorbelastet, Mitglied der Evangelisch Reformierten Kirche zu Leipzig, die einst von Hugenotten gegründet worden war und wie die calvinistischen US-Ableger auch für einen eher moralisierenden und bigotten Glauben stand. Sie ging aber nie zu einem Gottesdienst. Vater war komplett glaubensfrei. Und auch uns hatte man ja dahingehend erzogen, dass der Glaube und alle Metaphysik vorgestrig seien, inzwischen verdrängt von Wissenschaft und Aufklärung.

Doch die längst totgesagte Institution Kirche schaffte es ausgerechnet im atheistischen Osten, uns mit ihrem Versprechen von Freiheit, Freiraum, von gelebter Vielfalt zu erreichen. Also suchten wir ihre Nähe, schlüpften gelegentlich unter ihr Dach. Mit Migge ging ich in Veranstaltungen der Jungen Gemeinde der Michaeliskirche am Nordplatz, der ein «rebellischer» Ruf vorauseilte. Ich weiß noch, wie wir in diese mit unbekannten, überwiegend jungen Menschen besetzte Runde stießen, in der gerade über einen Aufsatz des Physikers, Friedensforschers und Philosophen Carl Friedrich von Weizsäcker diskutiert wurde. Wir konnten da kaum mitreden. Und als der Info-Abend beendet war, hörten wir vom Jugendpfarrer: «Wir bedanken uns auch bei den Gästen, die für ihre Behörde hier Überstunden geleistet haben, für ihren Besuch.»

Als wir wieder draußen auf der Straße waren und ich über das eben Gehörte nachdachte, fragte ich Migge: «Haben die uns tatsächlich für Stasi-Spitzel gehalten?» Der musste lachen: «Wenn diese Mielke-Büttel in der Läge wären, so perfekt getarnte Spitzel loszuschicken, wie wir sie abgäben, dann müsste man ja wirklich Angst vor denen haben.»

In der Tat sahen die Spitzel des Systems zumeist ziemlich einfältig aus, Kreativität gehörte nicht zu ihren Stärken.

Angekommen und verstanden in dieser friedensbewegten, liebevollen und leisen Lebenswirklichkeit fühlte ich mich, als mir Dietlind, eine Mitschülerin, die später Pastorin wurde, das Lied «Kinder» von Bettina Wegner vorspielte. Da bekam ich eine Gänsehaut, denn es war das Lied, welches unser Werden, das Aufwachsen unserer Generation der Babyboomer beschrieb: «Sind so kleine Seelen, offen und ganz frei, darf man niemals quälen, gehn kaputt dabei …» Unsere Seelen waren beschädigt, doch unsere Ohren waren eben nicht taub, unsere Münder waren nicht stumm, unser Rückgrat war noch nicht gebeugt, dazu sollte es nicht kommen. Noch waren wir wach und hatten rechtzeitig bemerkt, wie sie uns beugen, verstummen, taub lassen werden wollten. Es blieb genug Zeit, das zu korrigieren.

KEIN RICHTIGES LEBEN

amals schien es, als gehe in Europa demnächst das Licht aus. Wir waren alle friedensbewegt, lebten in einem unsichtbaren Wald aus Mittelstreckenraketen, und es schien nur eine Frage der Zeit, wann da am Abzug jemand die Nerven verlor. Uns ging es da nicht anders als Gleichaltrigen im Westen, nur dass wir eben nicht in der Nachrüstung des Westens, sondern in der alle Bereiche des Lebens betreffenden militärischen Vorleistung des Ostblocks und der fehlenden demokratischen Kontrolle dieses irren Systems das Hauptproblem sahen. Wenn SIE von Frieden sprachen, dann meinten sie: «Lasst uns in Ruhe.» IHRE Auffassung von «Frieden», das war die Welt nach der Niederschlagung der Aufstände 1953 bei uns, 1956 in Ungarn, des Prager Frühlings 1968 und das polnische Kriegsrecht seit 1981. Sie wollten «in Frieden» ihren Krieg gegen die inneren Feinde führen. So verstanden wir das.

Was uns allerdings Ronald Reagan als US-Präsidenten nicht sympathischer machte. Und es gab eine Phase, da hielt ich Pazifismus tatsächlich für eine Lösung all dieser Probleme. Wir überlegten sogar kurzzeitig, ob wir nicht Theologie studieren sollten – obwohl ich nicht getauft war und aus der Bibel nur die Geschichten kannte, die ich in Monumentalfilmen wie «Die zehn Gebote» oder «Das Gewand» gesehen hatte. Dietlind brachte uns Stoffaufnäher mit, auf denen «Schwerter zu Pflugscharen» stand. Darunter war ein Hinweis auf die entsprechende Bibelstelle, und ein Pikto-Mann schmiedete ein Schwert in ein landwirtschaftliches Gerät um.

Am Parka sah das irgendwie stimmig aus. Jedenfalls weniger aggressiv als die Anarcho-Sprüche der Punks. In der Schule gab es mit diesen Aufnähern allerdings gigantischen Ärger. Wir wurden zum Direktor bestellt, und uns wurde mit Rauswurf gedroht, falls wir die Dinger nicht umgehend vom Ärmel abtrennen. Das zur Verteidigung vorgebrachte Argument, bei der Figur und dem Spruch handle es sich um ein sowjetisches Denkmal, einst ein Geschenk des Kremlchefs Nikita Chruschtschow an die Vereinten Nationen, zählte nicht. «Sie haben bis nächste Woche Zeit, diese Aufnäher zu entfernen – sonst fliegen Sie von der Schule. Punkt!», wurde uns unmissverständlich gesagt. Ich gab nach, weil ich schließlich in eigenem Auftrag eine letzte Mission in diesem System zu erfüllen gedachte: das Abitur.

Dieser Pazifismus lieferte uns eine Art politisches Fundament, Argumentationshilfen, um uns den vom System aufgezwungenen Pflichten zu entziehen oder sie zumindest infrage zu stellen. Zu diesen Zwängen gehörten die Schießübungen, zu denen man uns bei verschiedenen Anlässen nötigte. Das «Jörgen-Schmidtchen-Gedenkschießen» zum Beispiel. Jörgen Schmidtchen war eine Art «Märtyrer» des Systems, ohne dass dieser Begriff so verwendet wurde. Er war ein in Leipzig geborener Grenzsoldat, der wohl einst denselben Weg zum Abi im selben Beruf wie wir gegangen war, weshalb unsere Schule seinen Namen trug. Nach dem Abitur versah er seinen Wehrdienst bei den Grenzsoldaten und wurde im April 1962 an der noch nicht einmal ein Jahr alten Mauer erschossen – «von Agenten aus dem Westen», wie die DDR-Propaganda erklärte. Postum wurde er zum Helden stilisiert. Dass er ums Leben gekommen war, weil er sich unvorsichtigerweise der Flucht von zwei DDR-Soldaten in den Weg stellte, wobei auch einer der beiden Flüchtenden starb, hat man damals nicht erfahren.

Wie auch immer: Zum Gedenken an diesen durch die Waffe gestorbenen 21-Jährigen veranstaltete unsere Schule also alljährlich jenes «Gedenkschießen». Und wir fragten uns damals schon, ob die Veranstalter den armen Kerl mit dieser geschmacklosen Ehrung post mortem verhöhnen wollten. In Wahrheit hatten die Machthaber in diesem real existierenden Kabarett aber jedes Gespür für Stil verloren. Man stelle sich vor, die Amerikaner hätten, um Kennedy zu würdigen, alljährlich einen Schießwettbewerb in Dallas veranstaltet.

Jedenfalls blieb ich dem «Jörgen-Schmidtchen-Gedenkschießen» fern, ohne mich um eine Entschuldigung zu kümmern. Erst auf Nachfrage schloss ich mich Migges Ausrede an, ich sei mit ihm bei Freunden in Dresden gewesen. Er war tatsächlich dort, ich log frech. Ich hatte nicht damit gerechnet, dass es zu einer regelrechten Untersuchung und getrennt voneinander geführten «Verhören» kommen würde, geführt von einem bärtigen, finster dreinblickenden Mann, der im selben Betrieb tätig sein musste wie wir, den ich aber nie zuvor gesehen hatte. Ich geriet natürlich ins Schwimmen: «Wann fuhr der Zug vom Hauptbahnhof ab? Wann kamen Sie in Dresden an? Haben Sie die Fahrkarte noch?»

Gnadenlosigkeit nistete sich in seinen dunklen Augenhöhlen ein, als er meine gestammelten Antworten notierte. Er schien sich mit so was auszukennen. Und er hielt mir die Widersprüche der meinen zu den Aussagen Migges vor. «Haben Sie mir dazu etwas zu sagen?», fauchte er. Es dauerte nicht lange, und ich sah ein, dass meine Aussagen nicht zu halten waren. «Ja, ich war nicht in Dresden. Ich hatte keine Lust, am Schießwettbewerb teilzunehmen ...», gestand ich. Der Bärtige hatte seinen Job getan, Schuldirektor Arnold übernahm. «Sehr misslich, Stutte, sehr misslich», unkte dieser. «So langsam reicht es aber, finden Sie nicht auch?»

Er traf damit ins Schwarze.

Im Sommer 1982 wurde die ganze Klasse in ein Wehrerziehungs-
lager geschickt, das war Teil der «vormilitärischen Ausbildung».
Ich hatte überhaupt keine Lust auf dieses Lager, doch nach der
Erfahrung mit dem «Jörgen-Schmidtchen-Gedenkschießen»
verließ mich der Mut, mich mit fadenscheinigen Gründen ent-
schuldigen zu lassen. Zumal der Aufenthalt im Militärcamp drei
Wochen dauern sollte. Ein bisschen lang für eine simple Krank-
schreibung, man hätte schon eine Cholera erfinden müssen. Also
gab es kein Entrinnen vor diesem dreiwöchigen Lagerleben mit
militärischem Drill, Handgranatenattrappen-Weitwurf, Ausbildung an der Kleinkaliber-Maschinenpistole KK-MPi 69, die optisch wie ihre große Schwester, die russische Kalaschnikow AK-
47 aussah, aber weniger Rückstoß hatte und etwas leichter war.
Zudem mussten wir endlose Strecken marschieren, teilweise mit
Gasmaske.

Ausbilder waren die Lehrkräfte aus unserer Giftküche. Drei
Wochen in kratzigen, popelgrünen Uniformen mit Schnürstie-
feln und Schiffchen auf dem Kopf. Man jagte uns über Kletter-
wände, nötigte uns zu Fahnenappellen und Nachtwachen mit
unbrauchbar gemachten Gewehren des alten Reichswehr- und
Wehrmachts-Karabiners 98. Es wurde geschrien, beleidigt, gescheucht. Ich musste damals in meinem «Philosophen-Lexikon»
aus dem Dietz Verlag in Ost-Berlin gar nicht lange blättern, um
das zu finden, was meine Situation kristallklar deutete. «Es gibt
kein richtiges Leben im falschen», sagte der zweite der unter den
Buchstaben A aufgeführten Philosophen: Theodor Wiesengrund
Adorno. Und hier war alles falsch.

Wer aus unserer Gruppe noch immer der Illusion erlegen war,
es gäbe im Gehege so etwas wie ein Leben nach dem Abitur, der
wurde durch diese drei Wochen im thüringischen Scheibe-Als-
bach eines Besseren belehrt. Wir wussten, dass eine direkte
Straße vom Abitur in die Kasernen der Nationalen Volksarmee
führte und keine daran vorbei. Der Wehrdienst war die Dornen-

wüste, die auf dem Weg zum Studium durchquert werden musste. Begehrte Studienplätze setzten nicht nur ein «gesellschaft-
liches Engagement» voraus, sondern auch einen verlängerten
Wehrdienst von drei Jahren. Und das bedeutete Schikanen, Drill
und so gut wie keinen Heimaturlaub. Ich wusste, dass ich mich
dem nie ausliefern würde. Als ich mal wieder ziemlich durchhing
und für einen unerlaubten Moment in unserer kasernenartigen
Unterkunft auf dem Bett lag, kam Migge in den Raum und sagte:
«Durchhalten, nicht vergessen – in drei Jahren Reeperbahn …»
Koma, der ebenfalls im Raum war, hörte das. «Was habt ihr da
vor?» – «Ach nichts, nur so gesagt», wiegelte ich ab. Doch Koma
ließ nicht locker. «Doch, ich habe das genau gehört. Ich will auch
weg. Sobald ich 18 bin, hau ich ab.» Migge und ich schauten uns
an. Koma war okay, aber über Fluchtgedanken zu reden, war in
der DDR eine schwere Straftat. Schon dafür drohten lange Gefängnisstrafen. Wir vertagten das Thema.

Unser Militärcamp überstanden wir vor allem mit viel Humor. Wir hatten Wochen zuvor aus Spaß angefangen, einen
Arabisch-Kurs an der Volkshochschule zu belegen. Die ersten arabischen Wortfetzen fanden sofort Aufnahme in unseren
Wortschatz, ständig war etwas «mumtaz», also exzellent oder
super, wir riefen uns gegenseitig «Habibi», also Schatz. Um
unsere Lehrer zu verwirren, reichte schon «wahid, aithnayn,
thalatha» – eins, zwei, drei zu zählen. Also zählten wir oft sinnlos vor uns hin und freuten uns, wenn sie verwirrt fragten: «Was
quatscht ihr da?»

Die auf der Leipziger Messe erstandenen Gaddafi- und Sad-
dam-Hussein-Plakate zeitigten Wirkung. Seit drei Jahren tobte
der erste Golfkrieg, und infolge einer Verquickung von Zufällen
und Halbinformationen ergriffen wir Partei für die Feinde des
Mullah-Regimes, weil wir in den finsteren, langbärtigen islami-
schen Mystikern, die Amerika so gedemütigt hatten, das größere Übel sahen. Teil unseres Spaßspiels war es jetzt, sich in den

Uniformen der paramilitärischen «Gesellschaft für Sport und Technik» vorzustellen, man sei ein Soldat von Saddam Husseins Elite-Einheit «Republikanische Garden», die die Kindersoldaten der iranischen Ayatollahs vor sich hertrieben. Ich stellte mir vor, ich sei ein irakischer Soldat, der in den Huwaisa-Sümpfen nördlich von Basra die Pasdaran aufrieb, dabei ständig «aihtimam» und «hariq» rufend, was arabisch «Feuer» bedeutet. Und natürlich «Allahu akbar» (Allah ist groß), was damals noch eine skurrile, weil exotische Note hatte und niemand so recht einordnen konnte. Lauge hatte sich sogar einen Oberlippenbart gemalt, der dann trotz Schrubbens mit heißem Wasser tagelang blieb und ziemlich blöd aussah.

Wir liebten diese skurrilen Späße, die vermutlich heute niemand mehr witzig fände. Wir liebten sie, weil die Apologeten dieses System damit schlicht überfordert waren und wir sie mit Verweis auf die sowjetisch-arabische Freundschaft von ihrer «Systemkonformität» überzeugen konnten. Zumeist gab es dann statt Strafen nur Kopfschütteln und Sätze wie: «Die spinnen doch.» Und diese Stigmatisierung als «Spinner» strebten wir an, darin ließ es sich aushalten, das wurde eben noch akzeptiert.

Ich hatte sogar das «Grüne Buch» des libyschen Revolutionsführers Muammar al-Gaddafi dabei, das im Untertitel den wenig bescheidenen Anspruch einer «dritten Universaltheorie» führt. Gaddafi wäre wohl zufrieden mit mir gewesen. Doch für uns Teenager war es ein Gag, ein Spaß, unsere politisch kaum gebildeten Ausbilder mit skurrilen Zitaten aus dieser exotischen und ziemlich abstrusen Ideologie zu konfrontieren. Gaddafis krude Weltanschauung passte nicht in das simple ideologische Schwarz-Weiß-Muster des Geheges, ließ sich aber auch nicht mit dem Bann des Verbotes abschütteln. Ständig nervten wir unsere Ausbilder und Lehrer mit den banalen Weisheiten aus dem Gaddafi-Fundus. Beispiel: «Es ist wohl unbestritten, dass die Frau auch ein menschliches Wesen ist ...» Einer unserer Ausbilder, ein einfach gestrickter, etwas grober Mensch namens Köhler, blaffte zurück: «Hää? Wer hat schon widder was gesacht? Kartuffi? Kenn isch nisch, mir egal ...»

Innerhalb unserer Klasse entspann sich ein Streit, ob es vertretbar sei, ernsthaft an dieser Schießausbildung teilzunehmen. Sich ganz zu verweigern, hätte den Rauswurf aus der Schule bedeutet. Die christliche Fraktion unter unseren Freunden – Christoph, den wir «den Inder» nannten, weil seine Mutter eine studierte Indologin war, sowie «der Szschaffe», der eigentlich einen ziemlich langen komplizierten polnischen Familiennamen hatte – schoss während der Ausbildung an der Kleinkaliber-Maschinenpistole mit scharfer Munition absichtlich an der Scheibe vorbei. Hohe Sandfontänen stoben auf. Das war Ausdruck ihrer Weigerung, auf eine Scheibe zu schießen, auf der Menschen dargestellt waren. Das war respektabel, und ich sann über einen eigenen Ausweg aus der Situation nach. Aber auf der kurzen Reise durch mein inneres Ich fand ich meinen Pazifismus gerade nicht wieder und zerfetzte die Scheibe im Dauerfeuer-Modus. Als mich die strafenden Blicke Szschaffes und «des Inders» trafen, rechtfertigte ich mich: «Es geht nur darum, sich vorzustellen, wen diese Schießfiguren da darstellen sollen.»

Koma und Migge taten es mir gleich. Im Grunde befanden wir uns ja auch im Krieg. Für uns war so lange Krieg, bis wir desertiert oder besiegt waren. So lange ruhten die Waffen nicht. Lauge wäre beinahe unfreiwillig zum Todesschützen geworden. Sein Gewehr versagte. Er bat um Hilfe. Und als der tumbe Köhler ihm zu Hilfe eilen wollte, hielt Lauge ihm hilflos das Gewehr hin – den Lauf voran. Köhler kreischte wie von der Tarantel gestochen: «Du willst misch wo erschießen, du Rindvieh!» Lauge war fortan vom Schießstand verbannt.

EINE NACHT IM FREIEN

In den Wochenenden fuhren wir nach Günthersdorf. Der Ortsname stand für eine unter Langhaarigen extrem angesagte Dorfdisco westlich von Leipzig, etwa 18 Kilometer nördlich von Nietzsches Geburtsort Röcken gelegen. Jeweils sonnabends lud man dort zum «Jugendtanz», wie das offiziell hieß. Die Tour begann für Stracke, Migge und mich am Leipziger Hauptbahnhof. Dort bestiegen wir einen klapprigen Ikarus-Bus. Stracke brachte noch einen gleichaltrigen Freund mit, Frank, einen gebürtigen Leipziger, dessen Vater aus Ghana stammte. Frank war einer von nur zwei schwarzen Ostdeutschen, die ich je kennenlernte. Im Kindergarten hatte es ein schwarzes Mädchen mit dem Namen Cordula gegeben, vor dem ich aber ein bisschen Angst gehabt hatte, weil sie sehr laut werden konnte und auch mal Jungs vermöbelte. Ich denke, dafür hatte sie in diesem Land, in dem es viele überlebte rassistische Stereotype und keine wirkliche Auseinandersetzung mit diesem Thema gab, gelegentlich auch Gründe.

Doch zurück nach Günthersdorf: Stets standen wir dicht gedrängt an der Haltestelle, der Bus glich dann einer Dose, und wir waren die Ölsardinen. Es wurde nicht besser, wenn wir endlich nach über einer Stunde Fahrt ankamen. Bevor man eingelassen wurde, musste man warten – dicht an dicht. Zwischendurch hieß es immer wieder: «Es kommt keener mehr rin, fahrt wieder heme.» Wir warteten eine Stunde, zwei Stunden – dann kam man doch rein. Drinnen stand man – wie wohl? – dicht gedrängt, der Laden war völlig verraucht. Bier zu bekommen, war ein nicht enden wollender Kampf. Das fand ich nicht schlimm ... aber Bier gehörte einfach zum Besuch des Schuppens, sonst war ja nicht viel.

Irgendwann hatten wir den Dreh raus und kauften, sobald der Wirt mit dem Bier-Tablett vorbeikam, gleich die ganze Ladung. Nach meinem üblichen Pensum Gerstensaft schaffte ich es auch hier gerade noch auf die völlig überfüllte Toilette, um kurz darauf mit meinen Freunden weiterzutrinken. Ich hatte inzwischen Routine im Kotzen.

Rauchen war weniger kompliziert, also rauchte ich viel. Es gab einige Wege, sich zu zerstören. In Günthersdorf lernte ich, dass es besonders cool war, filterlose Zigaretten der Sorte Karo zu rauchen, die Schachtel der Sorte erkannte man am schwarz-weißen Karo-Muster der Pappverpackung. Sie entsprach dem, was in der Musik damals Motörhead oder AC / DC waren: besonders stark, laut, kompromisslos, der Superlativ also. Unter rauchenden Jugendlichen, also beinahe allen Altersgenossen, bildeten Karo-Raucher die Spitze der Pyramide. Muschis rauchten Duett, die lang und mild waren. Das angepasste Establishment rauchte Club, Proleten rauchten f6, Jugendliche rauchten die Kult-Zigarette Alte Juwel, die Härtesten rauchten eben Karo. Man rauchte sie, bis nur noch ein ganz kleiner Papierring mit etwas Asche übrig blieb, welchen Daumen und Zeigefinger nur mit Not noch halten konnten. Daher hatten gestandene Karo-Raucher gelb-braune Flecken zwischen Zeige- und Mittelfinger.

Ich hatte das alles irgendwann ganz gut drauf und fühlte mich wohl in meiner neuen Rolle – da verpassten sich Stracke und Migge eines Tages einen Kurzhaarschnitt. Sie massierten in die Stoppeln Zuckerwasser oder Bier, sodass die kurzen Haare harte Stacheln bildeten – und nannten sich fortan Punks.

Ich war mir nicht ganz sicher, ob ich auch auf diesen Zug jetzt aufspringen sollte, und wartete noch ein bisschen ab. Natürlich hatten wir alle schon lange von Punkrock gehört, von den Sex Pistols und The Clash. Im Fernsehen hatte ich gesehen, dass viele Punks in England längst zu den New Romantics übergelaufen waren, Bands wie Visage und Adam and the Ants waren angesagt. Punk befand sich eigentlich bereits im Herbst seiner noch jungen Existenz. Doch es gab die hartnäckigen Leugner der sich abzeichnenden Punk-Dämmerung, die sangen mit der Band Exploited «Punks Not Dead». Und wir entdeckten zunehmend deutsche Punkbands, die deutsche Texte sangen. Es kam Bewegung in diese verschlafene Rockszene.

Grundsätzlich dauerte im Osten, wo bekanntlich die Sonne aufgeht, alles etwas länger. Leipzig entdeckte den Punk spät. Für mich hätte es nur ein gutes Argument gegeben, da mitzumachen: dass dies bei den Mädchen besser angekommen wäre als mein Hippie-Outfit. Jedenfalls waren die langen Haare und der Schmuddel-Look diesbezüglich ein echter Rückschritt gewesen. Offenbar standen hübsche Mädchen darauf nicht.

Ich wurde kein Punk. Nicht wirklich. Das war mir schon wieder viel zu dogmatisch. Aber nach ein paar Wochen schnitt auch ich mir die Haare kurz. Und dann färbten Koma und ich uns die Haare, besser gesagt: Wir entfärbten ein paar Stellen mit Wasserstoffperoxyd. Das muss ziemlich spackig ausgesehen haben. Einer der Arbeiter in unserer Galvanisieranstalt rief uns nach: «Haltet mal den Kopp in den Elektrolyt, eure Haare rosten schon.» Wir überhörten das, was wusste der schon von Punk, New Wave und so? Was nahmen wir nicht alles auf uns, um cool zu sein. Eigentlich wollte ich doch nur so aussehen wie Dave Gahan, der Sänger von Depeche Mode.

An einem warmen Sommerabend des Jahres 1982 übernachteten Migge, Koma und ich am Ufer des Saale-Leipzig-Kanals auf halbem Weg zwischen Günthersdorf und der Stadt. Eigentlich war alles wie immer: Es war ein viel zu kurzes Wochenende, das wir zur Hälfte schon der überfüllten Dorfdisco geopfert hatten, in der Hoffnung, die wenigen attraktiven Mädchen kennenzulernen, die sich aber für uns gar nicht zu interessieren schienen.

Die Entscheidung, nach dem Verpassen des letzten Nachtbusses, der ohnehin nur selten jugendliche Disco-Besucher mitnahm und oft genug einfach an der Haltestelle vorbeifuhr, dieses Mal nicht die 18 Kilometer nach Hause zu laufen, war goldrichtig. Denn es war eine laue Nacht. Und wir fühlten uns gut. Was uns verband, war der Hunger nach Leben und die tiefe Überzeugung, dass die Umstände im Gehege das, was wir darunter verstanden, nahezu unmöglich machten.

Wieder mal ging es um das Thema Flucht. Koma erzählte, dass er jüngst mit seinen Eltern in Ungarn gewesen war. Beinahe zufällig waren sie hinter der kleinen Stadt Nagykanizsa an der Ostseite des Plattensees im ungarisch-kroatischen Grenzgebiet an eine Stelle gekommen, an der das Gehege plötzlich kein Gehege mehr war, weil die Umzäunung fehlte. Wir staunten über Komas Erzählung, und es blieb ein Rest Misstrauen. Wir alle neigten zu Übertreibungen, wie das unter Jungen eben so ist. Es gab die ganz normalen Übertreibungen. Und es gab Komas Erzählungen, die mitunter über das Normale hinausgingen.

«Was ich jetzt erzähle, muss unter uns bleiben», fügte er hinzu. «Klar doch», versicherten wir ihm, «Pionierehrenwort.»

«Wenn ich hier mit dem Abi durch bin, also in den Sommerferien 1984, fahre ich wieder dahin und haue ab in den Westen ...»

Da wird ja mal einer konkret, dachte ich.

«He, das ist ja mein Plan, seit ich halbwegs klar denken kann», warf ich ein. «Seit ich in meiner Schullaufbahn von IHNEN ausgebremst wurde, steht für mich fest: volljährig werden, irgendeinen Schulabschluss machen – und dann Abgang. Und da wir jetzt sogar auf einen Schlag zwei Abschlüsse machen, einen Berufsabschluss und das Abitur, was hält uns noch hier?»

Ich redete mich in Rage. Koma wirkte begeistert. «Wirklich? Aber ich mache das in Ungarn in jedem Fall allein. Wo willst du es denn versuchen?»

Die Frage traf meinen wunden Punkt. Die Absicht, das Gehege zu verlassen, war für mich stets so etwas wie ein inneres Glaubensbekenntnis, eine unverrückbare Absichtserklärung gewesen, aber eben nicht mehr. Sie erschien mir wie die Lösung all meiner Probleme. Über die Umsetzung jedoch hatte ich mir bislang keine konkreten Gedanken gemacht. Ich fand, dass schon der Gedanke daran eine Art Leuchtfeuer war, welches den Weg wies. Das war so, wie auf der Durchreise nach Australien zu sein. Volljährigkeit, Abitur und Berufsabschluss – das waren die Nahziele. Wozu jetzt auch konkret werden, wo noch so viel Zeit bis dahin war? Das Verlassen der DDR kann hier auf Leipzigs Straßen beginnen, das wusste ich. Man hält ein Plakat hoch: «Ich will raus!» Dann sperren sie dich für ein Jahr ein, und irgendwann schmeißen sie dich raus. Vielleicht – vielleicht aber auch nicht.

Doch ich wollte nicht zugeben, dass ich mir über die konkrete Umsetzung dieser Idee noch nie Gedanken gemacht hatte. Das wäre nicht souverän gewesen. Und unglaubwürdig. Und nichts würde verheerender wirken, als sich angesichts des hier offenbarten Geheimnisses dem Anschein auszusetzen, mit gezinkten Karten zu spielen. «Ich will es in Bulgarien versuchen. Überlegt doch mal: Je nördlicher ihr es versucht, desto größer ist der Andrang der Fluchtwilligen, desto sicherer werden die Grenzen bewacht sein. In Bulgarien kommt niemand auf die Idee, abzuhauen. Also, mein Geheimtipp ist die bulgarisch-türkische Grenze», war mein Beitrag.

Ich wollte unbedingt einen Kontrapunkt zu Komas Ungarn-Plan setzen. Es war einer dieser Klugscheißer-Momente, die mich des Öfteren übermannten.

Zustimmendes Nicken in der Runde bedeutete mir, dass das wohl plausibel klang. Und das fand ich irgendwann sogar selbst.

Zumal der kürzeste Weg von Leipzig nach Australien ja konsequenterweise über die bulgarisch-türkische Grenze führen musste. Darauf nahm ich einen großen Schluck Sachsenbräu, denn der Kotzpunkt war noch lange nicht erreicht.

Selbst Koma kam jetzt ins Grübeln. «Vielleicht hast du ja recht, und das macht alles in Bulgarien mehr Sinn, ich denk mal drüber nach.»

«Und was ist mit dir, Migge?», fragte ich den Dritten. Der nickte bierselig und stimmte bei: «Ich habe das schon einmal gesagt, für mich ist hier nach dem Abi Schluss – wenn ich überhaupt bis dahin komme. Im Osten werde ich nicht alt …»

Wir unterließen es nachzuhaken, wussten aber, dass auf Migge Verlass war. Wir fühlten uns in diesem Moment wie Schocker und Richy, gespielt von Jochen Schroeder und Richy Müller in dem damals sehr populären TV-Dreiteiler des WDR, «Die große Flatter». Wir waren wie Verschwörer und planten den ganz großen Abflug.

Hatte ich je einen Gedanken darauf verwendet, in der DDR zu bleiben? Zu diesem Zeitpunkt war das für mich keine Option mehr. Ich lernte viele mutige Menschen kennen, die ihre Zukunft im Osten sahen. «Es kann doch nicht jeder gehen», war ihr Argument. Damals fand ich es naiv und eine Verschwendung der so kostbaren Lebenszeit, sich in diesem System aufzureiben, für Veränderungen zu kämpfen, die diese Betonköpfe ohnehin niemals zulassen würden. Aus heutiger Sicht und mit Blick auf die historischen Ereignisse sehe ich das anders. Jene, die den Mut hatten, im Osten zu bleiben, die dem System die Stirn boten, Untergrundzeitungen herausgaben, Flugblätter verteilten, Oppositionskreise gründeten, auf die allgegenwärtigen Umweltverheerungen aufmerksam machten und dann später auf die Straße gingen, sie haben meinen allergrößten Respekt. Vielleicht war ich zu egoistisch, zu ichbezogen. Ich wollte mein Leben leben –

denn wie Harry Haller in Hermann Hesses «Steppenwolf» ging ich ja davon aus, dass es ohnehin sehr kurz sein würde. Ich war also froh, ein Ziel, ein klares Zeitfenster zu haben; unsere Anwesenheit im Gehege schien befristet zu sein. Theoretisch zumindest. Aber es machte das Dasein schlagartig erträglicher.

POLNISCHE VERHEISSUNG

Der Sommer 1983 veränderte vieles. In der Giftküche hatten sie zuvor für die Teilnahme an einem propagandistischen Großereignis geworben. Wobei «geworben» untertrieben war, sie nötigten uns geradezu zum Mitmachen. Wir sollten im Leipziger Zentralstadion zusammen mit 12 000 anderen jungen Menschen bunte Fähnchen hochhalten, die dann die gesamte Osttribüne in riesige Schaubilder verwandelten. In plakative Botschaften, geschrieben und illustriert mit den Körpern der «Volksmassen». So etwas kennt man heute noch aus Nordkorea. Das Ganze entsprach dem Weltbild dieser von Massenzähmung träumenden Menschheitsbeglücker und erschien uns auch damals ziemlich surreal. Die Gemeinschaft sollte sich zu stimmigen, illustren Panoramen fügen, hinter denen unsere individuellen Vorlieben zum Beispiel für die Ramones und die Sex Pistols zu einem zumindest optisch harmonischen Ganzen verschwammen. Anlass dieser Propagandashow war das «VII. Turn- und Sportfest der DDR».

Obwohl ich die Idee schrecklich fand, ein Pixel im gigantischen Panorama eines Slogans zu sein, das so stimmige Botschaften wie «Es lebe unsere DDR» transportierte, willigte ich ein. Denn die Alternative wäre gewesen, den Sommer hindurch in der Giftküche zu arbeiten. Wo doch alles ohnehin bald zu Ende sein sollte. Ich wollte die Menge an Cadmium, die ich in meinem Körper noch aus diesem Laden hätte heraustragen müssen, möglichst gering halten. Und da war ein wenig Fähnchenschwenken an frischer Luft allemal besser. Außerdem waren auch viele Mädchen aus der ganzen Stadt dabei, es konnten also gewaltige Dinge passieren. Ein Hauch von Ernst Blochs «Prinzip Hoffnung», dem großen Impulsgeber eines ansonsten mauen Lebens, schwang mit.

Irgendwo uns gegenüber würde dann auch der mild lächelnde Opa mit der dünnen Fistelstimme und dem noch dünneren Haupthaar sitzen: Erich Honecker, flankiert von seiner Entourage. Wir scherzten, ob wir nicht die Gelegenheit beim Schopfe packen sollten, alternative Parolen einzustudieren. Man stelle sich vor: Im schneeweißen Feld eines dieser Propagandabilder hätte Honecker plötzlich «Verpiss dich!» zu lesen bekommen. Wir lachten, meinten das aber natürlich nicht ernst.

Das Gefühl, nur noch für ein paar Monate im Reich dieses Greises Gast zu sein, verlieh uns Flügel. Wir alle machten also mit, bekamen dafür schnittige Trainingsanzüge aus Ost-Produktion. Für den Job, Teil des Bildes zu sein, wurde uns zudem eine Tasche mit verschiedenfarbigen Stofffähnchen überreicht, die zwei Holzgriffe hatten. Saßen wir auf unserem fest definierten und nummerierten Platz auf der Osttribüne des Stadions, wurde uns auf einer Tafel angezeigt, welches der Tücher wir vor unseren Köpfen halten sollten. Das übten wir wochenlang. Irgendwann scherte Koma aus, legte sich aus irgendeinem Grund mit einem der Organisatoren an und wurde in die Giftküche verbannt.

Wir anderen aber hielten durch. Am 30. Juli 1983 war das große Finale dieser Propagandashow, des VII. Turn- und Sportfestes. Lauge rief mir zu: «Ist das nicht Erich dort?», und zeigte auf die gegenüberliegende Prominenten-Tribüne. Ich kniff die Augen zusammen, doch vergeblich, ich war ja kurzsichtig wie ein Maulwurf. Einer der wichtigen Organisatoren zischte uns zu: «Wollt ihr wohl die Klappe halten?» – «Wollen wir nicht ...», rief jemand von hinten. Alles lachte. Die von uns wenig geschätzten Puhdys spielten. Die gesamte Riege der alten Herren des Machtapparats reckte ihre Arbeiterfäuste in den Leipziger Abendhimmel; keine zehn Jahre später würden viele von ihnen vor Gericht sitzen. Wir zauberten unsere Panoramen aus menschlichen Puzzleteilen auf die Tribüne. Juan Antonio Samaranch, der damalige Präsident des Internationalen Olympischen Komitees, war Ehrengast dieser Veranstaltung; er mochte sich gefreut und an seine Zeit als noch jugendlicher Parteigänger des faschistischen Franco-Regimes erinnert haben, als junge Spanier zu ähnlichem Blödsinn genötigt wurden.

«FDJ – Kampfreserve der Partei», lautete eines der Schaubilder, von welchem Teil zu sein ich die Ehre hatte. Und eben «DDR – Mein Vaterland». Wir fanden das schon ganz lustig, hätten uns aber schmissigere Parolen gewünscht, die wir während unserer Übungen kreierten: «Wir sind die Fans von Egon Krenz», flüsterten wir uns zum Beispiel zu. Oder: «Nein zu Toblerone, wir lieben unsere Zone.» Oder: «Klamotten waschen wir mit Spee, wir scheißen auf die BeErDee …» Und natürlich der Klassiker, gern gegrölt in der Anonymität der Fanblöcke in Fußballstadien nach der Melodie «Lady in Black» von Uriah Heep: «Tausend Meter im Quadrat, Minenfelder und Stacheldraht. Nun wisst ihr, wo ich wohne – ich wohne in der Zone.» Aber das war ja nicht unsere Erfindung und auch ein bisschen zu platt. Jedenfalls hatten wir etwas Spaß. Mit einem gruseligen nächtlichen Festakt bei schauerlichem Licht der Fackeln, gehalten von blau behemdeten jungen Menschen, endete dieser Zirkus.

Es bot sich uns im Anschluss die Möglichkeit, an einem Jugendaustausch in Polen teilzunehmen. Meine Freunde hatten etwas Besseres vor, der Klops und ich willigten ein. Die Gruppe bestand am Ende aus gut einem Dutzend Mitreisenden, geleitet von zwei hauptamtlichen FDJ-Sekretären, also kommunistischen Jugendführern, der eine hieß Artzig, der andere hatte einen mächtigen Oberlippenbart, der an einen Pornobalken erinnerte. Ziel der Reise war Krakau.

Was mich vom ersten Moment für die Aussicht begeisterte, nach Polen zu reisen, war die politische Brisanz, die bei unserem östlichen Nachbarn im Jahr 1983 herrschte. Anders als bei uns war in Polen immer etwas los. Der Ostblock – im Systemsprech war stets vom «sozialistischen Lager» die Rede, was mit Betonung auf «Lager» auch korrekter erschien – hatte verschiedene «Baracken», wie es Wolf Biermann später beschrieb. Die deutsche war die ordentlichste, spaßbefreites Einheitsgrau, jedes Radieschen im Beet war gezählt und nummeriert. Die ungarische Baracke war die bunteste, höchster Spaßfaktor. In der tschechischen konnte man ganz leidlich genießen. Die polnische Baracke wiederum war von jeher die rebellische; hier waren die Insassen immer schon auf Konfrontationskurs, wenn auch gespeist aus einer befremdlich erzkonservativ-katholischen Sozialisation, die uns dennoch Respekt abnötigte.

Polen war also in den frühen 80er-Jahren zu einem politischen Sehnsuchtsort geworden. Dort passierte das, was wir uns für die DDR so sehr gewünscht hätten: Das System erodierte. Mutige Menschen, inspiriert durch so abstrakte Werte wie Gottvertrauen und den Glauben an ihre alte Kultur, boten den Ideologen Paroli. Polen war Auflehnung, war Streik, war das kollektive Nein zur herrschenden Doktrin.

Ich erinnere mich, wie uns mein alter Staatsbürgerkunde-Lehrer Körting die Wahl des Polen Karol Wojtyła zum Papst, der sich fortan Johannes Paul II. nannte, als Beleg dafür verkaufen wollte, dass der Sozialismus allmählich jede Institution auf diesem Planeten erobere und nicht einmal vor der fast 2000 Jahre alten Bastion des Heiligen Stuhls haltmache. Als gerade mal 14-Jähriger hatte ich damals, 1978, das sogar für möglich gehalten. Es hatte etwas Bedrohliches. Jetzt wird der Ostblock auch noch Papst! Doch dann wurde die Welt Zeuge, wie dieser Papst zum wirkmächtigen Totengräber des Ostblocks wurde. Ließ er doch keine Gelegenheit aus, das System zu geißeln. Und er gab seinen Landsleuten, was den Menschen zwischen Rügen und Rennsteig längst abhandengekommen war: Mut und Zuversicht.

Werftarbeiter gingen in Gdańsk auf die Straße, streikten gegen eine Normerhöhung. Und opponierten doch in Wahrheit gegen Dogmatismus, Lüge und Konformität. Es war schnell eine Massenbewegung, die sich der Mittel des arbeitenden Volkes bediente, um die selbsternannte Arbeiterregierung als Heuchler zu entlarven. Und die Mächtigen, die früher stets mit Panzern gegen jene vorgegangen waren, denen sie unterstellten, gegen die Gesetzmäßigkeiten der gesellschaftlichen Evolution zu opponieren – sie wichen plötzlich zurück. Und das wurde von den Menschen, ganz der Logik ihrer Herrscher verhaftet, nicht als Stärke gesehen – sondern als Schwäche. Das System machte etwas, was es mit Blick auf die eigene «gesellschaftliche DNS» im historischen Kontext ausschloss: Es zog sich zurück, ließ sich auf Kompromisse ein.

Vor allem die Herrschenden in der DDR brachte das in akute Rechtfertigungsnot: Wie sollte man erklären, dass sich eine sozialistische Bruder-Regierung dem Druck der Straße beugte und plötzlich freie Gewerkschaften zuließ? Wieso brauchten Arbeiter in einem System, welches sie angeblich selbst gestalteten und regierten, unabhängige Arbeitervertreter? Wie konnte es sein, dass eine Generation, aufgewachsen und erzogen im Geiste von Marx und Engels, metaphysischen Heilsversprechen anhing? Die Erklärungen der Alles-Erklärer blieben ob solcher Widersprüchlichkeiten wirkungslos.

Also griffen die Genossen Antifaschisten in der DDR auf altbekannte Klischees zurück, brandmarkten «die Polen» (und auch das Volk sprach schon wieder von «Pollacken») als undankbar, arbeitsscheu und rückständig. *«Die solln ma lieber arbeiten»*, war eine unter Ostdeutschen gern wiederholte Phrase. Und als es in Polen zu Prügelszenen und Polizeigewalt mit ersten Opfern kam, ließ sich unser Staatsbürgerkundelehrer Taubert zu dem Satz hinreißen: «Da hat es schon die Richtigen erwischt ...»

In jenem Polen, welches wir im Sommer 1983 besuchten, herrschte seit Dezember 1981 das Kriegsrecht. Das Sowjetimperium schien nach bewährter Art auch diesen Aufstand niederwalzen zu wollen. Mich elektrisierte die Aussicht, einmal Geschichte zu erleben, wenn auch nur als Zaungast in einer der hintersten Sitzreihen. Immerhin war unser Ziel, Krakau mit seinem Industrievorort Nova Huta, neben Danzig eines der Epizentren des Widerstands. Und kurz vor unserer Ankunft hatte der Papst die Stadt besucht.

Ganz nebenbei erfuhren wir, dass wir auch das ehemalige Konzentrationslager Auschwitz besuchen würden. Einmal hatte ich bereits einen solchen Ort des Grauens betreten. Wir waren als künftige Mitglieder der «Freien Deutschen Jugend» 1978 zur Gedenkstätte Sachsenhausen bei Berlin gefahren. Doch uns fehlte damals die Reife, der Besuch in Sachsenhausen hat keinen Eindruck auf mich gemacht. Ich empfand ihn vermutlich als eines dieser leeren antifaschistischen Rituale und maß ihm zu wenig Bedeutung bei. Das NS-Gedenken gehörte dem System, war Teil von dessen Identität. Die Partei definierte auch, welcher NS-Opfer gedacht wurde – und welcher nicht. Dies hatte den fatalen Effekt, dass das NS-Geschichtsbild der SED unter ideologischem Vorbehalt stand, was wiederum dazu führte, dass dieser Antifaschismus zur leeren Phrase verkam. Damit bestand die Gefahr einer Relativierung oder Verharmlosung der Nazi-Zeit. «War ja alles ähnlich wie heute ...», «Gab ja auch gute Dinge, Autobahnen und so ...», waren dabei noch die harmloseren Reaktionen. Nur da, wo persönliche Erfahrungen, Erinnerungen und Schicksale der von Krieg und Nachkriegszeit besonders betroffenen Ostdeutschen ins Spiel kamen, kam es zu einer nachhaltigeren Beschäftigung mit dem Totalitarismus. In der breiten Öffentlichkeit hatte sich inzwischen, so meine Erfahrung, ein diffuses

Geschichtsbild verbreitet, das von der Konservierung antisemitischer Stereotype bis hin zu einem kollektiven Nationalstolz reichte, der sich wunderbar auch unter realsozialistischen Bedingungen als Arroganz gegenüber faulen Polen, tumben Russen, verschlagenen Rumänen ausleben ließ.

Ich erinnere mich an Feiern bei einem Jugendfreund meines Vaters, einer Art Nennonkel, auf denen zu vorgerückter Stunde ganz selbstverständlich «Bomben auf Engelland» mit Klavierbegleitung improvisiert wurde. Es wurden dann Erinnerungen an die Zeit «unter Adolf» erzählt, war eben alles gar nicht so schlimm, um dann in Richtung der Kinder zu raunen: «Aber das erzählt ihr nicht in der Schule!»

Mich elektrisierte alles, was die Alten mit dem temporalen Adverb «früher» anmoderierten. Oft war ich der Einzige, der diesen Geschichten zuhörte. Die anderen winkten genervt ab oder belächelten die Alten ob ihres Verweilens im Gestern. Deshalb habe ich auch recht lebendige Erinnerungen an unseren Geschichtsunterricht, der sich in der neunten Klasse der NS-Zeit widmete. Jene Epoche, sie wurde stets Faschismus genannt, nahm einen sehr breiten Raum in den ostdeutschen Schulen, im öffentlichen Gedenken, in Gestalt von Literatur und Filmen ein. Doch das, was man später und bis heute als Holocaust bezeichnete, kam de facto nicht vor. Nicht in seiner Einzigartigkeit, nicht in seiner erschütternden Dimension. Der 9. November 1938 wurde als «Reichskristallnacht» bezeichnet, ihm war im Buch ein Absatz gewidmet. Auch die Rampe von Auschwitz wurde im Bild gezeigt, über den millionenfachen, industriell organisierten Mord wurde informiert, aber eher als ein Randaspekt der gesamten Schreckensbilanz. Dass ein Großteil der Nazi-Opfer Juden waren, wurde indessen nicht erwähnt. Wir wussten, dass der Nazi-Staat Juden zu Feinden erklärt hatte. Das Tagebuch von Anne Frank gehörte zwar zum Unterrichtsstoff. Die Dimension des industriellen Völkermordes hingegen nicht.

Vor allem verurteilte man die Faschisten wegen der Morde an Ernst Thälmann und vielen anderen Kommunisten. Im ostdeutschen Geschichtsbild schien das Hitlers größtes Verbrechen gewesen zu sein, gleichauf mit dem Überfall auf die Sowjetunion, der mindestens 25 Millionen Sowjetmenschen das Leben kostete.

Erstmals mit dem industriellen Massenmord an Millionen von Juden konfrontiert wurde ich 1979 ausgerechnet durch das Westfernsehen. Ich weiß es noch wie heute: «Holocaust», die Geschichte der Berliner Familie Weiss in einer vierteiligen amerikanischen Verfilmung, sorgte für kollektive Fassungslosigkeit in unserer Familie und schaffte es sogar zum Gesprächsthema auf die Kaffee-und-Kuchen-Zeremonie einer Familienfeier meiner Tanten und Onkels. Dass sich meine Mutter und meine völlig unpolitischen Tanten erschüttert über das Schicksal der Familie Weiss austauschten, war ein Zeichen, dass der Holocaust im Bewusstsein der breiten Öffentlichkeit angekommen war. 40 Jahre danach. Die Darstellung des SS-Sturmbannführers Erik Dorf, der durch ein Guckloch dem Gastod seiner Opfer zusieht, brannte sich mir ins Gedächtnis ein. Diese eiskalte Faszination, mit der er das massenhafte Sterben als Wirkung einer kleinen Handlung verfolgt, einer chemischen Reaktion, hinterließ in mir lähmendes Entsetzen.

Ich sammelte bis dahin NS-Devotionalien, die es damals zuhauf gab. Den Grundstock hatte das Kochgeschirr gelegt, welches ich den Hühnern meiner Trüglebener Oma entzogen hatte. Ich fand dort auch einen alten Wehrmachtsstahlhelm, eine amerikanische «Ammunition-Box», eine Stabbrandbombe aus dem Krieg. Ich besaß Bücher über Fliegerasse wie Werner Mölders, den Kampf um Narvik, Lexika aus der NS-Zeit und Hitlers «Mein Kampf». Damals übte diese Zeit auf mich eine «Faszination des Monströsen» aus. Meine Erziehung ließ nicht zu, dass ich an der Nazi-Ideologie etwas gut fand, aber es ging von ihr ein Mysterium aus, das mich in seinen Bann zog. Eine Ausstrahlung, die ich mir damals etwas verschämt mit «Geschichtsinteresse» erklärte. Aus heutiger Sicht war da jedoch mehr als Interesse, anders ist es nicht zu verstehen, dass ich mein Hirn mit den Namen von Gauleitern, NS-Funktionären und Armeeführern verschmutzte. Mir fehlte bis dahin schlicht der Kompass.

AUSCHWITZ

Der Besuch in Auschwitz änderte alles. Alles. Und zwar nachhaltig. Es ist das Einzige, für das ich der «Freien Deutschen Jugend» noch heute dankbar bin. Was war die Dramatik einer in Hollywood produzierten Serie, ausgestrahlt in einem Schwarz-Weiß-Fernseher, im Vergleich zu der Beklemmung, die der Gang zu Fuß durch das große Steintor mit dem gusseisernen Schriftzug «Arbeit macht frei» in mir auslöste. Was war Fernsehen gegen die bedrückende Erfahrung, an der Birkenauer Bahnrampe zu stehen – jener Selektions-Weiche, wo sich die Wege schieden? Links ins elende, kurze Sklavenleben, rechts direkt in die Gaskammer.

Es war ein staubtrockener, heißer Sommertag, nur wenige Besucher verloren sich in den beiden räumlich getrennten Teilen der Gedenkstätte. Alles sah damals sehr zerfallen aus, als wäre nichts geschehen, seit die letzten SS-Einheiten den Ort vor vielen Jahren verlassen hatten. Grauenerregend war der Blick in eine der Holzbaracken, durch deren kleine Fenster die Sonne in den dunklen Raum flutete, während im scharf kontrastierten Lichtkegel Staubpartikel tanzten. In der Baracke gab es dreistöckige, mit Stroh gestopfte Betten, die mich an die Kaninchenställe der Oma in Trügleben erinnerten.

Zurück in Auschwitz sah ich Räume, von denen ein Teil durch eine Glaswand abgetrennt war, hinter der sich Koffer stapelten – auch die Koffer erinnerten mich an Trügleben; solche Koffer in diesem typischen Stil der 30er-Jahre aus einem Stoff, der Vulkanfiber genannt wurde, standen auf ihrem Dachboden. Diese Koffer waren versehen mit Adressen von Menschen aus Nürnberg, Prag, Amsterdam. Auf mich hatten Koffer bis zu diesem Tag immer eine gewisse Faszination ausgeübt, denn sie hatten mit Reisen zu tun – mit Urlaub oder dem Besuch der West-Tante, die mit einem Koffer voller Geschenke kam. Doch diese Koffer in Auschwitz gingen nicht mehr auf Reisen. Sie sahen so harmlos und bürgerlich aus, waren aber Zeugnisse vollständiger Hoffnungslosigkeit.

Ich sah hinter einer anderen Glaswand Berge von Brillengestellen, einst gemacht für Menschen, damit sie besser sehen konnten. Und auch sie sahen aus wie jene Brille im Wohnzimmer-Schreibtisch der Oma, randlos, drahtig, ein wenig fragil. Die Brille im Sekretär der Oma hatte dem Opa August gehört, den ich nie kennengelernt habe. Er war NSDAP-Mitglied. Komisch, dachte ich, dass sich die Brillen von Tätern und Opfern nicht unterscheiden. Weil der SS-Führer Heinrich Himmler der vielleicht bekannteste Träger einer solchen Brille war, wecken randlose, runde Nickelbrillen bis heute in mir eine Nazi-Assoziation.

Mir schwirrte der Kopf. Ich konnte es nicht fassen, dass Menschen in dieses Lager gebracht wurden, um verwertet zu werden – Koffer zu Koffer, Brille zu Brille. Ordentlich sortiert. Ich sah Baracken voll mit Spielzeug, voll mit Haaren, voll mit Zahnersatz. Und dann waren da diese aufgerissenen, angerosteten Dosen mit dem Schädlingsbekämpfungsmittel der IG Farben, auf die als Hinweis auf die Giftigkeit des cyanidhaltigen Granulats ein roter Totenschädel aufgedruckt war. Ein Warnhinweis, jedoch nicht gedacht für diese Menschen, denen man das Menschsein abgesprochen hatte.

Ich lief neben dem Klops durch dieses Lager. Aber ich sprach kein Wort. Ich kämpfte mit den Tränen und schämte mich dafür, weil ich offenbar der Einzige in dieser Gruppe war, dem es so ging. Denn die anderen unterhielten sich angeregt. Ich hatte gelernt, nie Tränen zu zeigen, das gehörte sich nicht, als Mann. Schon gar nicht aus «Gefühlsduselei», wie über Emotionen abfällig gesprochen wurde. Mehr noch als der Tränen, die ich mühsam zurückhielt, schämte ich mich an diesem Tag meiner Sprache, meiner deutschen Wurzeln. Denn die anderen Menschen, die mit uns durch die Gedenkstätte liefen, sprachen alle Sprachen der Welt: Englisch, Polnisch, Niederländisch, Hebräisch … Und sie sprachen laut miteinander. Sie konnten sich das erlauben.

Ich dachte, wie hilfreich es jetzt sein muss, laut in seiner Sprache über das sprechen zu können, was man hier sieht. Ich sah das erste Mal in meinem Leben junge Israelis. Ich musterte diese jungen Menschen, sie hatten gute Klamotten an, viele von ihnen sahen sehr europäisch aus, die Mädchen waren hübsch. Sie müssen uns hassen, dachte ich. An der Spitze der Gruppe lief ein Jugendlicher mit der blau-weißen Fahne und dem Davidstern. Es war die Fahne eines Landes, welches in der Wahrnehmung unserer Dogmatiker das Böse verkörperte, ein «Verbrecherstaat» ähnlich verdammenswert wie das Südafrika der Rassentrennung oder Chile unter Diktator Pinochet. Selbst mit den USA, dem «Epizentrum alles Bösen», gingen die ostdeutschen Medien gnädiger um.

Wir im Osten Geborene wurden damals nie mit unserer historischen Verantwortung konfrontiert. Auschwitz war im Rahmen unseres Krakau-Besuchs auch eher ein zusätzlicher Programmpunkt. Ein Teil unserer Gruppe nahm an dem Besuch der Gedenkstätte gar nicht teil. Und im Bewusstsein der meisten, die teilnahmen, war Auschwitz keine Konfrontation mit der eigenen Geschichte, denn die DDR hatte sich ja von deren «dunklen Seiten» selbst freigesprochen. Mit dem Segen der Sowjetunion durfte man sich zu den Faschismus-Bezwingern zählen, war somit Sieger des Krieges. Also empfand man kein Gefühl der Scham, keine historische Verantwortung. Die Verantwortlichen für das, was in Auschwitz geschah, verortete die DDR im Deutschen Reich, welches sich im Nirwana des Geschichtsnebels aufgelöst hatte und dessen geistiges Erbe man der Bundesrepublik zuschob.

Mich hat dieser Tag im Juli 1983 meiner nationalen Identität beraubt. Bis dahin empfand ich, mein Deutschsein gehöre zu den wenigen Wurzeln meiner Identität, die ich als gut empfand. DDR, Kommunismus, sozialistisches Lager, das war alles Mist. Aber mit meiner deutschen Identität war ich stets gut gefahren – zu Hause, im Ferienlager in der Tschechoslowakei, in Polen. Wenn man auch sonst nichts geleistet hatte, für das «Deutschsein» gab es oft so etwas wie Anerkennung. Es war ein gutes Gefühl, Bücher darüber zu lesen, dass Röntgen die X-Strahlen, Hennig Brand das Phosphor, Einstein die Relativitätstheorie entdeckt, dass Gutenberg den Buchdruck, Levi Strauss die Jeans, Daimler und Benz das Auto erfunden hatten.

Der Juli 1983 brachte mich dazu, dass ich mit dieser Nation nichts mehr zu tun haben wollte. Ich hätte mich gern auf das Menschsein reduziert, mich Europäer, Erdenbürger, Milchstraßenbewohner genannt. Meine frühere Begeisterung für Harry Gieses Wochenschau-Kommentare, für Generaloberst Dietl, den Eroberer von Narvik, bereitete mir jetzt Ekel. Ich dachte damals viel nach. Und plötzlich ergab das alles Sinn, die braunen Nazis und ihre stalinistischen Brüder, längst nicht so mörderisch, aber nicht minder dogmatisch – es sind Feinde der Menschheit.

Wir wohnten in einem Internat der Krakauer Universität. Die Luft war schmutzig, es roch nach Industrieabgasen. Das Programm, ursprünglich war darin auch ein Besuch im Stahlwerk Nowa Huta vorgesehen, war zusammengestrichen worden. Das Kriegsrecht im Land zeitigte aktuelle Wirkung, die Delegation der ostdeutschen Jugendorganisation, so musste man fürchten, könnte von der polnischen Renitenz infiziert werden – so mied man Treffen mit den Gastgebern. Wir besichtigten den Wawel, die Krakauer Tuchhallen und hatten ansonsten viel Freizeit. Wie Suchende durchstreiften der Klops und ich die Stadt. Zu den anderen Mitgliedern der Gruppe, die aus anderen Bereichen des Betriebes kamen, hatten wir nur losen Kontakt.

Vor den Kirchen bildeten sich Trauben. Die Menschen fielen vor jedem Kreuz auf die Knie und beteten. Es war geradezu physisch spürbar, dass es hier eine Macht gab, die um so vieles stärker war als diese systemkonformen Sicherheitskräfte mit ihren antiquiert anmutenden Ausrüstungen. Nahezu unbezwingbar. Überall stießen wir auf Spuren, die der kürzliche Besucher in der Stadt hinterlassen hatte: der Papst. Wenige Wochen zuvor hatte Johannes Paul II. in Nowa Huta die neue Kirche von Mistrzejowice eingeweiht; dort versammelten sich jeden Tag Hunderte Menschen. Viel Polizei und Militär war unterwegs. Man spürte, dass es unter der Oberfläche gärte.

Wir bekamen, was Sammler wie wir suchten: Anstecker der verbotenen Gewerkschaft, Papst-Bilder, Aufrufe zum Widerstand, zwar auf Polnisch, aber Dokumente der Zeit. Ich steuerte ein Antiquariat an, erstand dort eine alte, nicht mehr sehr gut erhaltene Ausgabe von Arthur Schopenhauers «Parerga und Paralipomena», die heute noch in meinem Besitz ist.

Wir trafen auf eine Gruppe von friedensbewegten Westeuropäern. Ein Langhaariger aus der Bundesrepublik war der Organisator, die Teilnehmer der Gruppe kamen aus ganz Europa. «March to Moscow» hieß das Motto der Gruppe, sie waren an der amerikanischen Westküste gestartet, wollten irgendwann im Herbst Moskau erreichen – um die Supermächte zum Verzicht auf die Nachrüstung zu bewegen, das Thema der frühen 80er-Jahre. Amerikaner waren dabei, und wir suchten mit unserem sächsisch eingefärbten Schulenglisch schüchtern das Gespräch. Alles war irgendwie frei, leicht, europäisch, grenzenlos. Wir hinterließen den Friedensmarschierern, die mit einem lus-

tigen Handwagen unterwegs waren – ob sie den bei der Atlantik-
überquerung bei Pan Am als Handgepäck dabeihatten? –, unsere Adressen und fühlten uns ab sofort als Teil der Bewegung.
Tatsächlich erhielten wir Wochen später Post vom Eintreffen der
lustigen Truppe in Moskau.

Im Internat nächtigte auch eine Gruppe Jugendlicher aus
dem Saarland, eine evangelische Jugendgruppe mit einer Pastorin. Zusammen sangen wir Lieder der damals sehr populären Liedermacher Hannes Wader und Franz Josef Degenhardt.
Wir sprachen Klartext, ließen unseren Systemfrust heraus, bekannten sogar unsere Fluchtabsichten. Helmut Schmidts Sturz
im Jahr zuvor, die neue Regierung Helmut Kohl, US-Präsident
Ronald Reagan, die Nachrüstung in Westeuropa, Polens Kriegsrecht, der Afghanistan-Krieg, der politische Aufstieg der Grünen – es ging thematisch querbeet. Politisch stimmten wir überwiegend überein, einmal abgesehen von diesem immer wieder
durchscheinenden Verständnis, welches diese jungen Sozialis-
ten, Linkschristen, Friedensbewegten für die verdorbenen alten
Männer in Ostberlin aufbrachten. Nicht, dass sie uns zu erklären
versuchten, wir hätten unsere Peiniger im milderen Licht zu be-
urteilen. Ihr Hass auf die Regierung von Helmut Kohl schien nur
um einiges größer zu sein als ihre Ablehnung des SED-Regimes,
welche sie vermutlich nur betonten, weil ihnen zwei Zeitzeugen
gegenübersaßen, die wirklich wussten, wie es sich in der DDR
lebte. Die West-Jugendlichen betonten, Anhänger eines aufstrebenden jungen Politikers zu sein, des damaligen Oberbürger-
meisters von Saarbrücken, der von Sozialismus und NATO-Aus-
tritt träumte und Oskar Lafontaine hieß. Und so empfand ich es
als Mission, ihnen zu erklären, was da bei uns wirklich lief.

Tagelang hatten wir unsere beiden hauptamtlichen FDJ-Funk-
tionäre nicht gesehen, Artzig und den Pornobalken. Ich glaube, die beiden waren ganz froh, als diese Reise ohne größere
Schwierigkeiten zu Ende ging, denn garantiert hatte man sie vor

uns «subversiven Elementen» gewarnt. Wir pflegten sogar eine ganz zwanglose Kumpanei zu ihnen, und über sie kamen wir dann auch später an die begehrten Eintrittskarten für Leipzigs angesagteste Diskothek «Eden», weil die FDJ für fast alle Veranstaltungen das Kartenmonopol hatte. Das «Eden» sollte im letzten Jahr meines Aufenthalts im Gehege für mich zu einer Art zweitem Wohnzimmer werden. Ich kaufte bei Artzig dann stets fünf oder sechs Tickets, das Stück für 1,60 Mark. Da meistens nur Koma und ich ins Eden gingen, versilberte ich den Rest vor der Disco zum Schwarzpreis von 10 Mark pro Ticket, am Wochenende auch gern mal 20. Und konnte den ganzen Abend für lau trinken.

Als ich Mitte August 1983 wieder zu Hause war, packte ich meine NS-Devotionalien in eine Holzkiste und verstaute sie im Garten in unserer Garage. Ich hätte mein «Deutschsein» am liebsten gleich mit hineingepackt. Nach dem Besuch in Auschwitz hinterfragte ich alles, was ich bis dahin mit Begriffen wie Heimat, Identität, Tradition, mit diesem ganzen aberwitzigen Deutschsein verband. Für mich stand fest, nicht nur das Gehege verlassen zu wollen, sondern am liebsten auch meine kulturellen Wurzeln. Reichte es denn nicht, einfach Mensch zu sein? Ich schrieb in großen Buchstaben an die Tür meines Kinderzimmers, leider mit orthografischem Aussetzer: «Deutschland verecke!» Das war eine Phrase der Hamburger Punkband Slime, zumindest sollte es das sein. Bis mich meine Mutter fragte: «Was meinst du denn damit? Wie viele Ecken soll Deutschland denn noch bekommen?»

DAS LETZTE JAHR

Es gibt einen Zustand, den mag ich besonders: physisch noch da zu sein, aber gedanklich schon weg. Dinge, zu denen man genötigt wird, erledigt man mit dem erwärmenden Gefühl, dass einen das alles in Wahrheit gar nichts mehr angeht. Eben wie James Garner, der Film-Sheriff wider Willen, der bei jeder Gelegenheit betont, ja eigentlich auf der Durchreise nach Australien zu sein. Das letzte Jahr meines alten Lebens fühlte sich an, als befände ich mich auf der Durchreise. Oder im Bardo, wie die Buddhisten den Zustand zwischen Diesseits und Jenseits nennen. In einer Art «Verpuppungsstadium» zwischen Raupe und Schmetterling. Ich lief nur noch mit Walkman herum, ständig berieselte mich Musik, sodass jeder Tag einem nicht enden wollenden Strom von Videoclips glich, wie sie damals in Sendungen wie «Formel Eins» gespielt wurden. Musikclips waren eine Erfindung der 80er, Sender wie MTV machten unsere Musik endlich auch sichtbar. Punk war angesagt, aber auch Synthie-Pop, mit The Cure auch die ersten Anfänge von Gothic, Migge steuerte noch Reggae bei. Wir klebten am Fernseher, der endlich auch ein ordentliches Farbbild hatte. Jedes Detail der neuesten Clips von Depeche Mode, Public Image Limited oder David Bowie wurde registriert. Vor allem Koma und ich waren wie besoffen von diesem ganzen 80er-Hype. Freunde aus dem Eden, die professionell als Friseure arbeiteten, färbten uns fachmännisch die Haare, die dilettantische «Rostphase» hatten wir hinter uns. Wir entfärbten unsere Jeans mit Chlorbleichlauge und behandelten sie anschließend wieder mit einer roten oder gelben Textilfarbe, sodass ihre Farbeffekte an die Haut der Meeresechsen auf den Galapagosinseln erinnerten, die ich allerdings erst Jahrzehnte später mit eigenen Augen sehen durfte. Farbe, ob im Fernseher, auf dem Kopf oder an den Hosen – Farbe musste sein. Wir hatten das ewige Grau so satt.

Von einer der West-Tanten hatte uns ein Paket mit mehreren weißen Jeans erreicht. Koma und ich zogen Linien und färbten sie anschließend mit schwarzen, im anderen Fall roten Längsstreifen, sodass unsere Beinkleider an Nenas Hosen im Clip «99 Luftballons» erinnerten. Oma Eisermann, die Großmutter meines Freundes Dirk, hatte mir von einem Besuch in Westberlin, natürlich gegen Cash, nicht nur den Walkman mitgebracht, sondern auch ein Paar angesagte Adidas-Sneakers. Das waren alles immens wichtige Dinge. Der Soundtrack meines Lebens war gigantisch, nur der Ort, an dem dieser Clip spielte, war falsch. Und weil ich nicht nur Hauptdarsteller, sondern auch Regisseur in diesem Clip war, wurde es Zeit, die Location zu ändern – so viel stand fest.

Überspielt von meinem Röhrenradio, dudelte aus meinem Grundig C450 jetzt viel Depeche Mode, dazu Howard Jones, Duran Duran, Synthesizer-Akkorde aus den Laboren der sich in diesem Jahrzehnt besonders ungehemmt austobenden digitalen Klangdesigner. Wir guckten zusammen «Miami Vice» oder «Dallas», veranstalteten Monopoly-Partys, die dem Ball der Ölbarone aus der Kultserie «Dallas» nachempfunden waren, inklusive Anzugspflicht, Whisky und dem Hutständer in Form eines mannshohen Bohrturms, den der Klops eigenhändig nachgebaut hatte.

Wir hatten enorm an Selbstbewusstsein zugelegt und gingen zum System auf finalen Krawall-Kurs, indem wir zum Beispiel auf lange Metallpfosten, die wie Raketen aussahen, mit Farbe

«SS-20 Nein Danke» schrieben oder eine junge SED-Abgeordnete, die man uns im Vorfeld unserer Premiere als «Erstwähler» bei den Kommunalwahlen 1984 in die Schule schickte, mit Fragen über Sinn und Unsinn dieser Demokratie-Farce beinahe zum Heulen brachten.

«Welche Wahl habe ich denn, wenn ich auf dem Wahlzettel nicht zwischen echten Alternativen wählen kann?», fragten wir die junge Frau. Sie antwortete, was zu antworten sie gelernt hatte: «Der eigentliche demokratische Vorgang findet im Vorfeld der Wahl statt, in dem sich die Werktätigen auf eine Liste der Kandidaten der Nationalen Front geeinigt haben», flötete sie wirklich gut meinend. «Dann ist der Wahltag gar nicht der ‹eigentliche demokratische Vorgang›? Warum sollte ich dann hingehen?», hakte ich nach.

«Doch, doch …», entfuhr es der jungen Frau, jetzt sichtlich nervös. «Die Wähler vollenden diesen demokratischen Prozess, indem sie der Liste zustimmen …»

«Aber wenn ich mit den Kandidaten und ihrem ‹Programm› nicht einverstanden bin, wann und wo kann ich das denn äußern?», fragte jetzt Lauge.

«Da hättet ihr euch im Vorfeld beim zuständigen Wahlausschuss melden können», sagte sie jetzt, der Verzweiflung nahe.

«Also haben wir am 6. Mai gar keine ‹Wahl› mehr, sondern können am ‹Wahltag› nur noch zustimmen?», fragte jetzt Koma.

«Es ist der Tag, der den Prozess des demokratischen Zentralismus abschließt, daher ist es eine Pflicht für euch als Demokraten.»

Wir lachten. Das war es vorerst.

Wieder einmal drohte man uns anschließend mit Schulrauswurf. Was wollt ihr denn eigentlich?, dachte ich bei mir. «Sag mir, wo du stehst», war das nicht ihre als Folksong gesungene Aufforderung an die Menschen im Land, sich zu bekennen, den Dialog zu suchen? «Auch nickende Masken, die nützen uns nicht», hieß es da weiter. «Ich will beim richtigen Namen dich nennen. Und darum zeig mir dein wahres Gesicht.» Das taten wir und wurden dafür bestraft.

Aus heutiger Sicht würde ich sagen, wir balancierten permanent am Abgrund, an anderen Bildungseinrichtungen waren Schüler wegen geringerer Vergehen vor die Tür gesetzt worden. Irgendwer in unserer Schule schien aber immer wieder seine schützende Hand über uns zu halten – scheute man das Aufsehen? Oder waren wir als Gruppe einfach zu groß?

Am Ende wurde auch diese Situation entschärft, indem wir uns bei der Abgeordneten mit einem Blumenstrauß entschuldigten. Und ich bin dafür den damaligen Verantwortlichen in Schule und Lehrfirma noch heute dankbar, dass sie sich angesichts dessen, was wir ihnen zumuteten, sehr fair verhielten und jene Hardliner, die uns rauswerfen wollten, regelmäßig überstimmten.

Koma und ich verbrachten viele Nächte im Eden, einst als «Popper-Disco» verschrien, längst aber ein Tempel der Vielfalt mit Musik, Drinks, Licht – und Mädchen. Mädchen, die kurze Röcke und hochhackige Schuhe trugen, sich schminkten und sich nicht die Haare oder Klamotten hässlich zerschnitten wie die Punks. Im Eden verkehrte damals eine Art Parallelwelt, die am nächsten Morgen nicht in die düsteren, zugigen Hallen der volkseigenen Betriebe flutete. Und falls doch, dann mit Augenringen, Kopfschmerzen und einem riesigen Schlafdefizit.

Mann, Frau und Menschen irgendwo dazwischen beeindruckten mit filigranen Frisur-Kreationen, hell-dunkel abgesetzten Haarfontänen, ausrasierten Nacken, breiten Seitenscheiteln. Punk, Wave, Synthie-Pop, New Romantic – was immer an Leipziger Ablegern durch diese irren 80er-Jahre schwirrte, fand im Eden vorübergehend Asyl. Ins Eden kam, wer Spaß haben, tanzen und sich zeigen wollte. Und natürlich, wer im Besitz der begehrten Eintrittskarten war. Denn egal, ob an Wochen- oder Wochenendtagen: Vor dem Eden bildete sich stets eine Traube von Jugendlichen, die hoffte, in diese Oase des Vergnügens im ansonsten spaßfreien Arbeiterparadies vorgelassen zu werden. Viele von ihnen vergeblich. Dass sich für uns diese Tore wie von Geisterhand stets öffneten, verdankten wir in erster Linie meinen FDJ-Kontakten seit der Polenreise. An allen Wartenden vorbei ins Eden gelassen zu werden, fühlte sich an wie ein gutes Omen des Kommenden, wenn sich die ganz großen Tore öffnen würden. Reingelassen zu werden und einfach besser auszusehen als die meisten anderen, hatte etwas Erhabenes, Elitäres.

Wir waren Teil der Eden-Community, die ein bisschen dekadent war – zumindest für ostdeutsche Verhältnisse. Während das Volk des Arbeiter-und-Bauern-Staates auf harten Matratzen in beengten Wohnungen schlafend Kraft für die Frühschicht tankte, wurde hier durchgefeiert. Die Mädchen waren sexy, viele Jungs waren schwul, die Alten, also jene ab 30, hatten Geld und hatten es vermutlich auf die notorisch klammen Jungs und Mädchen abgesehen. Man tat immer furchtbar aufgeregt, wenn man sich begrüßte, obwohl man sich ja erst am Abend zuvor gesehen hatte. Es wurde viel umarmt, geherzt, und zur Begrüßung gab es Bussis. Wir tranken abscheuliche Mixgetränke, Kirsch-Whisky-Cola zum Beispiel. Und wenn wir kein Geld hatten, dann bestellten wir einen Eisbären-Flip. Der bestand aus Eiswürfeln und Wasser, wurde im Longdrink-Glas serviert, kostete nix und war wie alles im Eden: gut aussehend, wenn auch inhaltsleer. Der DJ war ein merkwürdiger Typ mit Nietzsche-Bart und Brille, der sich «Mäuschen» nannte und zwischen den Titeln dummes Zeug redete.

Aus heutiger Sicht kam das Eden nicht über das Niveau einer Dorfdisco im Spessart hinaus, doch was wussten wir schon vom New Yorker «Studio 54» oder anderen Club-Legenden dieser flirrenden Welt. Für uns war das Eden der Laden, in dem das

«Saturday Night Fever» die Menschen auch werktags befiel. Für Koma und mich war es die ideale Bühne für unsere lange Abschiedstournee durch die ostdeutsche Realität. Migge, Klops und Lauge kamen nur gelegentlich mit.

Was wohl aus Toni geworden ist? Aus Amado und den anderen? Wir lernten eine Gruppe Mosambikaner in der Leipziger Innenstadt kennen. Lauge hatte seinen Ghettoblaster dabei, Produkt einer No-Name-Marke von Quelle – klobig, mit einem scheppernden Klang, er verbrauchte alle halbe Stunde einen Berg dieser salzstreuergroßen Batterien. Zudem fielen immer wieder die abnehmbaren Boxen herunter, die Halterung tat ihren Dienst nicht mehr ordentlich. Aber im Osten der frühen 80er-Jahre war man selbst mit einem Quelle-Ghettoblaster ganz weit vorn. Zumal wenn die Lautsprecher scheppernd den Sound der Hip-Hop-Pioniere freigaben, der Rock Steady Crew, Grandmaster Flash oder Sugarhill Gang.

Wir hatten uns sogar bei einem Hochzeitsausstatter weiße Handschuhe gekauft und versuchten uns an einem kalten Novembertag 1983, nicht zum ersten Mal, in aller Öffentlichkeit im Breakdance, so wie wir das in den Clips der legendären ARD-Jugendsendung «Formel Eins» oder in «Breakdance-Lessons» mit dem skurrilen bayerischen Tanzpantomimen Eisi Gulp gesehen hatten. Während aus den Quelle-Speakern «Rappers Delight» rasselte, versuchten wir uns in «Moonwalk» und «Robotdance» – zugegebenermaßen auf erbarmungswürdigem Niveau. Wir waren die vermutlich schlechtesten Breakdancer des Abendlandes, aber das spielte keine Rolle.

Und dann standen da diese Jungen aus dem fernen Afrika plötzlich vor uns und schauten zu. Anders als die typischen DDR-Passanten, die mit herunterhängenden Mundwinkeln den Kopf schüttelnd «Was soll'n der Bledsinn» brabbelten, waren die Jungs aus Afrika sofort dabei, sie machten mit. Auch sie hatten

Lust, die November-Tristesse in dieser traurigen Stadt mit guter Laune zu fluten. Einen Wimpernschlag lang fühlten wir uns wie in Harlem oder der Bronx. Wir lachten und feierten uns, weil es ja sonst nicht viele Gründe zu feiern gab.

Die Mosambikaner waren sogenannte Vertragsarbeiter, die in einem heruntergekommenen Leipziger Betrieb, dem VEB Baumwollspinnerei, einfache Jobs erlernten – und ansonsten ein von der Bevölkerung isoliertes Leben in einem beengten Wohnheim im Stadtteil Schönefeld führten. Wir freundeten uns an und verbrachten Zeit miteinander. Das war außergewöhnlich, die meisten Ostdeutschen hielten Abstand zu den als «Mosis» (Mosambikaner) oder «Fidschis» (Vietnamesen) gescholtenen Fremden aus den sozialistischen «Bruderländern», auch das N-Wort war noch allgegenwärtig. Man sprach nicht mit, dafür umso mehr über sie. Und verbreitete Gerüchte: dass sie zum Beispiel alle möglichen Privilegien genössen, von denen der Ossi-Normalprolet nur träumen könne – Bezahlung in Devisen und Reisefreiheit zum Beispiel. Und dass sie die «Gastfreundschaft» missbrauchen würden – indem sie Frauen belästigten oder in Diskotheken für Ärger sorgten.

Dazu hätten unsere neuen Freunde nicht einmal die Gelegenheit gehabt, denn sie waren unter strengen Auflagen in gesonderten Wohneinheiten untergebracht. Ihre «Reisefreiheit» beschränkte sich auf das Recht, sich nach der täglichen Schufterei innerhalb einer bestimmten Tageszeit in Leipzig bewegen zu dürfen. Wir besuchten sie und amüsierten uns über die lange Verbotsliste, die im Hausflur aushing und an die Regeln in einem DDR-Kinderferienlager erinnerte – nur dass hier eben Erwachsene wohnten.

Für jeweils drei Jahre wurden die Mosambikaner in der DDR ausgebildet und beschäftigt; das wurde als «solidarischer Akt» im Rahmen der sozialistischen Bruderhilfe verkauft. Sie waren mit dem Versprechen von Bildung und Studium nach Europa gelockt worden, doch in Wahrheit hatte sich die unter Arbeitskräftemangel leidende DDR Ende der 70er-Jahre ein preiswertes Heer von Billigarbeitern organisiert, denen man viele Grundrechte verweigerte und die man um ihre Löhne betrog, indem man ihnen ein lächerliches Almosen bezahlte – den Rest sollte es nach ihrer Rückkehr geben. Was aber, wie man heute weiß, nie geschah. Sie durften die Stadt nicht ohne Genehmigung verlassen, mussten in den Betrieben niedere Arbeiten verrichten, der Zutritt zu Gaststätten oder öffentlichen Diskotheken war ihnen verwehrt. Bei geringsten Vergehen, politischer Betätigung oder «Schwangerschaftsvorfällen» drohte Abschiebung. Doch das wussten wir natürlich damals alles nicht. Insgesamt 90 000 Menschen aus Algerien, Kuba, Mosambik, Angola und Vietnam kamen so in den letzten beiden Jahrzehnten ihres Bestehens in die DDR.

Für uns waren Toni, Amado und die anderen die Botschafter der unerreichbaren Welt da draußen, einer Welt, in der wir Palmenstrände, Sonne und Lebensfreude vermuteten. Ja, wir Kinder des Kalten Krieges sehnten uns nach Wärme. Dass wir ihre Nähe suchten – machte uns das zu besseren Menschen? Um Gottes willen, nein! Ich kann nur für mich sprechen: Ich war nicht frei von rassistischen Vorurteilen, von stereotypem Denken, davon, zu unterscheiden zwischen «uns» und «denen» – also jenen, die anders aussahen, anders sprachen, anders glaubten, anders aßen, anders liebten. Aber in uns pulsierte etwas, das wollte einen Blick über diese künstlich errichteten Mauern werfen, wir interessierten uns für die «anderen». Wir wollten wissen, wie sie dachten, fühlten, sprachen. Und diese Kraft ist geeignet, künstlich errichtete Mauern einzureißen, weil man beim Blick in «ihre Welt» irgendwann merkt, dass wir uns bei allen Unterschieden doch ähnlicher sind als gedacht.

Weil ich Silvester 1983/84 «sturmfreie Bude» hatte, meine Mutter war mit Freunden verreist, meine Schwester studierte längst in Jena, feierten wir mit Toni und den anderen Mosambikanern Silvester in unserer Plattenbauwohnung in Lößnig, tranken viel Bier und stießen auf bessere Zeiten an. Denn sie fühlten sich nicht wohl in diesem kalten Land. Und das lag nicht nur am Winter. Man hatte sie mit einem «Studium» geködert – in ein unbekanntes Drei-Buchstaben-Land, welches den Afrikanern als das ersehnte Europa verkauft wurde, gar als das bessere Deutschland. Entsprechend hoch waren die Erwartungen gewesen. Und entsprechend ernüchternd war das, was sie vorfanden. Es gab in der DDR keine gesellschaftliche Debatte über Rassismus, über Vorurteile in dieser Gesellschaft mit ihrem subkutanen Wertekanon aus der Vorkriegszeit. Per Akklamation war in der DDR der Rassismus für überwunden erklärt worden – so wie die Ungleichbehandlung von Mann und Frau. Also ersparte man sich die überfällige gesellschaftliche Auseinandersetzung damit. Das führte dazu, dass die DDR auch in Sachen Diversität ein «Potemkin'sches Dorf» errichtete, ein Scheinidyll – mit Folgen, die bis in die Gegenwart reichen. Denn in Wahrheit waren rassistische Überzeugungen weit verbreitet. Die Behörden registrierten damals schon Tausende Vorfälle mit Verletzten und auch Todesopfern rassistisch motivierter Gewalt: Antonio Manuel Diogo und Carlos Conceição aus Mosambik, Delfin Guerra und Raúl García Paret aus Kuba starben, weil sie Ausländer waren, anders aussahen, sich anders benahmen. Für viele Ostdeutsche waren Schwarze «Bimbos», «Sams», das weltweit längst ungebräuchlich gewordene N-Wort war hier noch in aller Munde. Fehlte es schlicht an Informationen, dass diese Sprache verletzend und auch gesellschaftlich längst kompromittiert war?

Unser Freund Frank, einer von wenigen Leipzigern mit schwarzer Hautfarbe, der später auch noch seinen Wehrdienst in der DDR absolvierte, hatte das Gefühl, «in einem zu Land leben, das mich nicht akzeptiert», wie er heute sagt. Gegen die offen rassistischen Schikanen, denen er während seines Wehrdienstes durch einen diensthabenden Offizier ausgesetzt war, gab es keine Möglichkeit der Beschwerdeführung – weil es das Problem des Rassismus schlicht nicht geben durfte.

Wir lernten auch Syrer kennen; sie waren etwas ernster als die Mosambikaner, was vielleicht daran lag, dass sie für das syrische Militär arbeiteten – oder vielleicht den Geheimdienst? Jedenfalls hatten sie Reisepässe und fuhren an den Wochenenden regelmäßig nach Westberlin und kauften dort ein. Das durften höherrangige «Aufpasser», wie sie selbst zumeist Mitglieder der sozialistischen Baath-Partei, nicht wissen. Unsere Späße über die Mullahs, den irakischen Irren Saddam Hussein und Gaddafis Libysch-Arabische Volks-Dschamahirija, so die offizielle Bezeichnung Libyens, kamen bei unseren syrischen Freunden nicht so gut an, zumeist lächelten sie nur gequält.

NICHTS WIE WEG

An einem sonnigen Märztag des Jahres 1984 quartierten sich Migge, Lauge, der Klops und ich in einem kleinen Hotel der tschechischen Stadt Hradec Králové am Rande des Riesengebirges ein. Die Stimmung war gelassen bis heiter, obwohl man uns kurz zuvor aus einem Winterhüttenlager geworfen hatte, in welches zu fahren wir vom Ausbildungsbetrieb eingeladen worden waren. Am dritten von geplanten sieben Tagen hatte man uns die Rote Karte gezeigt, was wir natürlich nicht verstanden ...

Denn was hatten wir schon gemacht? Wir waren in Anzügen, überwiegend aus dem DDR-Fabrikat «Präsent 20» bestehend (Eigenwerbung: «Der Stoff, aus dem die Träume sind»), angereist, hatten die täglich geplanten Ski-Ausflüge erschwert, indem wir hinter der Gruppe in diesem Parteibonzen-Look und in Business-Schuhwerk durch den Schnee stakten, natürlich ohne Skier, um dann die Pisten zu Fuß hinabzulaufen.

Wir diskutierten dabei ständig und laut über Weltpolitik, unter anderem erregte der Tod des sowjetischen Staatschefs Jurij Andropow gerade die Gemüter. Er war innerhalb kurzer Zeit bereits der zweite Sowjetführer, der betagt verschieden und dessen Sarg auf einer Geschützlafette zur Kremlmauer gefahren worden war. Letzteres fanden wir lustig. «Als wolle man die alten Herren zum Mond schießen», meinten wir höhnisch. Die Finnhütte, in der wir zu viert wohnten, hatten wir mit Schild und Flagge zur jamaikanischen Botschaft umgewidmet. Migge, der in dieser Zeit sehr dem Reggae, Bob Marley, Peter Tosh und Bunny Wailer, verfallen war, hatte sich mit dieser Idee durchgesetzt. Ein freies Zimmer in dieser Hütte erklärten wir zum Kondolenz-Raum für Andropow, so wie wir das im Fernsehen gesehen hatten. Aus überschüssigen Decken und einem Apfel als Kopf stellten wir im dortigen Bett den verblichenen Sowjetführer nach. Wer unsere Botschaft besuchte, wurde zum Kondolieren genötigt, mindestens zu einer Verbeugung vor der offenen Tür des Raums. Allabendlich luden wir zum Botschaftsempfang, verteilten in den Nachbarhütten schriftliche Einladungen dazu. Wir besorgten in einem nahen Supermarkt Whisky, Migge klärte das jamaikanisch, also ohne Bezahlung, dazu gab es «echte» Coke. In der Tschechoslowakei war das Warenangebot ja um einiges bunter. Die Rocks für den Whisky brachen wir in Form von Eiszapfen direkt von der Veranda ab. Die Mädchen aus unserer Klasse fanden das alles lustig, und so war es allabendlich recht spät, wenn der Botschafter die Party für beendet erklärte.

Zum obligatorischen Frühstück, zu dem man uns zu viel zu früher Stunde nötigte, erschienen wir wiederum im Anzug, aber meistens zu spät. Wir hatten einen Extra-Koffer mit Medikamenten dabei, sodass unser Frühstückstisch sich vor Hustensäften, Nasentropfen, Pillendöschen und anderem mehr beinahe bog. Einer unserer Gastgeber, wie viele Tschechen hieß er Jiří, lief am Tisch vorbei und näselte: «Deutsche viel krank sein ...» In dicke Schals gehüllt, pflichteten wir ihm mit leidgeprüfter Miene bei: «Ja, viel krank sein ...» Hüstel, hüstel.

Unsere mitgereisten Lehrausbilder sahen sich das genau drei Tage lang mit an. Wir konnten den Missmut, der in ihnen aufstieg, elektrischen Schwingungen gleich in der Luft geradezu erspüren. Dann entlud sich das Gewitter. Und um ehrlich zu sein, wir waren ja auch wirklich etwas anstrengend. Wir bekamen also unsere Bahntickets ausgehändigt und wurden des Lagers verwiesen – in unseren Anzügen und Business-Schuhen, so nannten wir unsere schwarzen Büro-Treter, stapften wir, die Koffer hinter uns her schleifend, durch den meterhohen Schnee. Lauge rief den Zurückgebliebenen noch zu, eine «Demarche» sei schon in Vorbereitung, auch das hatten wir gerade irgendwo im Fernsehen aufgeschnappt. Doch die Androhung einer diplomatischen Rüge beeindruckte unsere Lehrmeister nicht. Also nahmen wir den Bus ins nahe gelegene Hradec Králové, das frühere Königgrätz, bei dem die Preußen einst Österreich-Ungarn aus dem entstehenden Deutschen Reich kartätschten. Wir blieben in diesem langweiligen Kaff zwei Tage, fuhren dann nach Prag und besuchten dort die Diskotheken, die vor allem eins waren: teuer.

Eigentlich hätten wir umgehend zurück nach Leipzig und zur Giftküche fahren sollen, denn es waren Schulferien, was ja für uns stets Arbeit bedeutete. Als wir uns dann fünf Tage später beim Direktor zurückmeldeten und über unseren Rauswurf berichteten, ballten sich erneut Gewitterwolken über uns zusammen. Eine direkte telefonische Kommunikation zwischen den Lehrausbildern in der Tschechoslowakei und dem Direktor hatte es aufgrund der damals fehlenden Infrastruktur nicht gegeben, aber nun drohte auch hier mal wieder der Rauswurf. Wir mühten uns redlich, in der Giftküche Bestleistungen zu erzielen. Und wieder einmal hatten wir Glück. Womöglich infolge der langen Zeit bis zum Eintreffen der Zeugen unserer Verfehlung, verzog sich das Unwetter, man gewährte uns eine letzte, aber auch eine allerletzte Gnadenfrist.

Aus heutiger Sicht ist es ein Wunder, dass wir das Abitur schafften, sogar mit ganz passablen Noten. Fast jede Nacht verbrachten Koma und ich im Eden. Die zunehmend milden Temperaturen nutzten wir für Touren, denn Koma hatte im Rahmen einer frühmilitärischen Ausbildung bei der «Gesellschaft für Sport und Technik», GST, den Führerschein gemacht. Das war möglich gewesen, weil er sich zum Schein darauf eingelassen hatte, eine Karriere als Berufsoffizier anzustreben. Mir lag solche Maskerade fern, weil sie zu meiner politischen Grundüberzeugung, die den Systembütteln längst bekannt sein musste, schlicht nicht passte. Dinge wie den Führerschein verschob ich ebenso in die «Zeit danach» wie die Beziehung zu einem Mädchen, obwohl ich beides ganz gern gehabt hätte. Wir gehörten im Eden längst zum Stammpublikum und hatten bei den Mädchen dort wirklich gute Karten, zumal viele der Jungs ja schwul waren.

Es gab viel Geknutsche, manchmal auch Fummeleien, aber ich kam irgendwie nicht weiter. Und ich gab selbst dafür dem Osten die Schuld. Im Westen wird alles anders, da liegen mir die Frauen zu Füßen, redete ich mir ein. Einstweilen genügte es mir meistens, dass es Mädchen gab, die mich mochten, weil ich vor diesem Sex-Ding schon ziemlich viel Respekt hatte. Koma indessen hatte stylingmäßig nicht nur aufgeholt, er hatte mich längst überholt – ganz zeitgemäß im Sinne einer Lieblingsphrase der Partei, die mit Bezug auf den Westen den Anspruch angemeldet hatte, «überholen, ohne einzuholen». Man merkte es daran, wie sehr sein Ansehen im Eden wuchs. Er wollte unbedingt einmal Designer werden – was er ja später auch wurde – und nähte, bastelte, frickelte sich immer coole Outfits zurecht. Und das trug ihm die Erfahrungen mit Mädchen ein, die ich nicht hatte.

Migge hing damals viel mit den Punks herum. Stracke war inzwischen Sänger einer Band, die sich L'Attentat nannte. Sie hatte sich im Umfeld der Punkband Wutanfall gebildet. Wutanfall war damals der heiße Scheiß im Leipziger Underground. Es gab sogar besetzte Häuser direkt an der Pleiße in Nähe des Brühls, in denen die Punkbands übten. So etwas wie das geistige Epizentrum dieser Szene war Imad Abdul Majid, etwas älter als der Rest. Sehr viel später stellte sich heraus, dass er für die Stasi gespitzelt hat. Migge und ich trieben uns dort manchmal herum, fuhren nach Halle oder Ostberlin, wenn wieder einmal ein Konzert zusammen mit anderen Bands stattfand, die so putzige Namen wie Schleim-Keim oder Müllstation trugen. Ich erinnere mich an so ein «Festival» in einer Kirche in Halle, bei dem wir bereits auf dem Hinweg durch ein Spalier von Volkspolizisten mussten, die uns mit einer kleinen Kamera filmten. Migge fühlte sich in dieser Szene wohl, während es mich am Ende meiner DDR-Phase eher in die Scheinwelt des Edens zog. Aber die Grenzen dieser beiden Universen waren fließend, in beiden konnte man Spaß haben.

Wir hatten über unsere Pläne, das Gehege im Sommer 1984 verlassen zu wollen, strengstes Stillschweigen vereinbart. Ich weiß nicht, wie es dazu gekommen war, aber später wurde uns zugetragen, dass im Eden sogar gewettet wurde, ob wir es schaffen würden oder nicht. Vermutlich lag es an Komas verbaler Inkontinenz. Und natürlich bauten wir darauf, dass alle dichthielten, die etwas mitbekamen, denn schon die Ankündigung von Fluchtplänen konnte einen im Mauerstaat in jene Unterwelt des Systems katapultieren, über die es nur Gerüchte gab, weil niemand, der dort je inhaftiert war, darüber sprach.

Der Schock war daher gewaltig, als ich Ende Mai Lauge besuchte, seine Mutter mich mit einer Torte empfing und mir entgegenflötete: «Wo ihr uns doch bald verlassen wollt.» Ich wäre gern auf der Stelle umgekehrt, aß jedoch brav den Kuchen und schaute Lauge dabei funkensprühend vor Verachtung an. Es blieb bei dieser einen Bemerkung seiner liebenswürdigen Mama, der ich mit dem heutigen Verständnis eines Vaters lediglich übel nehme, dass sie uns damals nicht zur Seite nahm und ins Gewissen redete. Denn wenn auch sonst nicht viel, etwas war über die Todeszone zwischen den Systemen allen bekannt: dass dort Menschen starben, dass es ein Ort größter Lebensgefahr war. Hätte man Teenager, die solche Torheiten planten, nicht eindringlich warnen müssen – natürlich ohne sie an das System zu verpfeifen?

Ich glaube, es war im Frühsommer 1984, da fuhren Koma und ich nach Berlin, was für uns natürlich damals nur Ostberlin bedeutete. Einer unserer schwulen Popper-Freunde aus dem Eden hatte uns einen Tisch im Mitropa-Speisewagen reserviert, weil er dort als Kellner arbeitete. Er servierte uns in weißer Kellnerjacke ein opulentes Mittagsmahl zum damals gängigen DDR-Preis von zwei Mark irgendwas. Wir wollten nach Berlin, weil im Westen unweit der Mauer ein Konzert von Barclay James Harvest angekündigt worden war. Dieser Progressive-Rock genannte Stil war zwar nicht ganz nach unserem Geschmack, aber ein ähnliches Konzert dieser Band vier Jahre zuvor hatte im Osten beinahe zu einem Volksaufstand geführt. Die Band hatte vor dem Reichstag nahe der Mauer gespielt, die Schallwellen hatten bei den Zonenkids abwechselnd Begeisterung und dann wieder Hass- und Zornwellen ausgelöst, weil die spaßresistente SED-Polizei knüppelschwingend selbst den Musikgenuss aus der Ferne zu stoppen versuchte.

Wir standen Unter den Linden unweit des Brandenburger Tors. Und von drüben, vom Funkturm in zehn Kilometer Entfernung in Charlottenburg, wehte der Wind wie ein gedämpftes Hintergrundrauschen «Child of the Universe» herüber. Dieses Mal spielte die Gruppe in der Deutschlandhalle, trotzdem waren die Vopos wieder Unter den Linden aufmarschiert. Sie hatten Schilder und Knüppel und drängten die Jugendlichen wie eine Phalanx römischer Legionäre in die Seitenstraßen ab. Es war beklemmend. Wir sahen sehnsüchtig in das lebendige Herz dieser amputierten Stadt und dachten, irgendwo da drüben wohnen Dave Gahan und Martin Gore von Depeche Mode und dieser irre Nick Cave, bis vor Kurzem noch Sänger der Band Birthday Party. Und wir wünschten uns Flügel, um dieser Tristesse zu entfliehen. Es waren ja nur ein paar Meter.

WELTSTADT BUDAPEST

An einem Tag Mitte Juni wurde uns dann in der Alten Börse in Leipzigs Innenstadt das Abiturzeugnis überreicht. Für uns war das der Freibrief, der uns aus unserem ersten Leben entließ. Ein Tag, den wir herbeigesehnt hatten. Der erste Abschluss – mehr hatten wir bis dato nicht vollbracht – sollte Grundstein unseres neuen Lebens sein. Tage später brach Koma allein in Richtung Ungarn auf. Der Klops und ich wollten ihn eine Woche später in Budapest treffen – für ein paar Tage Spaß, bevor es um die Erfüllung unserer Mission ging.

«Smalltown Boy» von Bronski Beat war der Soundtrack dieses Sommers und des Abschieds von Leipzig. Dazu hörte ich viel Cure, natürlich Depeche Mode, die sich noch heute wundern, in Ostdeutschland ihre treueste Fanbase gehabt zu haben. Während sich der Zug aus einer dieser einst prächtigen, damals nur noch großen Jugendstil-Hallen des Leipziger Hauptbahnhofs schob, schienen uns die beiden höchsten Gebäude der Stadt, der «Uni-Riese» und das Hochhaus Wintergartenstraße, wie gereckte Zeigefinger zu mahnen: Macht keinen Blödsinn!

Hatte ich damals Zweifel? Aber sicher. Hatten wir einen Plan? Keine Spur. Dabei basierte in diesem System alles auf einem Plan. Das Leben war vorgeplant. Die Partei hatte immer recht – und natürlich immer einen Plan. Einen Fünfjahresplan, der alles regelte, was in solch einem von Mauern umgebenen Mikrokosmos zu regeln war: wie viel Handtücher 16,8 Millionen Menschen benötigten, wie viele Tassen Kaffee getrunken wurden, wie viele Untertassen unter der Tasse Kaffee standen, wie viele Schallplatten mit Weihnachtsliedern gepresst werden mussten. Für alles gab es einen Plan. Und eine staatliche Planbehörde, deren Aufgabe das Planen war. Am Ende gingen die Pläne zwar nie auf, aber das lag dann wohl nicht am Plan, sondern an den Menschen, die sich nicht plangemäß verhielten.

Pläne gehörten also zum Leben. Wir hatten keinen, mal abgesehen von dem, die Lücke im Eisernen Vorhang zu finden, irgendwie, irgendwo, irgendwann. Und unsere Kriegskasse von 100 D-Mark und 60 Dollar sollte dabei helfen.

Der Zug holperte über das schlecht verarbeitete Gleisbett, schwankte sogar von Zeit zu Zeit in seiner Gesamtheit abwechselnd nach links und rechts. Ich sah noch einmal meinen einst gefürchteten, im Vergleich zu früher jetzt auf Bonsai-Größe geschrumpften Granit-Godzilla, das Völkerschlachtdenkmal, dessen Augen nicht böse funkelten, es war ja taghell, und der in diesem dunstigen Grau sogar ein wenig traurig dreinzublicken schien. Stadtteile und Vororte wie Sellerhausen, Paunsdorf, Engelsdorf schlichen vorbei. Wir saßen auf der mit Kunstleder überzogenen Bank im schmutzigen Fahrgastraum des Zuges, es roch nach erkaltetem Nikotin und nach Zugtoilette. Der Sommer 1984 überschritt gerade den Zenit. Der Fußballgott Diego Armando Maradona hatte kurz zuvor Spanien und den FC Barcelona verlassen und beim SSC Neapel in Italien angeheuert, wo er sich von dem gigantischen Spieler, der er bis dahin war, in einen Heiligen, einen Fußballgott verwandeln würde. In Los Angeles begannen die Olympischen Sommerspiele, Tage später ließ sich Präsident Ronald Reagan bei einer Mikrofonprobe zu einem Witz herab, über den vermutlich niemand außer ihm selbst lachen konnte: «Die Bombardierung Russlands beginnt in fünf Minuten.»

Noch am Abend würden wir Budapest erreichen, die heiterste Zelle in den Baracken des Ostblocks. Vor uns lag das Leben, hinter uns die Enge, die Monotonie, der Mief. Doch eigentlich fühlte es sich alles gleich an, die großen Veränderungen im Leben kommen tatsächlich auf Taubenfüßen daher, fiel mir Nietzsche ein. In meinem Walkman fistelte Jimmy Somerville mit dieser unverwechselbaren Falsett-Stimme «Mother will never understand why you had to leave ... Run away, turn away, run away, turn away, run away».

Wie schmeckte die Freiheit? Nach Heineken-Bier aus der Dose. Und nach Coke. Koma stand mit den bunten Dosen ausgestattet auf dem Budapester Ostbahnhof mit dem unaussprechlichen Namen Keleti pályaudvar, als unser Zug am Abend des 25. Juli 1984 dort einrollte. Die Sache mit den Dosen ist erwähnenswert, weil uns ostdeutschen Flaschenkindern Dosenbier, Dosen-Coke, Dosen-Fanta wie Symbole der Spaßgesellschaft vorkamen, blecherne Botschafter der Freiheit, getarnt als Durstlöscher. Von der Umwelt- und Klimaschädlichkeit solcher Verpackungen sprach damals noch niemand.

Alles in Budapest atmete Großzügigkeit und den allmählich verbleichenden Prunk imperialen Imponiergehabes. Ich hatte noch nie so einen breiten Fluss gesehen, dazu diese riesigen Brücken. Es war Sommer, die Abende waren lau, Budapest erschien uns damals als eine bunte, vor Dynamik flirrende Weltstadt, in der man Spaß haben konnte – auch ohne das echte Geld, von dem wir nicht genug hatten. Denn für unsere Ostmark gab es nur einen lächerlichen Tagessatz der begehrten ungarischen Forint. Wir lösten das Problem, indem wir einfach nichts aßen, dafür umso mehr Heineken-Bier aus Dosen tranken. Und wir residierten für einen sehr geringen Betrag im Internat der Zahnmedizinischen Fakultät an der Uni.

Das war eine dieser typisch sozialistischen Plattenburgen, ein Zweckbau ohne Schnörkel und bar jedes ästhetischen Anspruchs. Als wäre alles, was geeignet schien, das Auge zu erfreuen, dem Vorwurf der Verschwendung geopfert worden. Wir residierten also standesgemäß, die Gegend erinnerte mich an den heimischen «Wohnfelsen» in Lößnig.

Mit unseren Rucksäcken enterten wir den Aufzug des Gebäudes, schlossen die Sperrholztüren und drückten auf dem zerkratzten Armaturenbrett den Knopf für das zweite Stockwerk. Im Flur gab es eine kleine Kochnische, in der wir zwei Mädchen trafen, Berlinerinnen in Hotpants. Koma kannte beide bereits. Eine von ihnen, eine schätzungsweise zwanzigjährige Blondine, zeigte auf einen kreisrunden roten Fleck vom Durchmesser einer Kaffeetasse auf ihrem Oberschenkel. «Drecks-Wanzen», sagte sie. «Sie haben mich die ganze Nacht gequält. Schlaft ja nicht ohne Schlafsack in den Betten hier.» Im Zimmer gab es drei Sofa-Betten, einen Tisch mit zwei Stühlen, einen Schrank mit kaputter Tür. Alles strahlte diese bekannte realsozialistische Tristesse aus. Wir beeilten uns, dieses ungastliche Haus zu verlassen, um in die Metropole einzutauchen.

Anders als in der Leipziger Straßenbahn, wo nie ein Kontrolleur kam, bezahlten wir brav das Fahrgeld in Höhe eines Forints – umgerechnet 20 ostdeutsche Pfennig. Koma redete ununterbrochen. Wir verließen die U-Bahn-Station, überquerten eine Donaubrücke, um auf die Margareteninsel zu gelangen. Wir sahen wunderschöne Frauen und coole Typen, die Bars und Diskotheken flimmerten in den Neonfarben der 80er-Jahre. Mit unseren paar Forint waren wir allerdings nur Zaungäste in dieser Szenerie, während jeder Mc-Jobber aus Detroit hier König war. Und es gab deren viele: Westdeutsche, Amerikaner, Holländer, Skandinavier. Die Welt schien sich hier in Budapest zu treffen.

Wir standen vor einem Autohaus, schauten uns die Fahrzeuge an. «Wie lange müsst ihr auf so ein Auto warten?», wurde ich von einem grauhaarigen Mann mittleren Alters gefragt, mit diesem entspannten Zahnpastalächeln, welches nur Amerikaner haben.

«Wir sind nicht von hier. Ich weiß nicht, ob es in Ungarn Wartezeiten beim Autokauf gibt. Bei uns in Ostdeutschland wartet man 15 Jahre auf ein Auto», radebrechte ich in meinem schlechten DDR-Schulenglisch.

Der Mann wieherte vor Lachen. Und ich lachte mit und dachte: Komische Vögel, diese Amerikaner, so lustig war das doch gar nicht. Bis mir der Klops klarmachte, dass ich soeben gesagt hatte, dass es bei uns 15 Jahre dauert, bis man zu einem Auto *wird*. Auch wenn es so ähnlich klingt: become heißt eben doch nicht bekommen ... Na ja, dachte ich, dann tue ich mal so, als hätte ich diesen Witz absichtlich gemacht.

Zwei Amerikaner, 17, 18 Jahre jung, sprachen uns an: «Where are you from, guys?»

«East Germany, GDR ...», antwortete ich.

Ich glaube, sie konnten diese drei Buchstaben nicht so ganz einordnen, zumindest merkten wir, wie sie grübelten. Das sind deutsche Russen oder so, schienen sie zu denken. Stephen hieß der ältere der beiden, Zane sein etwas jüngerer Bruder. Sie kamen aus New Orleans. Und es ist nicht übertrieben, wenn ich behaupte, dass ich mich auf den gut 130 Kilometern zwischen New Orleans und Baton Rouge in Louisiana ganz gut auskannte. Theoretisch. Gut ein Dutzend Hefte meines Lieblings-Comics «Mosaik» hatten schließlich in ebenjener Region am Mississippi gespielt. Die beiden staunten nicht schlecht, als ich ihnen Details vom Verlauf des Flusses zwischen New Orleans und St. Louis beschrieb und sogar die Namen von Orten wie Baton Rouge oder Natchez nennen konnte.

Zane und Stephen waren die Kinder von Exil-Ungarn, die in Budapest ihre Großeltern besuchten. Zusammen stürzten wir uns ins Budapester Nachtleben, ins «Randevu» zum Beispiel, eine kreisrunde Diskothek, in der sich die Reichen und Schönen der ungarischen Hauptstadt trafen. Unsere Freunde bezahlten den Eintritt, ebenso die Drinks, wir hätten uns das nie leisten können. Denn unsere D-Mark waren ja als «Kriegskasse» für unsere Mission bestimmt. Uns verband, dass wir ähnliche Musik hörten – Billy Idol, Ramones, Depeche Mode und New Order. «Kennt ihr Alphaville», fragte ich die beiden. Und spielte ihnen «Big in Japan» vor. Zane kannte die deutsche Popband natürlich nicht, schrieb sich aber den Namen auf. In den Clubs orderten die beiden ständig große Lagen Getränke. Und zum ersten Mal hatte ich beim Biertrinken kein Kotzgefühl mehr. Mein neues Leben geht ja gut los, frohlockte ich.

An einem der folgenden Tage suchten wir die bundesdeutsche Botschaft auf. Glücklicherweise war der Zugang frei, obwohl es bereits seit Jahren immer wieder Ostdeutsche gab, die in den über den Ostblock verteilten diplomatischen Vertretungen des Westens Zuflucht suchten. Ein freundlicher Angestellter machte uns darauf aufmerksam, dass die Wände des Gebäudes möglicherweise verwanzt seien, man also überlegen sollte, was man sagt. Es war uns egal, wir wollten Klarheit und möglichst alle Brücken hinter uns abreißen. «Wir wollen nicht zurück in die DDR. Wir werden nach einer Lücke suchen, um in den Westen zu gelangen», sagte ich. Und: «Bitte nehmen Sie unsere Daten auf, falls uns etwas passiert.»

Wir gaben dem Mitarbeiter unsere Ausweise, er schrieb unsere Namen auf, nicht ohne zu warnen: «Es ist lebensgefährlich, den Eisernen Vorhang zu überwinden. Ich kann Sie davor nur warnen. Wissen Ihre Eltern Bescheid? Sie wissen, dass Ihnen dadurch Nachteile entstehen? Ich kann Sie nicht davon abbringen. Aber ich rate Ihnen, in der DDR einen Ausreiseantrag zu stellen.»

Wir schüttelten den Kopf: «Wir werden definitiv nicht zurück in die DDR fahren. Auf uns wartet ein achtzehnmonatiger Wehrdienst, eine denkbar schlechte Perspektive. Wir erreichen den Westen – oder landen im Knast. Wo ist es denn am einfachsten, in den Westen zu kommen?»

Der Botschaftsangestellte schüttelt den Kopf, sein Tonfall wurde jetzt fast hämisch: «Sie glauben doch nicht wirklich, ich gebe

Ihnen Tipps, um dieses lebensgefährliche Unterfangen zu realisieren. Erstens kenne ich das Grenzregime des Ostblocks nicht. Außerdem würde ich gegen meinen diplomatischen Kodex verstoßen. Es ist überall gefährlich, vor allem aber in der Tschechoslowakei, in Rumänien und Bulgarien. Schnappt man Sie, werden Sie an die DDR ausgeliefert. Seien Sie aber gewiss, dass wir uns um Sie kümmern werden. Machen Sie keine Dummheiten, denken Sie an Ihre Eltern. Ich wünsche Ihnen alles Gute …»

In Nähe des Donauufers sprach uns ein Mann an: «Seid ihr aus der DDR?», fragte er mit deutlich österreichischem Akzent. Wir bejahten. «Ich bin vom Österreichischen Rundfunk ORF. Wir drehen eine Dokumentation über die Jugend im Ostblock. Habt ihr Lust, uns etwas zu erzählen?», fragte der Enddreißiger, der ein wenig wie einer dieser geschmeidig-seelenlosen Handelsvertreter auf der Leipziger Messe wirkte. Wir verabredeten uns für zwei Stunden später an einem nahe gelegenen Platz, der sich Jászai Mari tér nannte. Dort stand ein Karl-Marx-Denkmal. Der Platz ist heute leer, die Skulpturen stehen im «Memento Park» – einer Art Jurassic Park für die ausgemusterten Götzen der proletarischen Revolution.

Wir setzten uns auf den Sockel dieser steinernen Figurengruppe. Der Österreicher, der bereits mit seinem Kameramann auf uns wartete, fragte, was wir uns denn vom Leben verspräch chen. Und wir genossen das Gefühl, endlich einmal nach so persönlichen Ansichten befragt zu werden – nach Jahren, in denen man uns ignoriert hatte.

«Ich wünsche mir eine grenzenlose Welt ohne ideologische Barrieren», wiederholte ich einen Satz, den ich mal irgendwo gehört hatte. Ich war zufrieden, gab mir sogar Mühe, ein nicht allzu breites Sächsisch zu sprechen. Denn Sächsisch, das war die Sprache Ulbrichts, die Sprache der Dogmatiker.

Wie sie denn so fühlt, die «Jugend im Ostblock», wollte der

Interviewer noch wissen, als die Kamera bereits abgeschaltet war. Und ich sagte ihm, dass er sich beeilen müsse, uns das zu fragen, wir seien nicht mehr lange «Jugend im Ostblock». «Wir wollen fliehen, bereits in den nächsten Tagen.»

Der Österreicher biss sich auf die Lippe. «Oh Mann, das will ich gar nicht gehört haben. Das ist doch saugefährlich. Passt ja auf.»

Sagte es und verschwand mit seinem Kameramann. Zuvor bekam jeder von uns noch zehn Dollar. «Das ist vom ORF als Honorar so vorgesehen. Quittiert hier mal bitte …» Die Aufnahmen von unserem Interview habe ich mir erst Jahrzehnte später ansehen können, digital geschickt vom Archiv des ORF. Ein Blick zurück in mein früheres Leben.

Haben wir sie damals wahrgenommen, diese verschwenderischen Renaissance-, Barock-, Klassizismus-, Jugendstil-Fassaden der ungarischen Hauptstadt? Wir hatten wohl eher Augen für die hübschen Budapesterinnen, die uns allerdings ostentativ ignorierten. Und für Prestige-Bauten wie das Hyatt-Hotel, in dessen Atrium ein Flugzeug hing. Oder für Konsumtempel wie das gerade eröffnete Einkaufszentrum Skála Metro, ein schwarzer Glaswürfel vis-à-vis dem Westbahnhof. Damals war es eine Sensation: Videorekorder, Farbfernseher oder die damals so populären «Walkmen» – alles gab es hier. Wir interessierten uns nicht für die prächtige, vom Pariser Stararchitekten Gustave Eiffel erbaute Markthalle. Wir fingerten stattdessen aufgeregt in den Auslagen der Schallplattenläden herum, wo verkauft wurde, wonach unsere Ohren so hungerten: Punk, New Wave, Pop.

Die Händler hatten einen geschulten Blick, was potenzielle Kunden betraf: «Einer hatte sogar eine Fliegenpatsche, mit der bekamen ostdeutsche Teens, die ohnehin nichts kaufen konnten, ein paar auf die Finger …», empört sich Peter Bardogh noch heute. Der Ungar führte damals als Student deutschsprachige

Touristen durch seine Stadt. Ich traf ihn, als ich sehr viel später unseren Spuren folgte, um eine Reportage für eine große Sonntagszeitung zu schreiben.

Auf dem Westbahnhof am Nyugati tér trennten sich unsere Wege: Koma wollte mit dem Zug nach Nagykanizsa in Westungarn und dort die ungarisch-serbische Grenze überwinden. Wir verabschiedeten uns auch von Zane und Stephen. Als ich ihnen erzählte, dass wir vorhatten, den Ostblock zu verlassen, machten sie große Augen. «Wie unser Vater, der hat Ungarn 1956 verlassen.» Ich glaube, die beiden hielten uns für Aufschneider, aber sie wirkten doch ziemlich beeindruckt. Kalter Krieg, Eiserner Vorhang, Mauer und Schießbefehl waren Begriffe, die für Kids aus der US-Provinz so entrückt klangen wie Szenen in «Star Wars».

Zusammen mit dem Klops bestieg ich den Zug nach Rumänien.

IM REICH DES ROTEN VAMPIRS

Der Sound Rumäniens 1984? Das Klacken von Pferdehufen auf dem Kopfsteinpflaster des Bulevardul Republicii in Temeswar. Nach einer endlos scheinenden Grenzkontrolle durch missgelaunte rumänische Beamte war unser Zug am ersten Grenzbahnhof von Heerscharen rumänischer Reisender gestürmt worden, bepackt mit grobleinenen Säcken und verschnürten Stoffbündeln. Der Klops und ich waren froh, am nächsten Stopp im Banat der nunmehr bedrohlichen Enge des Zuges entfliehen zu können. Abgesehen vom Hufklacken und dem klapprigen Fahrgeräusch der Oberleitungsbusse erschien uns Temeswar still, geradezu gespenstisch still, als wir auf dem Bahnhof standen, einem realsozialistischen Albtraum aus Beton. Ich hatte das Gefühl, in ein Zeitloch gefallen zu sein, wie in «Time Tunnel», der Fernsehserie, die ich als Kind gern geguckt hatte.

Temeswar wirkte auf uns, als hätte sich nichts geändert seit den Tagen, als es eine k. u. k. Garnisonsstadt am Rande der Donaumonarchie war. Die Pferdefuhrwerke rumpelten durch die Straßen, viele Bewohner sprachen einen für uns irgendwie alt klingenden, sehr fremd wirkenden deutschen Dialekt. Die Stadt schien sich hässlich und kaputt zu schlafen – weil alle verfügbaren Ressourcen dieses bettelarmen Landes von der Hauptstadt Bukarest absorbiert wurden, wie wir später noch erfahren sollten. Das Rumänien des Jahres 1984 war voller Widersprüche: Einerseits bot das Regime mit politischen Eigenmächtigkeiten der sowjetischen Vormacht selbstbewusst Paroli. Beispielsweise widersetzte sich Rumänien dem Boykott der Olympischen Spiele in Los Angeles, die just zu diesem Zeitpunkt stattfanden, sodass in den wenigen Cafés überall Berichte von den Wettkämpfen liefen. Andererseits erlebten wir ein Land, in dem es Elend, Verwahrlosung, sogar Hunger gab. Die Läden, vor denen Menschenschlangen warteten, verwalteten gähnende Leere.

Orientierungslos steuerten wir den Dom von Temeswar an. Wir hatten keine Ahnung, wo wir über Nacht bleiben sollten, also suchten wir Schutz unter dem Dach des Gottes, an den wir nicht glaubten. Wir fragten einen Mann, der die Kirche gerade verlassen wollte, wo in der Stadt wir unterkommen könnten. Auch er sprach dieses fremd anmutende Deutsch. Er war sehr freundlich und bat uns, ihm ins Gästehaus der Gemeinde zu folgen.

Bei dem Mann muss es sich um Kaplan Adalbert Boros gehandelt haben, wie ich bei Recherchen für dieses Buch herausfand. Er und der Ordinarius Sebastian Kräuter, später zum Bischof geweiht, empfingen uns sehr herzlich und brachten uns im Gästehaus des katholischen Bistums unter. Wir blieben drei Tage, bezahlten mit ein paar Lebensmittelkonserven und ein paar Büchern, darunter ein Band Hermann Hesse, um mehr baten die Kirchenleute nicht.

Wir hofften insgeheim, etwas über die nahe gelegene jugoslawische Grenze in Erfahrung bringen zu können, um dort gegebenenfalls den Ostblock zu verlassen. Denn wer das damalige Jugoslawien erreichte, der war frei. So viel wussten wir. Jugoslawien war zwar auch ein sozialistisches Land, hatte sich aber unter dem legendären Diktator Josip Broz Tito gegenüber dem Ostblock Eigenständigkeit ertrotzt und lag mit Moskau in vielem über Kreuz, gewährte zum Beispiel den eigenen Bürgern Reise- und Gewerbefreiheit. Ostblock-Flüchtlinge wurden generell nicht an ihre Herkunftsländer ausgeliefert.

Wir fragten unsere Gastgeber dezent aus, weihten sie aber nicht in unseren Plan ein – das hätte sie nur in Gefahr gebracht. Und uns sowieso. Das Reich des rumänischen Diktators Nicolae Ceaușescu war ein Volksgefängnis auf orwellschem Überwachungsniveau. Im Leipziger Freundeskreis hatten wir uns über Erzählungen von Ceaușescus bizarrem Personenkult stets reichlich amüsiert. So ließ er sich mit Huldigungen wie «das Licht, das selbst der Sonne trotzt» oder «unversiegbarer Quell der Weisheit» vom eigenen Volk feiern. Solche Absonderlichkeiten liebten wir und hätten sie gern auf die eigenen Business-Karten drucken lassen. Doch im realen Leben war mit diesem Diktator nicht zu spaßen.

Wir hörten in Temeswar, wie skrupellos Rumäniens Sicherheitskräfte agierten: An der Grenze wurde schnell geschossen. Und wer beim Fluchtversuch geschnappt wurde, musste mit Misshandlungen rechnen. Nur Insider schafften es, das Land illegal zu verlassen. Kaplan Boros, der selbst 13 Jahre in den Gefängnissen der Diktatur gelitten hatte, erzählte, dass schon mehrfach zum Kirchweihfest, im Banat Kerweih genannt, ganze Dörfer im folkloristischen Sonntagsstaat die Grenze zu dem damals zu Jugoslawien gehörenden Serbien überschritten hätten, um anschließend in die Bundesrepublik weiterzureisen. Wir spitzten die Ohren und fragten direkt nach: «Ist die Grenze denn nicht gesichert?»

«Und ob», antwortete Boros, «aber wer hier lebt, der kennt natürlich die Stellen, wo der Zaun fehlt. Und der kennt auch die rumänischen Grenzsoldaten, die normalerweise schnell schießen, aber leicht zu bestechen sind. Ein paar Stangen Kent reichen.» Diese im Westen nicht sehr verbreitete Zigarettensorte galt als zweite Währung des Landes, weil der Besitz ausländischer Zahlungsmittel verboten war.

Zwei Tage später saßen wir im Nachtzug Richtung Süden. Der Zug kam aus Jugoslawien, vermutlich aus Kroatien, die Verbindung war Teil des transeuropäischen Interrail-Netzes. Er war voll mit jugendlichen Reisenden. Wer eines der Abteile mit ihren mehrstöckigen Liegen gebucht hatte, kam wohl von der Sonnenseite Europas. Wir platzierten uns mit unseren Rucksäcken im Gang. Aus dem nächstgelegenen Abteil schob sich plötzlich ein blonder Mädchenkopf heraus und fragte in perfektem Englisch, ob wir mit ins Abteil wollten; es sei doch so unbequem da draußen im Gang.

«Wir haben wohl die falschen Tickets», antwortete ich, denn für die Schlafabteile musste extra bezahlt werden. Als sie aber noch einmal nachhakte, schlüpften wir doch hinein, zumal ständig Menschen den Gang entlangkamen und wir immer wieder aufstehen mussten. Der Zug war wirklich rappelvoll.

Wir setzten uns auf eine der unteren Pritschen, das Mädchen schwang sich auf ihre Liege, die in halber Höhe angebracht war. Und erst jetzt sahen wir, dass sie abgesehen vom T-Shirt nur einen Slip trug, ehe sie in ihrem Schlafsack verschwand. Sie war ziemlich hübsch, eine Agnetha-von-ABBA-Kopie, und das reichte, mein ohnehin nur rudimentär vorhandenes Englisch komplett kollabieren zu lassen. Das andere Mädchen, welches unten lag, hatte dunkle Haare, und einen Moment lang stellte ich mir vor, was sie wohl anhatte.

Während unseres schwerfälligen Kauderwelsch-Dialogs wurde deutlich, dass die beiden tatsächlich Schwedinnen waren und nach Istanbul wollten. «Ja, da würden wir auch gern hin», brummte ich vor mich hin.

«Echt, ihr wollt auch nach Istanbul? Toll, dann können wir ja zusammen fahren …», sagte die Blonde, die uns hereingebeten hatte.

Stammelnd erklärte ich ihr, dass das nicht so einfach sei, weil wir aus diesem Teil der Welt stammten, der entschieden hatte, sich einmauern zu lassen. Und dass man deshalb etwas kreativer sein musste, um nach Istanbul zu gelangen. Die beiden verstanden das nicht so recht und fragten immer wieder: «Wollt ihr nun auch nach Istanbul?»

Ich sagte kurz: «Nö. Wir steigen in Bukarest aus.»

Die Mädchen unternahmen den liebenswürdigen Versuch, uns das auszureden. «Bukarest soll schrecklich sein, wollt ihr wirklich dahin?»

Sie begriffen wohl einfach nicht, dass wir Gefangene waren und einen Ausbruch planten.

Sie waren von der Bahnfahrt genervt, weil ständig irgendwelche Kerle versucht hatten, in ihr Abteil zu gelangen, offensichtlich war die Tür nicht verschließbar. Und so hatten sie uns auserkoren, sie vor weiteren Belästigungen zu bewahren, allein durch unsere Anwesenheit. Ich verstand, dass die beiden es schwer hatten, weil sie einfach umwerfend aussahen, aber auch wegen der Überzahl junger Männer im Zug, die obendrein ziemlich dreist waren. Und ich verfluchte in diesem Moment unsere schlechten Englischkenntnisse.

Irgendwie haben wir es dann doch geschafft, das Eis zu brechen und uns zu verständigen. Dabei half uns lustigerweise ausgerechnet Pippi Langstrumpf. Dass man sich mit Schwedinnen damals über Pippi Langstrumpf unterhielt, war natürlich pures Klischee, lag aber gleichzeitig irgendwie nahe. Welche Themen verband man sonst mit diesem Land? Ich hätte von König Gustav Adolf erzählen können, dem Schwedenkönig, dessen Grabstätte aus dem Dreißigjährigen Krieg in Lützen bei Leipzig jedermann in unserer Stadt kannte. Aber das unterließ ich glücklicherweise, sie hätten uns wohl ausgelacht. Was verband ich noch mit Schweden? ABBA, an die mich die beiden Girls erinnerten, hatte sich ja bereits aufgelöst, und Ikea sollte ich unfreiwillig erst etwas später kennenlernen.

Als ich den deutschen Text der Filmmusik meiner Kinderbuchheldin Pippi summte, «Hey – Pippi Langstrumpf, trallari trallahey tralla hoppsassa. Hey – Pippi Langstrumpf, die macht, was ihr gefällt», stimmten die beiden mit dem Orginaltext ein, den ich zuvor noch nie gehört hatte: «Här kommer Pippi Långstrump, Tjolahopp tjolahej tjolahoppsan-sa, här kommer Pippi Långstrump, Ja, här kommer faktiskt jag.» Wir lachten. Und für den Moment half das zu überspielen, dass mich diese blonde Agnetha-Version schlicht um den Verstand brachte.

Nach einer längeren Zeit verließen wir das Abteil und gingen eine Zigarette rauchen. Weil es eine stickig heiße Nacht war, hatte jemand die Türen des Zugwagens geöffnet. Niemand saß dort, also setzten wir uns in die geöffnete Zugtür und ließen die Beine nach draußen baumeln. Der Zug glitt mit niedriger Geschwindigkeit durch die Sommernacht. Draußen zog ein breiter Fluss vorbei, in dessen Wasser sich der Mond spiegelte. Das musste die Donau sein. An der anderen Uferseite war bereits Jugoslawien. Da drüben wären wir frei. Vor allem durch die lang gezogenen Kurven schlich der Zug sehr langsam. Wir überlegten: Die Rucksäcke im Zug lassen, einfach 300 Meter Abhang hinunterlaufen, dann den 500 Meter breiten Fluss durchschwimmen – und wir hätten es geschafft. Es sah spielerisch einfach aus. Der Fluss war von Inseln oder Sandbänken durchzogen, er führte offenbar Niedrigwasser. Ein Sprung – und los …

Wollen wir? Wir schauten uns an, überlegten, die Schwere dieser Entscheidung trieb uns den Schweiß auf die Stirn. Wir rauchten eine Zigarette nach der anderen, um einen Grund zu haben, sitzen zu bleiben. Der Grenzverlauf gewährte uns Zeit für die Entscheidungsfindung; kilometerlang zog sich die Donau als trennende Linie zwischen beiden Staaten dahin.

Aber die Nacht war taghell, man würde uns sehen können, selbst ohne technische Hilfsmittel. Wäre jemand in diesem Moment durch die Donau geschwommen, man hätte ihn mit bloßem Auge sogar von hier aus dem Zug sehen können. Ideale Bedingungen für Grenzschützer, wir hätten die perfekten Zielscheiben abgegeben. Andererseits war es spät in der Nacht; waren da draußen wirklich Soldaten unterwegs? Das Land sah so friedlich aus. Drüben, auf der serbischen Seite, sahen wir beleuchtete Häuser in Dörfern, von Zeit zu Zeit schob sich ein Lastkahn die Donau hinab.

Wir blieben im Zug. Wir waren mit der Situation überfordert. Nichts zu unternehmen, war ja schließlich auch eine Entscheidung. Wir gingen zurück zu unserem Gepäck in das Abteil, vor dem sich schon wieder ein Pulk gebildet hatte. Alles redete durcheinander, Rumänen, Jugoslawen, Holländer. Ein europäischer Testosteron-Cocktail in einer lauen Sommernacht. Vermutlich konnten viele der Sprücheklopfer, die sehr anzügliche Bemerkungen machten, nicht verstehen, dass ausgerechnet wir Nerds ins Abteil gelassen wurden.

Doch die Mädchen hatten sich nicht verkalkuliert. Wir waren viel zu schüchtern, um unsere privilegierte Position für plumpe Anmachversuche zu missbrauchen, von denen ich mir ohnehin nicht viel versprach, weil wir ja nicht mehr und nicht weniger als erbarmungswürdige Zonenkids waren. Am Morgen trafen wir in Bukarest ein. Es waren nicht viele, die diese rollende europäische Jugendherberge verließen.

Wie klang das Bukarest des Sommers 1984? Das monotone «Tack-tack» der Presslufthämmer war zum Soundtrack der Diktatur eines größenwahnsinnigen Schuhmachers geworden, der als Conducător, Führer also, in seinem ausgelaugten Land eine Schreckensherrschaft ausübte. Der Sound der Presslufthämmer wurde letztlich zum Requiem für das ehemalige «Paris des Ostens», wie sich Bukarest einst stolz nannte. Ein 400 Hektar großer, historisch bebauter Hügel im Herzen der Stadt war «entwohnt» und zerstört worden. Denn in jenem Sommer 1984 begannen die Arbeiten an Nicolae Ceauşescus «Haus des Volkes», einem gigantischen Palast-Ungetüm; wie sich später herausstellte, das Abschiedsgeschenk des roten Vampirs an das Volk, das er hemmungslos aussaugte. «Haus des Sieges über das Volk» würde das Volk selbst denn auch dieses Gebäude taufen, das angeblich sogar vom Mond aus mit bloßem Auge zu sehen sein soll, behaupten rumänische Reiseführer noch heute.

Anders als das verschlafene Temeswar war Bukarest laut, brüllend laut und staubig. Bis heute hat sich Bukarest von dieser architektonischen Vergewaltigung nicht erholt. Damals hat Bukarest sein Gesicht verloren. Breite Magistralen haben unheilbare Wunden in das Ensemble aus Art-nouveau- und Art-déco-Gebäuden gerissen. Wir blieben nur wenige Tage in dieser ungastlichen Stadt, in der es schwer war, etwas zu essen zu ergattern. Im Schaufenster eines Lebensmittelgeschäfts stand auf gelben Fliesen ein Röhrenradio, vor dem Geschäft eine lange Schlange, drinnen wurde rationiertes Brot verkauft. Nach einer Nacht in einem heruntergekommenen Hostel nahmen wir den Zug nach Bulgarien – für uns das letzte Land am Rande unseres Universums.

LETZTE AUSFAHRT ACHTOPOL, BULGARIEN

Welche Farbe hatte das Bulgarien des Jahres 1984? Rot wie der Klatschmohn, dessen Blüten die Felder hinter der Stadt Burgas säumten. Wir hatten das südliche Ende des Ostblocks erreicht. Viel weiter ging es nicht. Wir schliefen in der Nacht zum 8. August auf einer Wiese am Rande von Achtopol, laut Karte der letzte Ort vor der türkischen Grenze. Ich hatte mich tief in meinen Schlafsack verzogen, das Gesicht mit einem Tuch bedeckt, sodass ich lange Zeit nicht bemerkte, dass es längst ein strahlender, vom noch milden Sonnenlicht beschienener Morgen war.

Neben mir hörte ich ein mahlendes und schniefendes Geräusch; aus Neugierde stellte ich mich dem Tageslicht. Es war ein Esel, der entspannt das Grünzeug rupfte. Er war angekettet, wohl die ganze Nacht schon; wir hatten ihn aber nicht bemerkt, als wir uns auf eine x-beliebige Wiese legten und umgehend einschliefen. Ab und zu gab das Huftier einen grunzenden Ton von sich und verscheuchte mit rotierenden Ohren aufdringliche Fliegen. Der Flecken, auf dem wir lagen, konnte bei Licht gesehen nicht wirklich als Wiese bezeichnet werden, der trockene Boden war spärlich bewachsen. Massenhaft roter Klatschmohn und ein paar blaue und gelbe Blumen überzogen indessen den ausgetrockneten Acker. Der Klops schälte sich auch gerade stöhnend aus seinem Schlafsack und massierte sich mit schmerzverzerrtem Gesicht den Rücken.

Unsere Stimmung war auf dem Tiefpunkt. Uns lief zudem die Zeit davon. Unsere von den ostdeutschen Behörden ausgestellte «Reiseanlage für den visafreien Reiseverkehr», so hieß das Dokument PM 105, welches zum Aufenthalt in anderen Ostblockstaaten befugte, würde am nächsten Tag ablaufen. Wir waren müde und hungrig. Zwei Tage zuvor hatten wir mit einem nächtlichen Gewaltmarsch von 15 Kilometern im äußersten Westen des Landes versucht, die serbisch-bulgarische Grenze bei Dragoman zu überwinden und waren krachend gescheitert. In einer vom silbrigen Vollmond beschienenen Nacht waren wir über nur mit Buschwerk bewachsene Hügel gelaufen und hatten irgendwann von einer dieser Höhen herab auf eine Art Lichterkette geschaut, die sich bis zum Horizont quer durch die Landschaft zog. Bei einer unserer Bewegungen hatte an diesem beleuchteten Todesstreifen mit Stacheldraht ein Hund gebellt, augenblicklich schlugen weitere Hunde an. Das Bellen verstummte erst, als wir uns unauffällig wieder in Richtung Osten zurückzogen. So viel stand fest: Mit unserer Unkenntnis war an dieser von Zäunen, Scheinwerfern und vierbeinigen Aufpassern bewachten Grenze kein Durchkommen.

Also hatten wir den Rückmarsch angetreten, waren frühmorgens wieder in der kleinen Stadt Dragoman angekommen. Kurzsichtig, wie ich war, hatte ich die ganze Nacht meine Brille getragen, hier waren persönliche Eitelkeiten mal wirklich fehl am Platz. Trotz Sehhilfe war ich in der Dunkelheit ins Leere getreten, weil das helle Mondlicht am Boden scharfe, dunkle Schatten gebildet hatte, und einen Hang hinabgestürzt. Ein Bügel meiner Brille war zerbrochen, zudem hatte ich Schrammen an Armen und im Gesicht.

In einem Café flickte ich den defekten Bügel, indem ich einen dieser im Ostblock sehr dünnen Plastiktrinkhalme als Verbindung über die gebrochenen Bügelteile schob. Ein Kinderspiel für einen, in dessen Familie es gleich mehrere Optiker gab, lachte ich

in mich hinein. Und hatte fortan eine avantgardistische Draht-
brille mit einem orangefarbenen Trinkhalm als Bügel.

In Dragoman, dem Ausgangspunkt unseres Marsches, fanden
wir auch unsere Rucksäcke in dem Busch wieder, in dem wir sie
zuvor versteckt hatten. Mit Zug und Bus fuhren wir dann mit
Zwischenstopp in der Hauptstadt Sofia in den Südosten, wo Bulgarien und die Türkei eine gemeinsame Landgrenze haben. Hier
wollten wir einen letzten, verzweifelten Versuch starten.

Zurück ins Gehege wollten wir nicht, die ab Herbst drohende
Wehrpflicht hätte uns für Jahre aufgehalten. Mir fehlte schlicht
die Vorstellungskraft, wie mein weiteres Leben angesichts dieser
Perspektiven im Osten hätte verlaufen sollen. Also galt es, alles
auf eine Karte zu setzen. Aber irgendwie ahnten wir bereits, dass
es wohl keine so gute Idee gewesen war, ausgerechnet in Bulgarien den Ausbruch zu riskieren.

Was sind Grenzen? Für mich waren Grenzen willkürlich durch
die Landschaft gezogene Linien, die meistens, aber eben nicht
immer, Sprachen, Werte, Kulturen trennten. Vor allem aber
trennten sie Menschen. Grenzen faszinieren und irritieren mich
bis heute. Grenzen waren damals für mich stacheldrahtbewehrte
Herausforderungen. Ich war 19 und einfach nicht mehr bereit,
die Grenzen, die SIE mir setzten, zu akzeptieren. Also wollte ich
sie bezwingen. Doch das war schwerer getan als gesagt, zumal
wenn es sich um Grenzen handelte, die ausgebaut waren wie
Festungsgräben, geeignet, Armeen aufzuhalten.

Die Türkei des Jahres 1984 war eine Diktatur, ein Unrechts-
staat. Nach einem Putsch 1984 regierte der Militär Kenan Evren
als Staatspräsident mit eiserner Hand, er galt als Folterer und
Menschenschinder. Aber das Land gehörte zur NATO, war mit
dem Westen verbündet, und man würde uns als Flüchtlinge aus
dem Ostblock vermutlich nach sorgfältiger Prüfung weiter nach
Westdeutschland ausreisen lassen – davon zumindest war ich

überzeugt. Wirklich Gedanken über das «Danach» machten wir uns aber nicht.

Wir packten auf dieser Wiese unweit des Busbahnhofs von Achtopol unsere wenigen Sachen, schlenderten durch den beinahe menschenleeren Ort in Richtung einer fast kreisrunden Lagune, die nur durch einen schmalen Zugang zum Meer hin geöffnet war. Das war der Hafen der kleinen Stadt. Im Rund des Hafenbeckens waren Fischerboote auf Holzrampen an Land gezogen worden. Auf einem der Felsen nahe der schmalen Öffnung zum Meer stand ein kleines Signallicht im Stil eines antiken Leuchtturms. Das Wasser im Hafenbecken, das sich an den hellen, groben Steinen brach, sah klar aus und einladend. Ich wäre gern hineingesprungen, aber deshalb waren wir ja nicht hier. Wir aßen ein Stück Fladenbrot, das wir noch in Burgas vor Antritt der letzten Busfahrt gekauft hatten, und überlegten, wie es anzustellen sei, von hier aus in die Türkei zu gelangen. Unserer Karte nach befanden wir uns unmittelbar an der türkischen Grenze, vielleicht brauchte man nur ein Stück hinausschwimmen, vielleicht sollte man eines der Boote klauen.

Wie hätten wir ahnen können, dass im Ostblock nicht einmal den Landkarten zu trauen war. Denn hinter Achtopol war Bulgarien keineswegs zu Ende. Um die Menschen zu täuschen, unterschlugen die Landkarten einige Dutzend Kilometer bulgarischen Territoriums. So gab es einen Stacheldrahtzaun weit vor der eigentlichen Grenze. Und hinter dieser «Fake-Grenze» entlang der Küste gab es noch zwei bulgarische Dörfer – Sinemorets und Rezovo. Erst gut zwanzig Kilometer südlich von Achtopol bildete das gleichnamige Flüsschen Rezovo die eigentliche Grenze zur Türkei. Alle Landkarten enthielten also falsche Angaben, um so eine Flucht aus dem Ostblock zu erschweren, eine andere Erklärung fällt mir nicht ein.

Auch die «Grenze», die wir Tage zuvor in Dragoman gesehen hatten, war lediglich ein Sicherungszaun, der Flüchtende, die ihn überwunden hatten, in einer falschen Sicherheit wiegen sollte. Doch das wussten wir damals alles nicht. Wir sahen im Hafen einen Fischer, der eben sein kabinenloses Boot verlassen hatte, offenbar kam er gerade von einem Fang zurück. Wir gingen zu ihm, sprachen ihn an, halb auf Russisch, halb mit Gesten. «Exkursia do Turzyi», «eine Reise in die Türkei» – und dann wedelten wir mit unseren 100 D-Mark und den 80 Dollar.

Das war eine Menge Geld im damaligen Ostblock, zumal für einen Bulgaren. Der Mann, er mochte um die 50 sein, doch so genau ließ sich das anhand des wettergegerbten Gesichts nicht sagen, kam näher. Er nickte, während er etwas murmelte, das nicht zu seiner Geste zu passen schien. «Mensch, der bringt uns rüber», dachte ich schon, verstand dann aber, wie er auf Russisch sagte: «Nicht möglich, das geht nicht …» Wir hatten seine erste Geste missverstanden, weil in Bulgarien Kopfnicken Ablehnung bedeutet. Und Kopfschütteln Zustimmung heißt.

Der Mann vertäute sein Boot und verschwand dann im Dorf. Wir sahen etwas später, wie er eine Telefonzelle am Hafen ansteuerte und dann mit jemandem sprach. Wir gingen zu einem anderen Boot, dessen Führer gerade im Begriff stand auszulaufen. Auch ihn sprachen wir an, er stellte sogar kurz den Motor ab, um besser zu verstehen, hielt sich schützend die Hand an die Stirn, um gegen die Sonne sehen zu können, mit was diese Teenager da wedelten – ob er sah, dass es sich um begehrte Dollar und D-Mark handelte? Er winkte ab, diese Geste war unmissverständlich. Dann tuckerte er davon, entschwand durch die kleine Hafenausfahrt in die Weiten des Schwarzen Meeres, das allerdings eher eine smaragdgrüne Farbe hatte.

Der Rest ist schnell erzählt: Der eine der beiden Fischer hatte die hier im Grenzgebiet zu einem NATO-Staat allgegenwärtige Grenzpolizei angerufen, die uns einsammelte und zu einem Militärstützpunkt brachte, von dem aus sich uns ein allerletztes Mal der malerische Blick auf die Küste bot. So viel Schönes würden wir für lange Zeit nicht mehr sehen. Selbst dieser dilettantische Versuch, einen Blick hinter die Grenzen zu werfen, galt hier wie im gesamten Ostblock als schwere Straftat.

Vielleicht hatten wir sogar Glück, denn immer wieder endeten Fluchtversuche in Bulgarien tödlich. Nach heutigen Schätzungen soll es zwischen 1961 und 1989 allein an der 2000 Kilometer langen Grenze Bulgariens zur Türkei, zu Griechenland und Jugoslawien 4500 Fluchtversuche gegeben haben, und man geht von etwa 100 Todesopfern aus.

IM PANIKRAUM DES INNER-ICHS

Für die heutige Generation ist vermutlich nicht nachvollziehbar, worin die Schwere unseres Vergehens begründet liegen mochte. Doch im damaligen Ostblock war schon der Gedanke daran bzw. der Plan, das Land verlassen zu wollen, ein unverzeihliches Verbrechen, das schwere Strafen nach sich zog. Wer sich der ideologischen Zwangsbeglückung der Gemeinschaft, Kollektiv genannt, widersetzte und aus dem riesigen Gefängnis ausbrach, stand nicht nur historisch angeblich auf der falschen Seite, sondern wurde zum «Klassenfeind» erklärt. Man wurde, da ähnelten sich kommunistische und streng religiöse Dogmen, als eine Art Ketzer oder «Kuffar» gebrandmarkt, stand also außerhalb der Gemeinschaft.

Wir standen an jenem 8. August nicht nur symbolisch außerhalb der Gemeinschaft, sondern ganz konkret: stundenlang in Bulgariens heißer Sonne vor einer Baracke unweit einer Steilküste. Wir durften uns nicht rühren, durften nicht miteinander sprechen und mussten einen Abstand von etwa zehn Metern zueinander wahren. Sobald wir sprachen, wurden wir rüde auf Russisch ermahnt, das zu unterlassen. Wir konnten das Meer sehen, ab und zu sorgte ein Lüftchen für Abkühlung. Aber es war eine Qual.

Ich glaube, wir standen bis zum Abend vor dieser Baracke. Eine Gruppe junger Soldaten lungerte gelangweilt herum. Sie tuschelten, dann kam einer schüchtern zu uns herüber, fragte

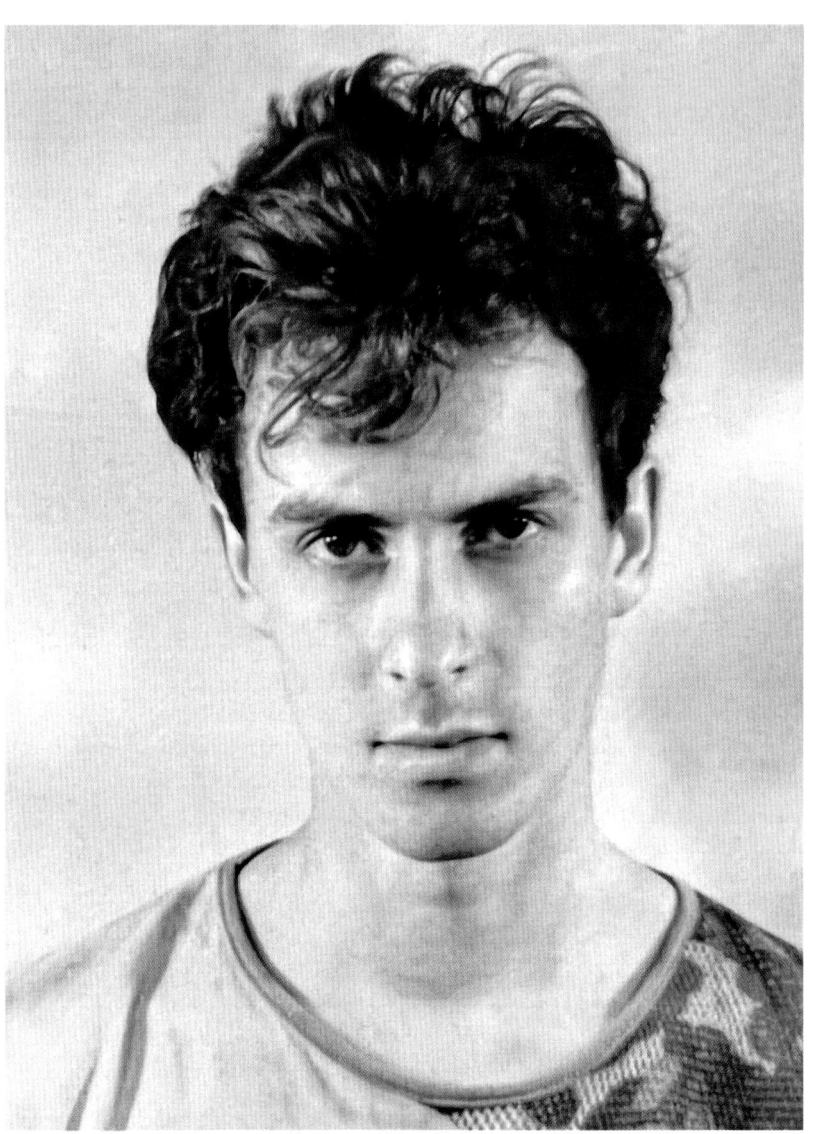

Mugshot heißen solche Polizeifotos heute umgangssprachlich.
Dieses machte die Stasi im September 1984 von mir. Es war der
Auftakt zu dreizehneinhalb Monaten DDR-Gefängnis für den
dilettantischen Versuch, das Gehege zu verlassen.

Vor der Flucht mit zwei Freunden im Juli 1984 in Budapest. Ein
österreichisches Fernsehteam vom ORF drehte damals eine Reportage über «Jugend im Ostblock», die Aufnahmen existieren noch.
Koma (oben links) gelang es wenige Tage später, über die ungarisch-
jugoslawische (heute kroatische) Grenze den Ostblock zu verlassen.
Ich reiste weiter nach Bulgarien.

Der Hafen der bulgarischen Gemeinde Achtopol im Jahr 2014:
im Hintergrund die sichelförmige Hafenbucht mit dem an einen antiken
Leuchtturm erinnernden Nachbau auf einer Klippe. An dieser Stelle endete
1984 unser Versuch, den Ostblock zu verlassen. Die eigentliche Grenze
zwischen Bulgarien und der Türkei (Bild unten) am Schwarzen Meer
erreichten wir gar nicht mehr.

Besuch 2018 im Flugplatzmuseum Cottbus: In so einer Tupolew 134A des Staatssicherheitsdiensts (Fotos oben und unten) wurde ich aus Bulgarien in die DDR überführt. Mein erster Flug, aber über den Wolken gab es weder Freiheit noch Grenzlosigkeit, sondern Handschellen für den Häftling.

BStU
000012

Das **Kreis** **gericht** Leipzig Süd

Leipzig, den 16. 8. 1984

Aktenzeichen:
(Bei Eingaben stets anführen)   Fernruf

Haftbefehl

D er **S** tutte , Harald, geb. 7. 10. 1964 in Leipzig,
wh.: 7030 Leipzig, B.-Kellermann-Str. 10/175

ist in Untersuchungshaft zu nehmen.

Er wird beschuldigt, und ist dringend verdächtig, die staatliche Ordnung der DDR durch versuchten ungesetzlichen Grenzübertritt im schweren Fall angegriffen zu haben.
Mit dem Ziel, nicht in die DDR zurückzukehren, reiste er gemeinsam mit einem anderen in die VR Bulgarien. Im Ort Achtopol sprach er am 8. 8. 1984 bulgarische Fischer an, mit dem Ersuchen um Gewährung von Unterstützung bei der Überfahrt über das Schwarze Meer nach der Türkei. Am vorgenannten Tage erfolgte seine Festnahme.

Vergehen/Verbrechen gem. § 213 (2) (3) 5 (4) StGB
Er/Sie ist dieser Straftat dringend verdächtig.
Die Anordnung der Untersuchungshaft ist gemäß § 122 (1) 1 (2) 1 StPO
gesetzlich begründet, weil sich aus der Art und Weise der Tatbegehung
Fluchtverdacht ergibt.

Haftbefehl der Staatssicherheit gegen Harald Stutte: «Versuchter ungesetzlicher Grenzübertritt» lautete der Vorwurf, der in der DDR mit hohen Gefängnisstrafen geahndet wurde.

Ein Fund in meinen Stasi-Akten: Auch die Schergen unterlagen der Überwachung – mein Verhörer brauchte dazu eine Erlaubnis und hatte den Vorgang akribisch zu dokumentieren.

Nr. III 12

Leipzig , den 22.8. 19 84

A u s w e i s   BSTU0020

Der Gen . Cist
Ausweis Nr.
berechtigt, den Häftling Nr. 75/11 zu vernehmen.

Beginn der Vernehmung 13⁴⁸

Ende der Vernehmung 13⁵⁰

56 III

(Unterschrift)

Fotos der Wohnungsdurchsuchung STUTTE,Harald

BStU
000050

Der Stasi-Praxis, bei Inhaftierungen Wohnungsdurchsuchungen durchzuführen, verdanke ich dieses Foto meines Jugendzimmers, komplett mit Amerika-Karte, Röhrenradio, Kassettenrekorder und Büchern. Hinweise auf eine etwaige Verschwörung fanden sich nicht.

In solchen Zellen wurden die Untersuchungshäftlinge des DDR-Geheimdienstes «verwahrt», daher hießen sie auch offiziell «Verwahrraum». Vier Monate habe ich darin verbracht. Die Fenster waren durch dicke Glasbausteine blind, die Toilette war offen, tagsüber durfte sich nicht auf die Betten gelegt werden.

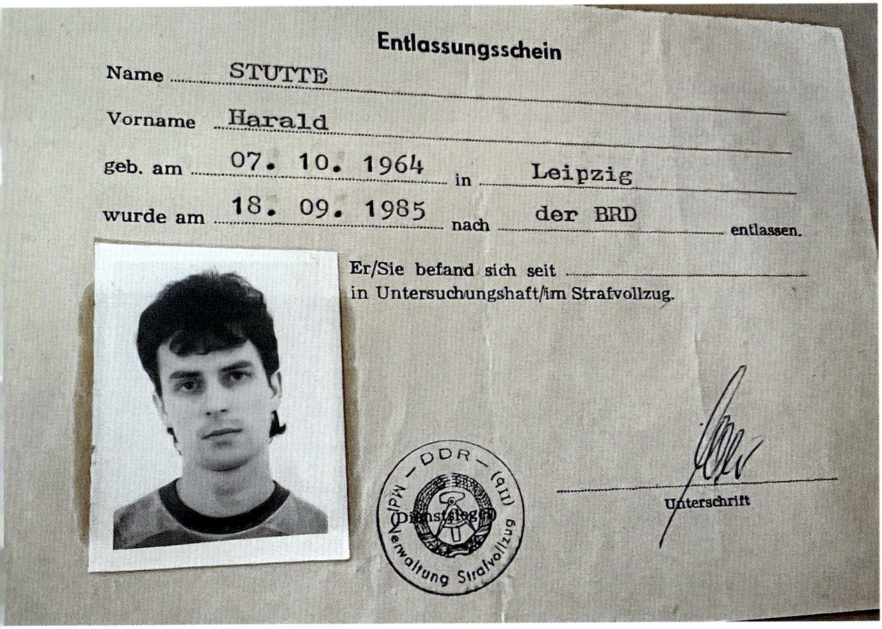

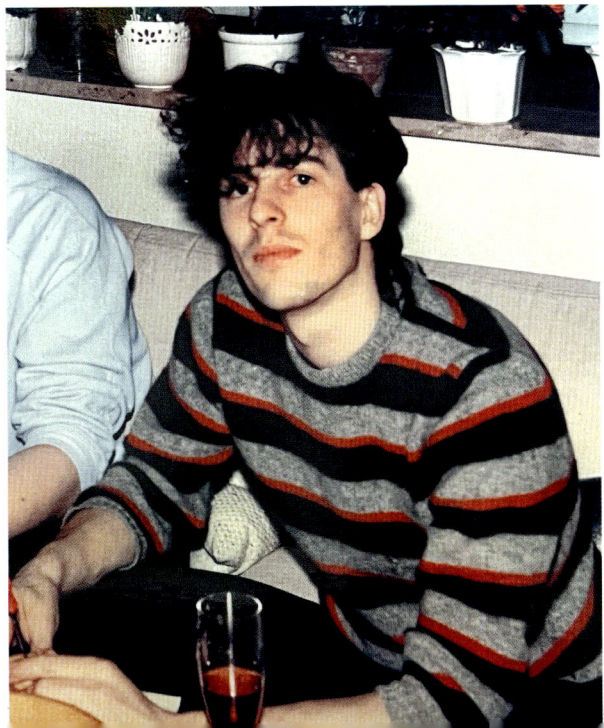

Entlassungsschein

Name STUTTE

Vorname Harald

geb. am 07. 10. 1964 in Leipzig

wurde am 18. 09. 1985 nach der BRD entlassen.

Er/Sie befand sich seit ....
in Untersuchungshaft/im Strafvollzug.

– DDR – (III)
MdI
Dienstsiegel
Verwaltung Strafvollzug

Unterschrift

Der Entlassungsschein: aus DDR-Haft entlassen, zeitgleich aus der DDR selbst. Bis zum Fall der Mauer 1989 durfte ich als «Republikfeind» nicht wieder einreisen.

Chillen auf dem West-Sofa: Zwei Monate nach dem Freikauf erholte ich mich Ende 1985 in Freiburg von der Zeit in Haft.

2019 vor der ehemaligen Bezirksverwaltung der Staatssicherheit
an Leipzigs Dittrichring, im Volksmund «Runde Ecke» genannt.
Hier lagerten auch die Akten meiner Inhaftierung, drei Kilo Papier
verteilt auf acht Ordner.

«skolko» und «Dollar» und zeigte in Richtung Süden. Ich kombinierte, er wollte wissen, wie viel Dollar wir den Männern im Boot angeboten hatten für die Überfahrt. Ich sagte die Summe auf Russisch, die Soldaten lachten.

Dann wurden wir einzeln zum Verhör in die Baracke geführt. Hinter einem Schreibtisch saß ein weißhaariger Militär. Schulterstücke und Zeichen auf der Brust ließen vermuten, dass er schon einige Sprossen auf der Karriereleiter emporgeklettert war. Halb bulgarisch, halb russisch, durchsetzt mit wenigen deutschen Brocken, wurde ich gefragt, was wir von dem Fischer gewollt haben. «Wir wollten einen Ausflug in die Türkei machen und dann wieder nach Bulgarien zurückkommen», log ich. «Wir sind nämlich sehr neugierig ...»

Und dann wurde es plötzlich für kurze Zeit dunkel, und Sterne tanzten vor meinem inneren Auge. Ich begriff erst einen Moment später, dass mich die Faust des Uniformierten getroffen hatte. Das überraschende Moment des Schlages, der mich fast vom Hocker fegte, verfehlte seine Wirkung nicht und beraubte mich der letzten Illusion, hier glimpflich davonzukommen. Du bist hier völlig rechtlos und ihnen ausgeliefert. Du bist jetzt am tiefsten Punkt des Menschseins angelangt. Nein, «es rettet uns kein höh'res Wesen», heißt es in der «Internationale», hier musst du allein durch.

«Seien Sie Gentleman», das sprach er aus, wie man es deutsch lesen würde, «sagen Sie Prawda, nur Prawda ...», fauchte der Uniformierte und streckte mir dabei den Zeigefinger seiner rechten Hand wie den Lauf einer Pistole entgegen.

«Ja, ja, ich sage die Wahrheit», beteuerte ich. «Wir wollten nach Istanbul fahren und dann zurückkommen, weil wir doch so wenig von der Welt kennen ...»

Der Militär schüttelte den Kopf und brabbelte etwas vor sich hin, was wie ein Fluch klang. Meine Aussage wurde mit einer Schreibmaschine getippt, inzwischen war es draußen dunkel.

Abwechselnd wurden wir zu weiteren Verhören in diesen Raum geschafft. Irgendwann in der Nacht war es vorbei, und wir bekamen etwas zu essen. Soldaten brachten uns einen Teller mit Tomaten, dazu ein Stück Brot und Leitungswasser, das stark nach Chlor schmeckte. Spät in derselben Nacht wurden wir mit einem Kleinbus der Polizei in die nächste Bezirksstadt gefahren, nach Burgas. Ich wurde in eine Zelle geschlossen, vielleicht drei mal vier Meter groß. Die Hälfte von ihr füllte ein Holzpodest aus, auf dem zwei schmierige Wolldecken lagen. Das war wohl das Bett. In einer Ecke neben der Tür stand ein Plastikeimer, der mit einem Deckel verschlossen war. Die ansonsten weiß gekalkte Wand war in dieser Ecke mit braunen Punkten beschmutzt, ein untrügliches Zeichen, welchen Zweck dieser Eimer erfüllte. Oben über dem Holzpodest war ein Metallgitter in die Decke eingelassen, ein Fenster gab es nicht.

Weil es stockdunkel war, konnte ich das alles erst am nächsten Morgen sehen. Sehr früh am Morgen, mit dem ersten Tageslicht, setzte ein Röhren über mir ein, als lande da gerade ein Hubschrauber. Ein riesiger Propeller in der Decke setzte sich in Bewegung und blies mit ohrenbetäubendem Lärm frische Luft in den Raum. Das war meine erste Nacht als Gefangener. Ich hatte nur kurz geschlafen und nach dem Aufstehen sofort verstanden, dass ich dies alles keineswegs geträumt hatte. Das war das wirkliche Leben.

Ich trug noch immer meine Adidas-Schuhe, meine Jeans und ein Camouflage-T-Shirt. Die Zellentür wurde aufgeschlossen, ein Polizist bellte mich an, unterstützt von eindeutigen Gesten, mir den Fäkalien-Eimer zu schnappen und vor die Zelle zu treten. Da standen bereits andere Gefangene, den Klops entdeckte ich weiter hinten. Wir grinsten uns kurz an, es wirkte gequält, wir hatten keinen Grund mehr zu lachen. Auf Befehl setzte sich die Kolonne in Bewegung. Es ging in einen absurd heruntergekommenen Sanitärbereich, wo sich einige der Männer beeilten, kalt zu duschen, über Löchern im Boden ihr Geschäft verrichteten und den Eimer entleerten. Das beachtliche Tempo, welches sie dabei vorlegten, war das Ergebnis von Erfahrung, denn fünf Minuten später mussten wir schon wieder antreten, und es ging zurück in die Zellen. Ich tat nichts – und beobachtete fünf Minuten dieses Treiben. Dann begann ein endlos sich hinziehender Tag – Tage, ich habe vergessen, wie viele es waren.

Weil ich nicht wusste, was uns drohte, es hätten ja auch Jahre in bulgarischen Gefängnissen sein können, verschanzte ich mich in meinem «Inner-Ich», zog mich in eine Art imaginären Panikraum zurück, für alle anderen unerreichbar. Egal was sie mit mir machen, diese letzte Bastion gehört nur mir und ist uneinnehmbar, redete ich mir ein. Und das tat gut. Ich überlasse euch mein physisches Ich und bin dann mal weg ... Ist ja nur ein Zwischenstopp auf dem Weg nach Australien. Und als hätte ich meinen Walkman nie abgesetzt, dudelte in meinem Inner-Ich die Musik weiter. Weil mein Englisch so schlecht war, legte ich vor allem deutsche Lieder auf, von Udo Lindenberg bis zu den Fehlfarben, von DAF über Ton Steine Scherben und Slime bis zu Arbeiterliedern, die wir im Musikunterricht gelernt hatten.

Ich sang still vor mich hin, es war wie Meditation. Das half mir in diesen Tagen, nicht verrückt zu werden. Jeden Tag bekamen wir morgens einen halben Laib Brot, ein Teil davon war zusammen mit einem Becher Tee als Frühstück gedacht. Der Teil des Brotes, der übrig blieb, wurde in einem Fach außerhalb der Zelle aufbewahrt und zum Mittag mit einem Teller Kraut erneut gereicht. Das letzte Stück gab es abends, mit Fisch oder etwas Suppe. Ich knetete mir aus dem weichen Innenleben des Brots einen Ball, warf ihn gegen die Zellenwand und fing ihn wieder auf. So ein Ball hielt zwei, drei Tage, dann wurde er trocken und brach auseinander. Aber frisch geknetet hatte er etwas von einem Flummi.

Ein paar Tage verbrachte ich allein in der Zelle, dann bekam ich Gesellschaft. Ein schätzungsweise 25 Jahre alter Bulgare mit türkischen Wurzeln, Angehöriger der Minderheit, teilte sich fortan mit mir das Holzpodest. Er hatte schwarzes Haar und einen mächtigen Oberlippenbart. Wir unterhielten uns mit Händen, Füßen und russischen Sprachbrocken. Ich hörte heraus, dass ihm Widerstand gegen die Staatsgewalt vorgeworfen wurde. Erst später erfuhr ich, dass die türkische Minderheit in Bulgarien einer strengen «Bulgarisierung» ausgesetzt war, was für viel Ärger sorgte. Bulgarien unter dem paranoiden Parteichef Todor Schiwkow, «Bai Tosho» genannt, Onkel Tosho, hatte der türkischen Minderheit den Krieg erklärt. 160 Menschen sollen bei Polizeieinsätzen gegen Demonstranten ums Leben gekommen sein. Doch davon hatte ich damals natürlich keine Ahnung.

Es war stickig heiß im Raum, nur morgens wurde der laut heulende Ventilator angestellt, tagsüber stand die Luft. Wir brüteten die überwiegende Zeit wortlos vor uns hin, und ich warf meinen Brotball gegen die Wand. Der Türke blickte traurig auf den Boden. Wenn sich unsere Blicke mal trafen, nickte er mir kurz aufmunternd zu, dann versank er wieder in stille Grübelei.

Nach zehn Tagen brachte man den Klops und mich in Handschellen und in Begleitung eines bewaffneten Polizisten von Burgas in die bulgarische Hauptstadt. Im überfüllten Zug nach Sofia wurde sogar ein Abteil für uns geräumt. Wir durften nicht sprechen. Der dicke Polizist setzte sich in die Nähe der Abteiltür, packte eine Brotdose aus und verschlang gierig und schmatzend seine Stullen. Als der Zug durch einen dunklen Tunnel fuhr, stellte er seinen Fuß auf meinen. Dachte er wirklich, ich hätte die Absicht zu fliehen?

In Sofia landeten wir im berüchtigten Untersuchungsgefängnis des bulgarischen Geheimdienstes Durschawna Sigurnost (DS) nahe der «Löwenbrücke» am Dimitrov Boulevard. Auch das weiß ich erst heute, damals wurden wir natürlich über nichts informiert. Ich hielt das für Polizei. Vom Durschawna Sigurnost, einem Ableger des russischen KGB, der mit einem Heer von Beratern das eigentliche Rückgrat dieses Geheimdienstes bildete, hatte ich noch nie gehört. Auch nicht, dass er sich in jener Zeit auf internationalem Parkett als Handlanger der Russen für schmutzige Aufträge profilierte, was gerüchteweise das Attentat auf Papst Johannes Paul II. betraf oder den legendären «Schirmmord» an einem bulgarischen Dissidenten in London 1978.

Kurzum: Wir hatten glücklicherweise keine Ahnung, dass wir uns in den Fängen eines absolut grausamen, gnadenlosen und unberechenbaren Ostblock-Geheimdienstes befanden. Hätte ich es damals gewusst, so hätte ich mich aber kaum schlechter gefühlt, weil es mir an Vorstellungskraft mangelte, was solche monströsen Geheimdienste für eine Macht haben.

Das Einzige, was mich damals wirklich beunruhigte, war die Tatsache, dass ich hier in Sofia meine Zivilklamotten gegen Häftlingskleidung aus grau-blau gefärbten ehemaligen Uniformen eintauschen musste. Das konnte bedeuten, eventuell für Jahre in Bulgariens Gefängnissen bleiben zu müssen.

Ich wurde in eine Zelle gesperrt, in der schon ein Mithäftling saß. Ich schätzte den Mann auf 50 bis 55 Jahre. Er hatte das typische Gesicht eines kommunistischen Apparatschiks, trug eine dieser unmodischen Funktionärs-Brillen mit dicken Gläsern, war klein und untersetzt, hatte gar einen Wohlstandsbauch und volles, gelocktes, aber kurzes Haar.

Der Mann wirkte eingeschüchtert, unsicher, verängstigt und war sehr höflich. Er sprach ein sehr gutes Russisch, weit über meinem Sprachniveau. Doch wir hatten ja Zeit, sodass ich irgendwann begriff, dass der Mann ein hohes Tier im Staatsapparat gewesen sein musste, stellvertretender Sportminister oder etwas in der Art. Man warf ihm schlimmste Verbrechen vor, deren Begrifflichkeit sich mir nicht erschloss. Ich verstand lediglich, dass es um Kontakte zu «Feinden» und um «Devisen», also ausländisches Geld, ging. Als ich fragte, welche Strafe ihm wohl drohe, machte er mit der rechten Hand eine Bewegung, die «Hals ab» bedeuten musste – die Todesstrafe also. «Bai Tosho» wollte ihn aus dem Weg räumen.

Als der Mann sah, welcher Schrecken sich über mein Gesicht legte, beeilte er sich mitzuteilen: «Aber du wirst bestimmt nach drei, vier Jahren freigelassen. Der Fluchtversuch ist in Bulgarien kein so schlimmes Delikt.» Was seine Wirkung aber komplett verfehlte: Drei bis vier Jahre in einem bulgarischen Knast? Das überlebe ich nicht, dachte ich bei mir.

ÜBER DEN WOLKEN

Nach Wochen in diversen bulgarischen Gefängnissen endete zumindest die Zeit der Ungewissheit. Ein sehr unfreundlicher Mann, angeblich ein Mitarbeiter der ostdeutschen Botschaft in Sofia, vermutlich aber ein Stasi-Offizier, ließ mich zu sich bringen. Er bemühte sich, mir schnell die Illusion zu nehmen, ich hätte von ihm in irgendeiner Form Beistand zu erwarten. «Se ham das in Se gesetzte Vordrauen und die Ihnen gewährde Freizügischgeit auf grimenelle Weise missbraucht» – blaffte er mich im vertrauten Sächsisch an. Ich solle bloß nicht der trügerischen Hoffnung erliegen, auf Verständnis oder gar so etwas wie konsularischen oder juristischen Beistand hoffen zu können.

Tatsächlich kam ich auf die absurde Idee, nach einem Anwalt zu fragen – was bei ihm für die Dauer eines Wimpernschlags ein bitterböses Lachen über das ansonsten ausdruckslose Gesicht fliegen ließ: «Ä Anwalt wollnse? Gönnse vergessen. So was gibds v'leischt in Ihren amerigonischen Filmen ...» Und fügte hinzu: «In Untersuchungshaft zu Hause wärnse sich nadürlich einen Verdeidscher nehm'n gönn, abber glomse ma nisch, dass dieser Genosse Ihre Schanddaden anders beurteilt als wir ...»

Am Ende des Gesprächs teilte er mir dann lapidar mit, dass meine Rückführung in die DDR unmittelbar bevorstehe – per Flugzeug. Und ausschließlich diese Information verschaffte mir ein kurzes Hochgefühl. Endlich fliegen, dachte ich, zum ersten Mal ...

Zurück in der Zelle überkam mich beim Gedanken an den bevorstehenden Flug sogar Vorfreude. Ganz früher, im Luftraum über dem Bett meines Kinderzimmers, hingen an beinahe unsichtbaren Nylonfäden diverse Flugzeugmodelle unter der Decke. Und wenn ich einschlief, ging ich oft mit diesen aus Modellbausätzen zusammengebauten Boeings, Tupolews und Antonows auf Traumreise. Im DDR-Alltag war Fliegen etwas ganz Besonderes. Ich kannte damals so gut wie niemanden, der berichten konnte, wie es sich anfühlt abzuheben. Mal abgesehen von einem alten Lehrer, der von seinen Erlebnissen als Pilot im Krieg erzählt hatte. Und von einem Schulfreund, der mit seinen Eltern für ein paar Jahre bis zum Putsch von 1973 in Chile gelebt hatte. Knoppi, so der Spitzname des Jungen, war mehrfach um den Globus geflogen und hatte vor allem von westlichen Snacks und Getränken wie Coca-Cola und Fanta berichtet, die während der Flüge gereicht wurden. Die er aber nicht so recht genießen konnte, weil er ständig gegen den Reiz ankämpfte, die bereitliegende Kotztüte füllen zu müssen.

Fliegen hatte also etwas von einem Mysterium. Oder von einer Verheißung, die von Ohrwürmern wie jenem von Reinhard Mey, «Über den Wolken muss die Freiheit wohl grenzenlos sein», oder der Version von «Flieger, grüß mir die Sonne» der Band Extrabreit sprichwörtlich beflügelt wurde. Was für eine bittere Ironie, wenn man angesichts dermaßen überhöhter Erwartungen die erste Flugreise seines Lebens in Handschellen und in Begleitung eines bewaffneten Bewachers antreten muss.

Am frühen Morgen des 5. September wurde ich aus meiner Zelle abgeholt. Ich sah den Klops wieder, aber wir durften uns nicht austauschen. Man übergab mir meinen Reiserucksack, ich durfte meine Zivilklamotten und meine Adidas wieder anziehen, was mich für einen Moment sehr glücklich machte. In Handschellen wurden wir zu einem Bus gebracht, in dem bereits acht Leidensgenossen saßen – ein elendes, ungewaschenes, schlecht riechendes Häuflein Gescheiterter, denen man ansah, was sie von der Aussicht hielten, demnächst im Stasi-Gefängnis zu schmoren. Aller Niedergeschlagenheit zum Trotz war ich in diesem Haufen vermutlich der Einzige, der dem Gedanken, demnächst abzuheben, etwas abgewinnen konnte. In meinem Kopf sang die ganze Zeit Reinhard Mey, und mir war es in diesem Moment egal, dass dies mein vermutlich letztes Highlight für lange Zeit sein würde.

In einem abgesonderten Teil des Flughafens Sofia wurden wir von einem Stasi-Bediensteten in Zivil belehrt, dass wir von Bewaffneten eskortiert und mit Handschellen gefesselt in ein bereitstehendes Flugzeug gebracht würden. Unsere Begleiter hätten bei Fehlverhalten «umgehend von der Schusswaffe Gebrauch zu machen», beeilte er sich mit ernster Miene zu betonen. Er war einer dieser unnachahmlich hölzernen Funktionärstypen, die offensichtlich nur der Ostblock hervorbrachte – lange Koteletten, tropfenförmiges DDR-Einheitskassen-Brillengestell, schlecht sitzendes Sakko der ostdeutschen Prestige-Marke «Präsent 20», unter der ein Holster mit Pistole hervorlugte, dazu eine breit gemusterte Krawatte. Er fixierte mein Handgelenk an seinem. In Reih und annähernd Gleichschritt stapften acht ungleiche Menschen-Paare anschließend in Richtung eines Flugzeugs mit der roten Bemusterung der DDR-Linie Interflug.

Auch das war Fake, wie ich erst bei der Recherche zu diesem Buch erfuhr. Denn das Flugzeug – eine russische Tupolew TU-134 AK – gehörte in Wahrheit dem Ministerium für Staatssicherheit. Der Interflug-Anstrich war Tarnung für die internationale Zivilluftfahrt. Tatsächlich hatte der ostdeutsche Geheimdienst von Stasi-Chef Erich Mielke nicht nur eine eigene Fußballmannschaft, den in der Bevölkerung wenig geschätzten Fußballklub BFC Dynamo, zudem ein eigenes Firmenimperium. Er unterhielt auch eine eigene «Airline» – eine Art Flugbereitschaft, die der Hauptabteilung XIX (Verkehrswesen) unterstellt war. Die zwei TU-134 AK, auf dem Ostberliner Flughafen Schönefeld stationiert, wurden von der Interflug gewartet. Das Personal stand entweder im Stasi-Sold oder wurde bei Personal-Engpässen von der Interflug gegen hohe Tagesgagen in Dollar rekrutiert. Eine der Maschinen beförderte die Stasi-Bonzen zu wichtigen Terminen. Die andere uns, ihre Opfer.

In der kleinen Maschine – sie bot nur Platz für einige Dutzend Passagiere – wurde ich auf einen der rechten Sitzplätze ziemlich weit hinten am Fenster geschoben. Bevor ich mich setzen konnte, löste mein Begleiter, der außer Befehlen («Bleim'se stehen!») bislang kein Wort mit mir gewechselt hatte, die Handschelle von seinem Handgelenk und fixierte mich damit an der Rücklehne des Vorderplatzes. Dann nahm er neben mir am Gang Platz. Die kleine Gardine am Fensteroval war zugezogen. Der Pilot, mit weißem Bart und Uniform, sah aus wie das Abbild eines typischen «Seebären», lief durch den Passagierraum und musterte mit kaltem Blick seine menschliche Fracht. Nachdem wir gestartet waren, wartete ich vergeblich auf das vom einstigen Schulfreund Knoppi beschriebene Kotzgefühl; ich hätte so gern das «Präsent 20»-Sakko meines Sitznachbarn befleckt.

Erst in der Luft wurden die Vorhänge aufgezogen. Hätte ich pinkeln müssen, wäre der Stasi-Typ mit mir auf die Toilette gekommen. Also musste ich einfach nicht. Ich habe in einer Reportage gelesen, dass die heutigen Flüge abgeschobener Asylbewerber aus Deutschland unter ähnlichen Bedingungen stattfinden – daher gehört diesen bedauernswerten Menschen mein ganzes Mitgefühl. Ich weiß, wie es sich anfühlt, gegen seinen Willen reisen zu müssen. Im normalen Leben verbinden wir mit Flugreisen stets angenehme Dinge: einen Urlaub, den Besuch bei Freunden oder Verwandten, neue Eindrücke, unbekannte Länder, herzerwärmende Abschieds- und Ankunftsszenen am Flughafen. Doch auf uns Zwangsverfrachtete wartete nichts, einmal abgesehen von Uniformierten am Ort des Grauens, den zu verlassen wir so viel riskiert hatten.

Während eine Stewardess, vermutlich eine Stasi-Ärztin, wie Zeitzeugen über andere Stasi-Flüge herausfanden, eine Limo servierte (DDR-Marke «Mandora»), sah ich zum ersten Mal aus der Vogelperspektive auf die Erde. Ich stimmte Reinhard Mey zu: Für zweieinhalb Stunden fühlte ich mich frei, irdische Probleme schienen unendlich weit weg. Ich sah Flüsse, Städte, Landschaften und eine Boeing 727 der US-Fluggesellschaft Pan Am an uns vorbeiziehen. Vielleicht hielten uns die Passagiere da drüben für besonders begüterte Geschäftsleute in ihrem kleinen Flieger, der wie ein Learjet aussah. Oder für Ostblock-Bonzen.

Hier oben verschwammen Staaten, Blöcke und politische Systeme zu einem topografischen Ganzen. Alles sah friedlich, sonnenbeschienen, unschuldig aus. Ich musste an einen bei DDR-Kids beliebten Spruch denken: «Nur in unseren Träumen sind wir frei.» Ich wünschte mir, die Zeit möge stillstehen. Und als wir unserem Ziel immer näher kamen, wünschte ich mir Wetterkapriolen, Orkane, Wirbelstürme, gern auch einen Vulkanausbruch, welche uns in Belgrad, Wien oder Westberlin hätten notlanden lassen. Aber natürlich geschah nichts, ein scheinbar ganz normaler Flug beschrieb seine vorgezeichnete Bahn.

Wir landeten in einer von Wolken und Regen verdüsterten Stadt, deren Name uns natürlich nicht verraten wurde. Ich weiß heute, dass es Berlin war. Für gewöhnlich wurden die «Passagiere» dieser Stasi-Flüge auf der «Rampe I» des alten Schönefelder Flughafens ausgeladen, dem schloss sich ein Zwischenstopp in der Stasi-Zentrale in der Berlin-Lichtenberger Magdalenenstraße an. «Soldaten» fertigten uns ab, bewachten und durchsuchten uns, zumindest hielt ich diese grauen Uniformträger dafür.

Damals wusste ich nicht genau, was all diese Uniformfarben in dieser durchuniformierten Gesellschaft zu bedeuten hatten. Grüne Uniformen mit grauem Hemd trug die Polizei, das klassische Feldgrau der ostdeutschen Armee, NVA genannt, war den deutschen Armeen aus der ersten Hälfte des 20. Jahrhunderts

entlehnt und wurde nun paradoxerweise auch von den Uniform-
trägern der Stasi getragen, die sich natürlich farblich nicht zu erkennen geben wollte. Dunkelblau, wie die Farbe der Feuerwehr,
sahen die Uniformen im «echten» Strafvollzug aus, den wir noch
kennenlernen sollten.

In einem Kleintransporter der DDR-Marke Barkas wurden
wir anschließend stundenlang über holprige DDR-Autobahnen
und Landstraßen nach Leipzig gefahren. In diesen mausgrau-
en Mini-Bussen, zynischerweise getarnt mit Aufschriften wie
«Fisch», «Backwaren» oder «Fernmeldewesen», konnten bis zu
sechs Gefangene transportiert werden – gepfercht in je eine 80
mal 60 Zentimeter große, fensterlose Zelle, die 1,50 Meter hoch
und mit einem ungepolsterten, hölzernen Sitz versehen war. Gut
durchgeschüttelt, erreichten wir nach etwa vier Stunden Leipzig.
Und erstmals war ich angesichts dieser Transport-Tortur froh,
die Körpergröße von 1,73 Metern nie überschritten zu haben und
ein echter Hungerhaken zu sein. Wie mochte es wohl dem knapp
1,90 Meter großen Klops nebenan ergangen sein?

Merkwürdig, aber damals empfand ich das nicht als Zumu-
tung. Weil die Knochen eines Jugendlichen doch eine Menge
aushalten. Und weil wir es im Erdulden von Dingen, die wir nicht
mochten, zu wahrer Meisterschaft gebracht hatten.

«WIR SCHDELLN HIER DIE FRAGEN» – IN STASI-HAFT

Die vierstündige Rumpelei im mausgrauen Transporter – ich wüsste heute gern, ob man unseren Transport als «Fische» oder als «Backwaren» etikettierte – endete also in der späten Nacht jenes 6. September, vielleicht war auch bereits der 7., in der Stadt meiner Geburt. Ich ließ die x-te entwürdigende Durchsuchung über mich ergehen, die keine Körperöffnung ausließ. Einen sicherheitsrelevanten Sinn hatte das Ganze nicht: Was sollte ich wohl versteckt und eingeschmuggelt haben – vor allem bei welcher Gelegenheit ? Es ging wohl eher um die Zerstörung der letzten Rudimente menschlicher Würde. Doch das gelang ihnen nicht. Denn ich besaß gar keine Würde mehr, falls man darunter so etwas wie «Bewusstsein des eigenen Wertes» verstand. Mir war alles egal.

Dann bekam ich in einer kleinen Zelle ein Abendbrot, das war unvergesslich, weil irgendwie rührend. Auf einem Teller waren Wurstscheiben arrangiert, deutsche Normalkost, Cervelat- und Teewurst, dazu ein Stückchen Butter, ich glaube sogar in Sternchenform gestanzt wie in einem Hotel, dazu zwei Scheiben Graubrot, zwei Scheibchen Gurke und aus einer Thermoskanne Tee. Es war das schmackhafteste Abendbrot, das ich je gegessen habe. Weil es so deutsch, so bieder, so vertraut wirkte. Und wie auf Bestellung hörte ich da draußen in dieser verregneten Septembernacht das ebenso vertraute Kreischen des Radsatzes einer Leipziger Straßenbahn, eines der legendären Pullman-Triebwagen, dessen Klang nur kennt, wer in dieser Stadt aufgewachsen ist. Dieses besondere Quietschen, wenn die gigantischen Metallscheiben in die Kurve gehen. Es war ein bizarrer Moment, ausgerechnet in diesen Hallen des institutionalisierten Bösen überfiel mich ein Anflug von Nestwärme. Und ich dachte, ich bräuchte jetzt nur aus diesem Gebäude zu spazieren, da draußen irgendwo auf die nächste Straßenbahn der Linie 16 zu warten, und in 30 Minuten wäre ich bei Mama. Alles könnte so einfach sein. Das bereitete mir Schauer des Heimwehs. Doch es blieb eine kurze, sentimentale Verirrung.

Fest stand: Ich war wieder da. In Schande zurückgekehrt nach dem kläglichsten aller Versuche, diesem Riesengefängnis zu entkommen. Vielleicht war so ein DDR-Knast ja der ehrlichste Ort in diesem Land, bar jeder Illusion von «Freiheit», die es ohnehin außerhalb dieser Gefängnismauern nicht gab. Ich musste plötzlich lachen: Saßen da wirklich Soldaten – ich hielt sie noch immer dafür –, die Buttersterne für Systemfeinde ausstachen? Und hatte nicht sogar ein Stängel Petersilie auf dem Teller gelegen?

Ich hatte keine Idee, wo in Leipzig ich mich befand. Ich sollte auch das erst bei der Recherche zu diesem Buch erfahren. Ich hatte noch nie etwas von der «Wächterburg» im einst bürgerlichen Komponistenviertel südlich der Innenstadt gehört, dem noch im Kaiserreich erbauten Leipziger Polizeigebäude, dessen südlichen Flügel sich das allmächtige Ministerium für Staatssicherheit seit 1952 als Untersuchungshaftanstalt für den Bezirk angeeignet hatte. Hätte man durch die mit Glasbausteinen blind gemachten Fenster schauen können, dann hätte man auf das Untersuchungsgefängnis des Ministeriums des Innern blicken können – zuständig für alle wirklichen Kriminalfälle. Das Gebäude unweit des heutigen Bundesgerichtshofs hinter der Fassade der Beethovenstraße, in dem es 42 Zweipersonen- und vier Vierpersonenzellen mit einem Fassungsvermögen von insgesamt

98 Untersuchungshäftlingen gab, war damals in Leipzig nur Eingeweihten bekannt. Alles, was die Stasi und ihr Treiben betraf, war in einen Nebel des Geheimen, des Mysteriösen gehüllt.

Den Begriff Stasi hingegen kannte in der DDR jeder, ohne genau zu wissen, ob der Geheimdienst tatsächlich so allmächtig war, wie er in der Vorstellung von uns Untertanen des Arbeiter-und-Bauern-Staates zu sein schien. Oder ob es sich dabei nicht lediglich um ein von Gerüchten und Mythen zu Übergröße aufgeblähtes Phantom handelte. Wenn auch die unsichtbaren Tentakel dieser Stasi bereits das eine oder andere Buch aus unseren Westpaketen entnommen hatte – bis zu meiner Inhaftierung hielt ich die Stasi eher für einen Scheinriesen.

Heute wissen wir, dass alles rund um diesen Geheimdienst noch um einige Dimensionen größer war, als sich die Menschen das damals vorstellen konnten. «Aufklärung» hieß die Aufgabe dieses gewaltigen Apparates, dem 91 000 offizielle und bis zu 189 000 inoffizielle Mitarbeiter dienten.

Ausgerechnet Aufklärung! Dieses große Wort missbrauchten sie. Nur eine von vielen Missdeutungen, welche dieses System mir so entfremdeten. Unter Aufklärung verstanden SIE «alle Maßnahmen zur Erlangung von Angaben über politische, moralische, ökonomische und militärische Potenzen eines Gegners», wie es ein DDR-Lexikon beschreibt. Für mich war die Aufklärung eine der großen Errungenschaften der Neuzeit, im Sinne Immanuel Kants eben der Ausgang des Menschen aus seiner selbstverschuldeten Unmündigkeit. Das hatten wir im Unterricht so gelernt. Etwas weniger abgehoben und auf meine ganz konkrete Situation damals bezogen: ein Mindestmaß an Information und Wissen.

Doch die selbsternannten Vollender der Aufklärung verweigerten das. Niemand sagte mir, in wessen Gewalt ich mich befand, so wie ich während der ganzen Rückreise nie erfahren hatte, wo ich mich gerade befand, was mir drohte, wie lange die Untersuchungshaft dauern sollte, wohin ich danach gebracht würde, was mit mir überhaupt passieren sollte. Hatte ich Rechte, verfassungsmäßig verbrieft? Ich kannte sie nicht, beschäftigte mich nicht damit, niemand verband damit Erwartungen. Die mir gegenübersitzenden Vernehmer, offiziell Untersuchungsführer, hatten keine Namen, die Wachsoldaten auch nicht; alles blieb anonym, entpersonalisiert, verdinglicht.

Wir, die Häftlinge, waren über diese Informationsverweigerung nicht einmal empört. Wir hatten gelernt, dass es in dieser Gesellschaft kein Recht auf Information gab. Wir erwarteten nicht, von diesen Manipulateuren wahrheitsgemäße Auskünfte zu bekommen. Umso überraschter war ich, als mein Gegenüber mir in meiner ersten Vernehmung, die nach der Ankunft noch zu mitternächtlicher Stunde begann, eröffnet hatte: «Se sind jetzt widder in Leipzsch.» Einen Moment lang hatte ich ein Gefühl der Heimkehr – bis ich gewahr wurde, dass dieser Mensch nicht das vertraute, heimelige Kaffee-und-Kuchen-Sächsisch meines Leipziger Opas sprach, sondern dieses eiskalte Apparatschik-Genuschel à la Walter Ulbricht.

Man hatte mir wieder meine zivile Kleidung abgenommen, nur meine Adidas-Sneaker durfte ich behalten, aber ohne Schnürsenkel. Stattdessen gab es ein Feinripp-Unterhemd und eine entsprechende Unterhose, eine Trainingshose und ein längs gestreiftes Baumwollhemd.

Mein Untersuchungsführer war ein Mittdreißiger, dunkle Haare, hageres Gesicht, tiefliegende Augen. Auch er trug einen dieser schlecht sitzenden Funktionärsanzüge. Er war ein Arschloch. Ein Systembüttel, der keine Skrupel hatte, die mit den üblen Methoden eines totalitären Systems erworbenen Informationen gegen rechtlose Opfer, auch Teenager, auszuspielen, um diese dann wegen Nichtigkeiten zu völlig irrwitzigen Haftstrafen zu verknacken. Mit dem Ziel, diese Menschen später zu verkaufen.

«Wir schdelln hier die Fragen», war eine seiner Standantworten auf jeden meiner Versuche, die Informationsbarriere aufzubohren. Die ganze Nacht hindurch wurde ich vernommen, saß auf einem harten Hocker und konnte mich vor Müdigkeit kaum noch aufrecht halten. Der Morgen graute bereits, als das Ende meiner ersten Verhörnacht kam. «Morgen werden Sie dem Haftrichter vorgeführt. Gegen Sie und Ihren Komplizen besteht der dringende Verdacht, gegen Paragraf 213, ungesetzlicher Grenzübertritt, sowie Paragraf 219, ungesetzliche Verbindungsaufnahme, verstoßen zu haben», sagte er kalt.

«Welche Strafe erwartet mich denn?», wagte ich zu fragen. «Im schweren Fall, wonach es in Ihrem Fall aussieht, eine Höchststrafe von bis zu acht Jahren Gefängnis. Doch das hängt sehr davon ab, inwieweit Sie kooperieren», beeilte er sich zu sagen. «Es besteht die Möglichkeit, dass Sie schnell wieder nach Hause dürfen, doch dafür ist Ihre Mitarbeit und die absolute Offenheit die Voraussetzung.»

Dann bellte der Mann, der seine Vernehmungsprotokolle stets anonym mit «Unteroffizier» unterschrieb, Namen hatten diese Menschen nicht, ins Telefon: «Drei-Zwo bitte ab.» Kurz darauf wurde ich von einem «Soldaten» in eine Zelle mit vier Betten gebracht, von denen bereits zwei mit Schlafenden belegt waren.

Es gab eine Toilettenschüssel, ein Waschbecken, einen Tisch mit vier Stühlen und ein Fenster aus Glasbausteinen knapp unter der Decke. «Strafgefangener, Sie sind im Fall, dass Sie vom Wachpersonal ausgerufen werden, die ‹Nummer 3›. Ham'se das verstanden?», rief der mich begleitende «Soldat».

Ich nickte. Dann wurde mir eines der beiden unbelegten Betten – Bettchen wäre wohl richtiger – zugewiesen. Ein Holzrahmen 1,80 mal 1,10 Meter, darauf eine harte Unterlage, eine Bettdecke mit einem blau karierten Überzug sowie einer auf Kopfkissengröße gefalteten Decke in einem Bezug.

Ich war todmüde. Der laute, vom metallischen Geklapper des

Schlüsselbundes begleitete Zellenaufschluss hatte meine zwei Zellengenossen aus dem Schlaf gerissen. Ich sollte bald lernen, dass man in der Untersuchungshaft der Staatssicherheit nie fest schlief, weil die Zelle auch nachts stündlich kurz beleuchtet wurde, wenn sich ein Wachhabender durchs Zellenguckloch einen Überblick verschaffte. Die jetzt wachen Zellengenossen bombardierten mich mit Fragen. «Was hast du ausgefressen?», kam von einem etwa Zwanzigjährigen, der sich als Ingo vorstellte.

«Wir wollten in Bulgarien über die Grenze», bekannte ich. «Ahh, ein 213er. Wie die meisten hier», sagte Ingo. «Ich war in der deutschen Botschaft in Prag, jetzt sitze ich hier wegen ‹illegaler Verbindungsaufnahme›.»

Ich war vorsichtig und wiederholte, wenn auch ohne wirklich überzeugend zu wirken, meine längst zur Absurdität gewordene Legende, der ich seit meiner Inhaftierung in Achtopol folgte: «Wir wollten ja gar nicht fliehen. Eigentlich wollten wir nur mal kurz in die Türkei – und dann wieder zurück. Wir sind ein bisschen durchgeknallt, wisst ihr? Wir finden alles spannend, was irgendwie exotisch ist …»

Ich vernahm noch, wie Ingo hämisch lachend seinen gelockten Kopf schüttelte. Hans, der ältere der beiden, ein Mittvierziger mit dunklem, nach hinten gekämmtem, bereits schütter werdendem Haar, wirkte auf mich sehr besonnen, sehr überlegen, was von einer tiefen, ruhigen Stimme unterstrichen wurde. Er war Dozent für Wirtschaft an der Karl-Marx-Universität. Er schien es für nötig zu halten, mir angesichts meines wirren Gestammels meine Situation zu verdeutlichen: «Du bist hier bei der Stasi. Und es geht nicht darum, was du getan hast, ob du überhaupt etwas getan hast. Hier dreht sich alles um die Frage: Bist du für oder gegen sie? Und du musst für dich klären, was du willst: im Osten bleiben oder gehen.»

«WIR SIND HIER NICHT
AUF DER FRITZ HECKERT!»

Ich schlief. Trotz der stündlichen Lichtkontrolle sogar recht lange. Und durfte auch ausnahmsweise liegen bleiben, als meine beiden Zellengenossen längst aus den Betten gescheucht worden waren und sich mit den täglichen Morgenritualen beschäftigten: säubern am einzigen Waschbecken, Toilettensitzung natürlich ohne Sichtschutz, Rasieren mit den kurzzeitig dafür hereingereichten elektrischen Rasierapparaten, brikettgroßen Ungetümen der DDR-Marke «Bebo Sher», die noch schmierig vom Vorbenutzer aus der Nachbarzelle waren. Geweckt wurde ich durch das Klappern metallener Handfeger und Kehrschaufeln, die für die tägliche Zellenreinigung auf die geöffnete Türklappe gelegt wurden. Danach gab es Frühstücksteller mit Graubrot und Marmelade. Das Liegen im Bett war nach dem ersten Zellenaufschluss im Morgengrauen nicht mehr erlaubt – die Ausnahme für mich nach dem nächtlichen Verhör endete mit dem Frühstück.

Dann wurden wir zum Freigang eskortiert, in ummauerten, drei Meter hohen, vielleicht drei mal zwölf Meter kleinen, vollständig ausbetonierten Freigangzellen, die nebeneinanderlagen und nach oben offen waren. Es durfte nicht gesprochen werden, man lief also schweigend 15 Minuten lang in diesem Betonkäfig auf und ab, überwacht von einem Uniformierten, der in einem Turm über uns thronte und alle fünf nebeneinanderliegenden

Zellen überschauen konnte. Alles war beklemmend und wirkte wie «Benthams Panopticon» – jenes von dem Philosophen Michel Foucault in seinem Buch «Überwachen und Strafen» beschriebene Gebäude, welches eine «Disziplinargesellschaft» abbildet, in der jedermann sich permanent dem Blick eines Wächters ausgesetzt sieht.

Wir hatten an diesem Morgen nicht mehr viel Zeit, miteinander zu sprechen, denn Hans und Ingo, «Nummer 1» und «Nummer 2», wurden alsbald von einem Uniformierten aufgerufen und dann einzeln zu ihren Vernehmungen eskortiert. Auch ich wurde wieder abgeholt, wurde von meinem Bewacher durch mit gelber Ölfarbe gestrichene Gänge, vorbei an dunklen Zellentüren, in ein anderes, mit dem Gefängnistrakt verbundenes Gebäude gebracht. Ich landete wieder im Zimmer von Unterleutnant Arschloch. Ich bekam Kaffee, der sogar schmeckte, also keine Lurke (oder «Lursche»), worunter der Sachse die üble Plörre verstand, die ihm in den volkseigenen Betriebskantinen die Zigarettenpause vergällte. Ach ja, und ich wurde gefragt, ob ich rauchen möchte – und bejahte es. Ich qualmte, genoss den Kaffee und hörte die Anmoderation meines Gegenüber, die ich auch die kommenden Wochen so hören sollte: «Ihnen wird Gälähschenheit gägäb'n, Ihre bisher gemachten Aussach'n zu ergänzen und zu berischtigen.»

Und ich antwortete stets: «Ich habe meinen bisherigen Aussagen nichts hinzuzufügen.» Nur Kaffee und Zigaretten gab es nie wieder. Meine gesamte Haftzeit hindurch würde ich keinen Kaffee mehr schmecken dürfen.

Das Verhör zog sich hin bis Mittag, dann wurde ich zurück in die Zelle geführt, Hans und Ingo waren bereits da. Zu einem festgelegten Zeitpunkt wurde uns Mittagessen zugeteilt; es war besser als in Bulgarien, mal undefinierbarer Eintopf, mal Pastagerichte mit Wurststückchen, mal Graupeneintopf.

Danach wieder Vernehmung. Ich beharrte auf meiner längst

haltlos gewordenen Erzählung, keine Absicht zur dauerhaften Flucht gehabt zu haben. Der Vernehmer behauptete, der Klops hätte das längst zugegeben. Ausnahmsweise stimmte das sogar, doch ich hielt es für einen Bluff. Ich taumelte in meinen Aussagen weiter hin und her zwischen dem Versuch, alles zu einem Irrtum zu erklären, und dem Bekenntnis, mich nie als Teil dieses Systems gesehen zu haben. Längst hatte man unser Zuhause durchsucht, waren Lehrer und Ausbilder befragt worden, gab es keinen Zweifel mehr an meiner «negativen Grundüberzeugung».

Zurück in der Zelle, nahm Hans mich noch einmal ins Gebet und erteilte mir kraft der Autorität seines Alters und seiner Lebenserfahrung eine Lektion in ostdeutschem Realismus. «Es gibt hier zwei Wege raus. Der eine führt schneller raus aus dem Gefängnis: dem kleinen, aber nicht dem großen. Du bereust, spielst ihr Spiel, bezahlst aber den Preis, beruflich in diesem Land nie auf die Beine zu kommen. Für SIE trägst du ab sofort das Stigma des Klassenfeindes. Der andere Weg bedeutet, du erklärst dich für ‹schuldig›, bekennst dich dazu, dieses System abzulehnen. Du kontaktierst Rechtsanwalt Wolfgang Vogel. Es gibt eine Übereinkunft zwischen beiden deutschen Staaten; als politischer Gefangener wirst du dann freigekauft. In der Regel nach der Hälfte der Zeit, zu der sie dich verknacken, aber sicher ist das natürlich nicht ...»

Es war also wie beim Monopoly: Kotau vor dem System hieß, die Ereigniskarte ziehen: Du kommst vielleicht früher aus dem Gefängnis frei und gehst zurück auf Los. Oder drei Runden aussetzen – und am Ende wirklich frei sein, vielleicht sogar in die Schlossallee einziehen. Egal welchen Weg man einschlug, es konnte aber auch ganz anders kommen. Sicher war nichts. Ich fühlte mich unter Druck gesetzt, warum musste man sich bloß immer entscheiden?

Die Gespräche mit Hans und Ingo halfen, das Gedankenchaos in meinem Kopf sich legen zu lassen: Es konnte für mich kein richtiges Leben im falschen geben. Und ich musste endlich der werden, der ich bin, hörte ich meine philosophischen Freunde Adorno und Nietzsche flüstern. Zudem war laut Nietzsche ja keinem Gedanken zu trauen, der nicht im Freien geboren ist. Und meine letzten Gedanken im Freien waren eindeutig gewesen: Niemals zurück ins Gehege!

Es war also Zeit für eine Art inneren «Kassensturz», eine grundlegende Entscheidung musste getroffen werden. Also hinweg mit diesen wirren Hoffnungen auf eine baldige Rückkehr in die heimischen vier Wände. Ich entschied endgültig und definitiv, diesen Weg fortzusetzen, und beauftragte den damals prominenten Ost-West-Makler Wolfgang Vogel, den Honecker-Vertrauten und Menschenhändler in Anwaltsrobe, mein Mandat zu übernehmen. Offensichtlich wurde das von der Stasi auch unterstützt, denn weder wurde im Knast die Mundpropaganda über diesen Menschenhandel, den wir alle ersehnten, unterdrückt, noch versuchten diese Vernehmungs-Tschekisten, bei uns für den Verbleib im Gehege zu werben. Was vermutlich darauf zurückzuführen ist, dass unser «Verkauf» ein recht willkommenes Geschäft war, auf das dieses moralisch und wirtschaftlich heruntergekommene System nicht verzichten wollte und konnte. Angenehmer Nebeneffekt: So senkten sie den Druck im Kessel, indem man sich unliebsamer Quertreiber entledigte, aber auch des ein oder anderen Taugenichts; ich sollte später «politischen Häftlingen» begegnen, die weder eine vollwertige Schulbildung noch eine Berufsausbildung absolviert, dafür aber beachtliche kleinkriminelle Vorstrafen gesammelt hatten.

Tagsüber las ich, wenn ich nicht zum Verhör genötigt wurde und die täglichen Rituale, wie Hofgänge, Zelle auskehren, Mahlzeiten entgegennehmen, erledigt waren. Einmal in der Woche kam einer dieser Stasi-Büttel mit einer Art Teewägelchen vorbei und öffnete die Klappe in der Tür. Man nahm vier oder fünf Bücher in Empfang und gab dafür die gleiche Anzahl ausgelesener Exemplare zurück. Wünsche konnten nicht geäußert werden, man las, was einem vorgesetzt wurde. Es waren Perlen dabei: Dostojewskis «Schuld und Sühne», Tolstois «Krieg und Frieden», Stendhals «Rot und Schwarz», das Sowjet-Epos «Der stille Don» von Michail Scholochow. Besonders beliebt bei uns waren ziegelsteindicke Schwarten, man hatte ja Zeit. Doch es gab auch Wochen, in denen unsere Zelle nicht ein einziges lesenswertes Buch erreichte – ich erinnere mich an DDR-Propagandisten-Prosa von Otto Gotsche oder Hermann Kant. Als ich darum bat, den Stapel gegen einen anderen eintauschen zu dürfen, blaffte mich der System-Büttel an: «Soso, der Herr hat Wünsche ... Wir sind hier nicht auf der Fritz Heckert!» – und knallte die kleine Luke wieder zu. Damit war das einzige, in der DDR selbst gebaute FDGB-Urlauberschiff gemeint, welches für die Genossen ein Höchstmaß an Luxus, fast schon Dekadenz versinnbildlichte. Also quälte ich mich durch Otto Gotsches «Im Mittelmeer», ein sozialistisches Reisebuch, nach dessen Lektüre man eigentlich jeden Menschen, der Frankreich, Italien oder Spanien besuchte, bedauern musste – so schrecklich war dieses Westeuropa. Lasen wir einmal nicht, dann spielten wir Schach. Nachts benutzten wir die Schachfiguren als Morse-Klopfhilfe, um uns mit der Nachbarzelle auszutauschen. Das war mühsam, aber man hatte ja Zeit. Ein «A» war ein Klopfer, ein «B» waren zwei, ein «C» waren drei. Zumeist erriet man das Wort schon nach wenigen Buchstaben, signalisierte dem Klopfpartner dann mit einem kurzen «Klopf-Tusch», dass er nicht zu Ende klopfen musste. Hatte man einen Satz oder eine Aussage beendet, gab es einen etwas länger geklopften Jingle. Dann war der Gesprächsteilnehmer auf der anderen Seite dran. Es dauerte etwas, doch mit zunehmender Übung brachten wir es auf ein beachtliches Dialogtempo. Es war wie ein geklopfte Vorwegnahme von WhatsApp oder Twitter, vor allem kurz mussten die Botschaften sein. Anfangs klopften wir mit den blanken Fingerknöcheln, doch die waren bald blutig, und wir behalfen uns mit den Schachfiguren.

Durch dieses nächtliche Klopfen erfuhr ich, dass eine gute Freundin aus dem Eden in einer der Nachbarzellen lag. Noch vor ihrer Inhaftierung hatte sie erfahren, was mit uns geschehen war. Sie hatte wohl mit einer Freundin ihre eigenen Fluchtpläne geschmiedet. In einer Art «stiller Post» tauschten wir über die Insassen zwischen uns liegender Zellen Grüße aus. Irgendwann rief sie auch meinen Namen, doch rufen war streng verboten, hätte Arrest nach sich gezogen.

Still war es dennoch nicht, die «Kriminellen» aus der U-Haft vis-à-vis hatten offenbar größere Freiheiten, riefen mitunter die ganze Nacht sinnentleerte Parolen, die sich in den Gemäuern des Hofs vielfach brachen. Ein Spiel, dessen Ursprung sich mir bis heute nicht erschlossen hat, begann damit, dass aus einer Zelle gerufen wurde: «Der Koffer bleibt hier!» Dann rief jemand aus einer anderen Ecke des Hauses: «Der Koffer geht mit!» Was wiederum jemanden motivierte, «Der Koffer bleibt hier!» zu rufen. Das konnte die ganze Nacht so gehen. Vermutlich werde ich nie erfahren, worum es bei diesem an vielen Tagen wiederholten Spaß ging, die Ursprünge lagen wohl Jahre zurück. Wir fanden es aber lustig.

In der Regel wurde ich an allen fünf Werktagen der Woche vernommen. Die Angst, die Unsicherheit, was mit mir geschieht – drohten zwölf Monate, zwei oder vier Jahre Haft? –: Dieses Gefühl des Ausgeliefertseins in einem menschenverachtenden System – es lastete schwer auf meiner nicht sehr krisenerprobten Noch-Teenager-Psyche. Ich versuchte, jedes Detail unserer Flucht zu verheimlichen, ob es der Kontakt zu dem Kamerateam des ORF war oder der Besuch der bundesdeutschen Botschaft. Ich unterlag der irrigen Vorstellung, so mein Strafmaß geringer halten zu können. In einer persönlichen Anmerkung von Peter List, wie der Name des Untersuchungsführers lautete, den ich erst Jahrzehnte später durch das Studium meiner Akten erfahren sollte, lese ich: «Stutte gibt nur zu, was er glaubt, zugeben zu müssen.» Ja, was denn sonst?

Die Verhörprotokolle dokumentieren ein sich über Monate hinziehendes «Katz-und-Maus-Spiel» zwischen dem Stasi-Vernehmer und mir. Wer sind diese ominösen amerikanischen Staatsbürger Steven und Zane Szegfu, deren Adresse auf einem Zettel steht? Auch unsere Freunde aus New Orleans, die wir in Budapest kennengelernt hatten, wurden jetzt zu einem Untersuchungsgegenstand. Spuren, die sogar bis nach Amerika führten, weckten vermutlich die Hoffnung, da sei ein «ganz dicker Fisch» ins Netz gegangen. Ich vermute mal, jeder dieser Stasi-Typen träumte davon, Verbindungen bloßzulegen, die bis zur CIA oder zum Zionistischen Weltverband führten. Für die Karriere im Hause Mielke hätte eine solche «Entlarvung» den Turbo gezündet. Doch mit so etwas konnte ich natürlich nicht dienen. Wir konnten mit keinem Agentenkrimi aufwarten, kein Attentat auf Erich war geplant, zum bewaffneten Aufstand reichte es auch nicht. «Was wollten Sie in der Budapester Botschaft der BRD?», fragte er mich.

Ich hätte mir die Versuche, etwas zu verheimlichen, eigentlich sparen können, ich hätte mit offenen Karten spielen sollen. Weil es gar nicht mehr um die Details ging. Jedes Detail unserer Fluchtaktivitäten hätte nur unsere Entschlossenheit unterstrichen, dieses System zu verlassen. Der über das Land verteilte Archipel an Stasi-Knästen war der vermutlich größte Hort der Meinungsfreiheit im Gehege. Hier konnte man den Bütteln dieses Regimes alle Zweifel, alle Widersprüche in den Block diktieren. Denn die Sache war doch klar: Ich wollte weg. Und das Strafmaß wurde ohnehin nicht von Richtern bemessen, sondern hier anhand der «Verkaufslisten» festgelegt.

Gemessen an dem Aufwand, den sie betrieben, um mein bisheriges, eher unscheinbares Leben bis ins Detail auszuleuchten, schossen sie mit Kanonen auf Spatzen. Mir kam es vor, als wähnten sie sich einem Kreis von Verschwörern und Putschisten auf der Spur. Ich musste mich zu zahlreichen Dingen äußern, die bei einer Hausdurchsuchung in meinen heimischen vier Wänden gefunden wurden: Bücher, Plaketten der polnischen Gewerkschaft Solidarność, pazifistische Aufnäher der DDR-Friedensbewegung mit dem Symbol «Schwerter zu Pflugscharen», ein selbst gemaltes Schild mit einem durchgestrichenen Panzer. «Hossa», jetzt fehlt nur noch, dass sie unsere Fan-Post an Rex Gildo aus frühen Kindheitstagen thematisieren, dachte ich.

Seitenweise musste ich erklären, was jedes Buch, jeder Artikel, jedes dieser Symbole bedeutete. Viele Stasi-Menschen waren damit beschäftigt, mein bisheriges Leben auszuforschen, Dinge zu katalogisieren, Musikkassetten abzuhören, Verwandte, Nachbarn, Mitschüler zu befragen. Nach Jahren, in denen niemand mit uns sprechen wollte, wurden wir jetzt mit Aufmerksamkeit geradezu überschüttet. Ich fühlte mich wie der viel besungene «Public Enemy No. 1».

Im Schlussbericht der Untersuchung steht, Stutte sei schon früher «durch eine ungefestigte politische Haltung» aufgefallen. Um das herauszufinden, brauchten diese Experten mehrere Monate Untersuchungshaft? Weiter steht da: «Bereits seit dem 9. Schuljahr orientierte sich Stutte regelmäßig an politischen Sendungen von BRD-Funkmedien, woraus in der Folgezeit Zweifel an der Richtigkeit der sozialistischen Entwicklung in der DDR erwuchsen und eine Hinwendung zum Gedankengut bürgerlicher Philosophen erfolgte ...»

Neun Kilo Papier, verteilt auf acht Ordner Akten, haben diese emsigen Geheimdienstler zu meiner Person gefüllt. Erst 35 Jahre später würden die nunmehr archivierten Früchte ihres sinnlosen Wirkens vor mir liegen, in der Leipziger Außenstelle des Bundesbeauftragten für die Stasi-Unterlagen. Und einmal mehr wird mir heute deutlich, warum ein Staat, der einen so enormen Aufwand betrieb, um einen Neunzehnjährigen zu durchleuchten, der eigentlich nur wegwollte, warum so ein Staat nur scheitern konnte.

Während ich in ihrem Untersuchungsgefängnis saß, machte sich mein neunzigjähriger Leipziger Opa auf den Weg zur «Runden Ecke», wie die Leipziger Zentrale der Stasi am Dittrichring genannt wurde, in der Jackentasche ein paar schöne Exemplare aus seiner Münz- und Briefmarkensammlung. Als ehemaliger Besitzer einer gut gehenden Tischlerei hatte er seit Beginn des Jahrhunderts diverse Regime ausgesessen und war offenbar von der Macht seiner Worte überzeugt, mehr noch als von seinen Mitbringseln: «Lasst den Jungen raus, der hat doch nichts Schlimmes gemacht», sagte der alte Mann dem diensthabenden Uniformierten.

Ich weiß nicht, ob er dabei seine Geschenke ausbreitete, und ich weiß nicht, wie die Stasi-Wachhabenden auf den Besuch dieses alten Mannes reagierten, ob sie lachten oder fluchten. Es kann auch sein, dass er sein Anliegen am falschen Eingang vorbrachte, am Eingang der benachbarten Untersuchungshaftanstalt für Kriminelle. Ich weiß nur, dass mein Opa ein großartiger Mensch war, der an die Kraft der Vernunft glaubte und der es gewohnt war, etwas zu tun, auch wenn es absurd erschien. Leider sollte ich ihn nie wiedersehen, ein halbes Jahr später verstarb er.

DER PROZESS

Nachdem man mich einige Wochen mit Hans und Ingo in einer etwas größeren Zelle, «Verwahrraum» genannt, gehalten hatte, wurde ich verlegt. Das ging immer ganz spontan, und man hatte kaum Zeit, Abschied zu nehmen, zumeist war es ja für immer. «Nummer 3, Sachen packen und mitkommen», hieß es dann. Zu packen gab es ja so gut wie nichts. Von da an bis zum Ende meiner Zeit in der U-Haft kam ich immer in Zweimannzellen unter. Nur selten blieb ich mit einem Mitgefangenen länger als zwei Wochen zusammen. Es war ein ständiges Kennenlernen und Abschiednehmen. Ich lernte beeindruckende Menschen kennen, die diesem System mutig die Stirn geboten hatten, indem sie Plakate geklebt oder Flugblätter verteilt und kleine Oppositionsgruppen gebildet hatten. Und sich jetzt, «verwahrt» in den Eingeweiden dieses Apparates, dennoch einem Freikauf in den Westen verweigerten. Das waren jene Leute, die ein halbes Jahrzehnt später das System der DDR zum Einsturz bringen sollten. Sie weigerten sich zu gehen, denn es war ihr Land. Sie wollten es nicht den Dogmatikern und Feinden der Freiheit überlassen. Und sie nahmen große persönliche Opfer auf sich, um ihren Grundsätzen treu zu bleiben.

Ich saß zusammen mit gebrochenen, verzweifelten Familienvätern, deren Ehefrauen man ebenfalls eingesperrt hatte und deren Kinder jetzt in Heimen lebten. Es gab Lebenskünstler, Verweigerer, die sich gegen dieses System wehrten, indem sie ausstiegen, nichts taten und ihren Lebensunterhalt zum Beispiel durch Glücksspiel bestritten. So wie ein Mittzwanziger, der mir unter dem Spitznamen «Zitze» in Erinnerung geblieben ist. Zitze erzählte von tagelangen Zockereien im Leipziger Parkhotel gegenüber dem Hauptbahnhof; bis zu 100 000 Ost-Mark und bis zu 20 000 DM sollen da in mancher Nacht den Besitzer gewechselt haben. Spielfreunde waren Antiquitätenhändler, Professoren, Gastronomen und auch ein Lehrer, der als junger Mensch einer der wenigen Schachgroßmeister ostdeutscher Herkunft gewesen war. Ich wurde hellhörig. Und tatsächlich war unser Mathelehrer Herr Pietzsch, der in abgewetzten, nach Nikotin riechenden Sakkos an der Tafel komplizierte Rechenoperationen vor sich hin nuschelte, ein leidenschaftlicher Teilnehmer dieser nächtlichen Zockerrunden. Von seinem Doppelleben hatten wir natürlich keine Ahnung gehabt.

Einmal im Monat durfte ich eine Stunde lang meine Mutter sehen – auf Distanz und flankiert von einem Stasi-Aufpasser. Manchmal weinte sie, und das steckte mich natürlich an. Mir war klar, dass ich sie nach einem Freikauf durch die Bundesrepublik vermutlich auf Jahre nicht sehen würde. Denn als «Feind», «Überläufer», «Deserteur» hatte ich kein Anrecht mehr auf Reisen in dieses kleine Reich, das mich mit aller Konsequenz exkommunizieren würde. Und meine Mutter war noch lange nicht in dem Alter, in dem ihr eine Besuchsreise in den Westen gestattet werden würde. Doch einer dieser Besuchstermine verschaffte mir auch das größte Glücksgefühl, das ich mir in dieser Situation vorstellen konnte. «Koma ist in Hamburg ...», hauchte sie mir zu, vor dem Aufpasser durften ja solche gefährlichen Informationen nicht geäußert werden. «Waaas?», rief ich total erfreut, sprang auf, ballte die Faust in die Höhe und stieß ein langes «Jaaaa» aus. Er hatte diesem System eine lange Nase gedreht, und das tat gut. Es gab ihn, den Weg hinaus. Das versetzte mich tagelang in Hochstimmung.

Wochenlang hatte der Stasi-Unterleutnant jeden Stein in meinem Leben umgedreht. Nur rund um den 7. Oktober, dieser Staat und ich hatten ja am selben Tag Geburtstag, hatte es eine vielleicht dreitägige Vernehmungspause gegeben. Danach fiel mir auf, dass er die Gesprächsprotokolle plötzlich mit «Leutnant» abzeichnete. Er war also aufgestiegen. Im Vorfeld des 35. Jahrestages, der Bonsai-Staat feierte sich selbst immer besonders überschwänglich, waberten Gerüchte durch die Zellen: «Die Amme, die kimmt ...», war ein Leidensgenosse aus Torgau unerschütterlich überzeugt. Was bedeuten soll: Es gibt, wie oft an Jahrestagen und üblich in Diktaturen, eine Amnestie für Gefangene. Glücklicherweise gab es die 1984 aber nicht, sonst wäre alles bis dahin Erlittene umsonst gewesen.

Es muss um den 1. November herum gewesen sein, da empfing mich Leutnant List, nachdem ich ihm gerade «zugeführt» worden war, mit den Worten: «Setzen'se sich, Indira Gandhi ist tot, erschossen worden.» Ich erinnere mich daran, weil es so überraschend war, dass er mich mit einem Exkurs in die Weltpolitik empfing. Tatsächlich war die indische Ministerpräsidentin einem Anschlag zum Opfer gefallen. Ich fragte zurück: «Und wer hat das getan?» – «Das gönn'se sich doch denken ...», blaffte er zurück und wollte damit vermutlich sagen: Ihre Freunde von der CIA waren das, vom Bundesnachrichtendienst, vom Mossad oder wer auch immer. Es war das einzige Mal, dass dieser seltsame Mensch mit mir über etwas anderes als meine «Schandtaten» sprach.

Ein einziges Mal sah ich einen Rechtsanwalt, einen gewissen Hans-Dieter Ramstetter, der in Untervollmacht für den Menschenhändler Vogel arbeitete. Dieser Mann wirkte stark unterkühlt, hatte es eilig und machte mir deutlich, dass über die Schwere meiner «Straftat» kein Zweifel bestünde. Er könne mir nur helfen, wenn ich mich konformistisch verhalten und vor Gericht auf politische Debatten verzichten würde. «Agitieren Se nich», mahnte er. Dann stünde einer eventuellen «Entlassung in die BeErDeh» nichts im Wege. Ja, er war ein über alle Zweifel erhabener Anwalt – für die Sache seines Systems, nicht für mich. «Was wollen Sie denn von mir, ich bin Kommunist», hatte er meine Schwester angeblafft, weil sie mit ihm sprach, als wäre er ein Verbündeter, der ähnlich über die Widersprüchlichkeit dieses Systems dachte wie wir. War er aber nicht ...

Alle spielten diese Farce, die einem rechtsstaatlichen Anspruch Hohn sprach, brav mit. Unser Prozess vor dem Tribunal der Werktätigen sollte an zwei Tagen Ende November stattfinden, gut eine Woche zuvor hörten die Vernehmungen auf. Meine Mutter brachte mir einen ziemlich hässlichen Anzug ins Gefängnis. In Knastkleidung – längs gestreiftes Baumwollhemd und Trainingshose – sollte ich nicht vor dem Gericht erscheinen. Tatsächlich hatten sie es irgendwie geschafft, mir ein Gefühl von Scham einzupflanzen. Den Weg aus dem Transportfahrzeug zum Gericht in der Harkortstraße, in Handschellen und mit Knebelkette geführt wie ein Hund, ging ich mit gesenktem Kopf. Die Herbstsonne blendete mich. Meinen sommerlichen Teint, gespendet von der bulgarischen Sonne, hatte ich längst verloren. Die Färbung meiner Haare war herausgewachsen, ein Knast-Friseur hatte mir einen effizienten Kurzhaar-Rundschnitt verpasst. Ich muss ein trauriges Bild abgegeben haben.

Nach langer Zeit sah ich wieder «normale» Menschen – und sie begafften mich. Ich versuchte, die Blicke jener zu deuten, die da mit ihren Einkaufsnetzen über die Straße hasteten. Lag da ein Anflug von Mitleid in ihrem Blick? Oder Empörung im Stile von «So jung und schon kriminell»? Natürlich sagten die Passanten nichts, und ihre Blicke waren einfach nur leer, weil man in diesem Land gelernt hatte, nicht zu fragen, nicht einmal mit Blicken.

Ich hätte gern laut gesagt: «Nein, ich habe nicht gemordet, nicht gestohlen, und ich bin auch kein Schläger!» Aber das traute ich mich nicht. Hinter mir wurde der Klops «zugeführt», wir nickten uns kurz zu, lächelten etwas bemüht.

Im Gerichtsgebäude sahen wir endlich Menschen, die uns mochten, die uns nicht für schlecht hielten, die uns nicht verachteten. Überflüssig, es zu erwähnen, aber das tat gut. Da standen meine Mutter, meine Schwester, die Eltern vom Klops und einer seiner Freunde. Sie machten freundliche Gesichter, hoben sogar die Faust, als wären wir Revolutionäre.

Der Prozess war eigentlich nicht der Rede wert. Es ging nicht um Beweisaufnahme, nicht um Recht und Wahrheit, nicht um Beleuchtung einer Vorgeschichte, nicht um den «Tathintergrund», nicht um Verständnis, um «Resozialisierung». Unser Anwalt hielt ein Plädoyer, das einer Anklageschrift gleichkam. Damals fand ich das empörend, heute finde ich es konsequent. Er war kein Anwalt, dieses System brauchte keine Anwälte. Ramstetter und Vogel waren Menschenhändler. Und wir waren am Ende dankbar, dass es diesen Menschenhandel gab, weil wir als Ware, als eine Art menschlicher Hehlerware, tatsächlich aufgewogen mit Handelsgütern wir Orangen, Schokolade oder Kaffee, davon profitierten.

Zwei Frauen saßen über uns zu Gericht: eine Richterin und eine Staatsanwältin, zwei resolute Apparatschiks, die keine Zweifel an der Verwerflichkeit unseres schäbigen Tuns aufkommen ließen. Ihre Argumentation war billig und stereotyp: Statt eines Gefühls der Dankbarkeit für unsere exzellente Bildung und Ausbildung hätten wir die Werktätigen in diesem Land schnöde verraten und hintergangen, indem wir uns zum Klassenfeind bekannt hätten.

Weil sich aus dem Verlauf unserer Reise angeblich eine hohe kriminelle Energie, unseren Fluchtwillen betreffend, herleiten ließ, verurteilte man uns zu je 22 Monaten Haft – also fast zwei Jahren. Ich wurde als ein unbelehrbarer, stets antisozialistisch agitierender Störer dargestellt, der bereits die großmütige Geduld von Lehrern und Ausbildern überstrapaziert und andere Menschen negativ beeinflusst hatte.

Als all diese Jauche über mir ausgegossen wurde, fühlte ich mich tatsächlich schlecht. Es lag wohl daran, dass so viele verschiedene Menschen einhellig dieser Auffassung waren. Es fiel kein einziges Wort, das diesen Tenor auch nur um einen Deut relativierte. Ich musste an den Bankangestellten Josef K. aus Kafkas «Prozess» denken, der mit wachsendem Staunen registrierte, was für ein Schuft er doch war – ohne es bislang bemerkt zu haben. Kurzzeitig erging es mir ähnlich, bis ich mich gefasst hatte und das Ganze besser einordnen konnte.

Zwei Schöffen saßen an der Seite von Richterin Saalbach, sie waren zu Prozessbeginn als Rentner Mantzsch und Ingenieur Lamm vorgestellt worden. Beide schwiegen während der gesamten Dauer der Verhandlung. Ich sah sogar, wie der sehr betagte Rentner Mantzsch in sich ruhend während des Plädoyers der Staatsanwältin die Augen schloss und in einen Sekundenschlaf fiel. Irgendwann richtete die Richterin ihr Wort an die Runde: «Noch Fragen, bitte?»

Dies war der Moment, in dem Rentner Mantzsch seinen kurzen Auftritt in meinem Leben hatte und sich in meiner Erinnerung verewigte: «Wo habt'n ihr die Dollars her?», brabbelte er im breitesten Sächsisch und meinte damit das Geld, welches wir den bulgarischen Fischern bezahlt hätten, falls sie uns in die Türkei gebracht hätten.

Es war eine Frage, wie sie in ihrer Ehrlichkeit nur von einem gestellt werden konnte, der das Leben in diesem Land der Entbehrungen kannte. Ich freute mich innerlich und dachte, so sind sie, meine Sachsen, sprach er doch die einzige wirklich interessante Frage in diesem Kasperltheater an. Und nebenbei nahm er sich die Ungeheuerlichkeit heraus, uns, die Büttel des Klassenfeindes, zu duzen. Ich wüsste gern, was aus Rentner Mantzsch geworden ist.

IN DEN KATAKOMBEN
DES SYSTEMS

Zweiundzwanzig Monate Lebenszeit wollten sie mir also stehlen. Wer gibt ihnen das Recht dazu?, dachte ich. Wer eine Lebenserwartung von vielleicht 50 Jahren hat, mein Vater hat es ja vorgelebt, der verliert mit 22 Monaten Lebenszeit einen ordentlichen Batzen irdisches Dasein – und zwar unwiederbringlich. Und das auch noch in jenen Jahren, in denen man am besten aussieht und der Appetit auf das Leben am größten ist.

Wir waren jetzt verurteilte Strafgefangene und warteten auf unsere Verlegung von der als vergleichsweise «komfortabel» geltenden und zudem heimatnahen Untersuchungshaft der Staatssicherheit in das raue Klima des «echten» Strafvollzugs. Ich machte mir keine Illusionen darüber, was mir drohte. Berichte aus Bautzen, dem «gelben Elend», aus Waldheim und Bützow hatten es bis in den DDR-Alltag geschafft. Das mussten wahre Höllenorte sein. Brutale Aufpasser und eine gnadenlose Hierarchie unter den Gefangenen, die vom System auch so gewollt war. Etwas Hoffnung machten mir Erzählungen unter Mitgefangenen, denen zufolge politische Häftlinge, die es ja offiziell gar nicht gab, in gesonderte Gefängnisse verlegt wurden – Naumburg und Cottbus wurden da oft genannt. Und Karl-Marx-Stadt galt sogar als Sehnsuchtsort, denn das war das Gefängnis «Endstation», das angeblich nur einen Ausgang hatte – in Richtung Westen. Aber auch in jenen Gefängnissen, in denen «die Politischen» konzentriert wurden, sollten stets kriminelle Gefangene tonangebend sein. Ich rechnete also mit dem Schlimmsten und war froh über jeden Tag, den ich in der U-Haft der Stasi blieb. Und nichts geschah zunächst.

Um die Weihnachtszeit lag ich nach fast vier Monaten wieder mit Hans in einer Zelle, dem Professor von der Leipziger Karl-Marx-Universität. Von seiner Souveränität, seiner Abgeklärtheit und Ruhe war nicht viel übrig geblieben. Er sah schlecht aus, und dafür gab es Gründe. Ihm drohte eine mehrjährige Haftstrafe wegen Spionage. Er hatte sich im Rahmen seiner wissenschaftlichen Tätigkeit mit Kollegen in anderen Ländern ausgetauscht, ein ganz normaler Vorgang unter Instituten, an dem sich auch niemand je gestört hatte. Bis er politisch mit dem System über Kreuz geriet – da konstruierten sie aus seinem jahrzehntelangen akademischen Austausch einen Agententhriller. Noch schwerer als dieser Vorwurf setzte ihm zu, dass die Stasi-Büttel nicht müde wurden anzudeuten, seine Frau hätte einen Geliebten und denke an Scheidung.

«Hält sich Ihre Frau häufiger in Gohlis auf?», wurde er beiläufig gefragt. Und immer wieder: «Dreimal die Woche fährt Ihre Frau zum Coppiplatz, haben Sie dort Freunde?»

Das ist alles nur ein mieses Spiel, sagte ihm seine Ratio. Aber wenn er dann zurück in der Zelle war, quälten ihn Bedenken. Und Zweifel, ob das Paar eine mehrjährige Trennung gemeinsam durchstehen würde. Denn seine Frau, erzählte er mir, sei sehr attraktiv und um einiges jünger.

Nie werde ich unseren gemeinsamen Weihnachtsabend vergessen. Wir hatten aus dem Stanniolpapier einer Schokoladentafel zwei kleine, viereckige Schalen gebastelt und aus der Wolldecke Fäden gelöst und gezwirbelt, das war unser Docht. Und dann hatten wir vom Abendbrot Schmalz aufgespart und in die Schalen gefüllt. Streichhölzer waren erlaubt, da viele der Mithäftlinge Raucher waren. Unsere «Teelichter» brannten tatsächlich eine ganze Weile. Ich las die Erzählung «Mein heiliger Abend» des Anarcho-Naturalisten Peter Hille, es passte.

In jenen Monaten sang ich viel vor mich hin. Ich sang tonlos, manchmal leise, und wenn ich glaubte, es dem Zellengenossen zumuten zu können, auch laut. Neil Young, Pink Floyd, Bob Dylan, die vielen Textlücken mit Fantasiephrasen gefüllt. Sicherer war ich bei deutschen Texten, der Platte «Monarchie und Alltag» von den Fehlfarben, Slime- und DAF-Songs. Wie schon in Bulgarien, half mir Udo Lindenberg in diesen Tagen sehr über manchen Abgrund hinweg: Seine Drogen-Ballade «Schneewittchen» oder «Cowboy-Rocker» waren vor allem schön lang. Einmal hielt offenbar ein Lieferwagen im Hof unter unserem blickdichten Zellenfenster. Die Tür blieb offen, das Autoradio lief weiter, und ich hörte «Master and Servant» von Depeche Mode. Der Song war neu, ich flippte fast aus vor Glück und tanzte wie wild in der Zelle. Hans hielt sich den Bauch vor Lachen.

Wir waren «sensorisch depriviert», einem beständigen Mangel an Reizen oder Sinneseindrücken ausgesetzt. Jedes irgendwo gehörte Lied, jedes schöne Buch, geschmackliche Highlights wie ein Stück Schokolade wurden intensiv wahrgenommen. Beim Freigang in einem dieser ausbetonierten Schächte knallte plötzlich eine Taube aus dem Nichts auf den Betonboden, wie ein Sturzkampf-Bombenflugzeug, das den Wiederaufstieg nicht geschafft hat. Sie bewegte noch kurz die Flügel, eine durchsichtig-gelbe Flüssigkeit lief ihr aus dem Schnabel, dann hauchte sie ihr Leben aus, ihre gebrochenen Augen starrten ins Nichts. Es war ein schrecklicher Anblick, wir baten um Abbruch des Freigangs, doch der Stasi-Knecht im Turm lehnte ab. Andächtig stiegen wir über das tote Tier. Nicht einmal Tauben können an diesem tristen Ort leben, dachte ich.

In der Zeit «zwischen den Jahren» passierte nichts. Auch der Januar war bereits weit fortgeschritten, als es ernst wurde.

Ich wurde aufgerufen, durfte meine Zivilklamotten anziehen, dann brachte man mich in die Justizvollzugsanstalt Leipzig an der Kästnerstraße. Sie war nur ein paar Straßen weit entfernt vom Untersuchungsgefängnis der Stasi, aber eine andere Welt. Bedienstete in dunkelblauen Uniformen übernahmen mich, ihr Auftreten war ruppiger, das war das Personal im «normalen» DDR-Strafvollzug. Ich wurde in eine Zelle zusammen mit vier anderen Männern geschlossen, die bis zur Haarwurzel tätowiert waren, das konnte ich durch den Nebel in der Zelle gerade noch wahrnehmen. Die Luft stand, es wurde ununterbrochen geraucht. Die Männer waren neugierig zu erfahren, woher ich kam und warum ich im Gefängnis war. «Ah, ein Politischer», sagte einer beinahe ein wenig hochachtungsvoll. Sie berichteten von ihren Knast-Karrieren. Schlägereien und Raubüberfälle brachten sie immer wieder ins Gefängnis. Sie kannten jede Anstalt, jeden Knastbullen, jeden Langzeitinhaftierten, gehörten gewissermaßen zum Who's who des DDR-Strafvollzugs. Es schien mir, als empfänden sie eine stille Freude, wieder einmal «daheim» zu sein, also im Knast. Zumal das Leben außerhalb der Gefängnismauern ihnen eine Abfolge von Niederlagen und Demütigungen abverlangte, wie ich ihren Erzählungen entnahm.

Am nächsten Morgen würden wir zum Hauptbahnhof gebracht, sagten sie, dann besteige man den «Grotewohl-Express», einen als Postwaggon getarnten Gefängniswagen, der anderen Zügen angehängt wurde und im überschaubaren Areal der DDR seine Runden drehte. Erreichte er einen der bekannten Gefängnis-Standorte, würden die Häftlinge, deren Bestimmungsort das sei, dort übergeben. «Wir fahren morgen nach Waldheim», meinten die Männer, «da gibt es auch politische Gefangene.»

Ich erschrak. Über Waldheim hatte ich bislang nur Schlimmes gehört. Doch sie beruhigten mich. «Die Arbeit dort bei Florena ist leicht, da kommt man an nützliche Dinge wie Hautcremes und Kosmetika.»

Es beruhigte mich nicht. Waldheim? Ich will nicht, dachte ich. Die ganze Nacht schlief ich nicht, weil ich keine Luft bekam und weil sich durch die kaputten Fensterscheiben, die übrigens hier tatsächlich durchsichtig waren, ein frostiger Luftzug mit dem Zigarettenrauch mischte. Und weil ich in einem Bett auf einem stinkenden Stück Schaumgummi lag, an welchem sich mutmaßlich schon Dutzende von Knackis triebmäßig erleichtert hatten. Draußen schneite es, ich lag in meiner Sommerjacke und meinen Adidas-Sneakers unter einer wächsernen Wolldecke. Ich war 20 und in der Talsohle meines Lebens angelangt. Auch die anderen schliefen nicht. Und so redeten wir die ganze Nacht. In ihren Augen war ich ein echter Exot und genoss wohl so etwas wie «Welpenschutz». Sie gaben mir Tipps für den Knastalltag, Lebensweisheiten aus einem fremden Universum. «Lass dich nicht zur Fotze machen», lautete eine davon. Ich traute mich nicht zu fragen, was damit gemeint war. Natürlich denkt man dabei sofort an Körperlichkeit, an sexuelle Gewalt, doch es ging wohl auch um eine «soziale Stellung» innerhalb der Gruppe, die hier in dieser auf archaischer Gewalt basierenden Wertewelt ganz selbstverständlich maskulin-chauvinistisch adressiert wurde. «Hast du gehört?», hakte einer der Knackis nach, «lass dich um Gottes willen nie zur Fotze machen. Wehr dich, lass dir die Fresse zerschlagen, das heilt wieder. Aber lass dich nie zur Fotze machen.»

Ich nickte still. Immerhin hörte ich in dieser Nacht mit Rauchen auf. Das war gemessen an der Krise, welche mein Leben durchlief, ein winziger Schritt. Er richtete mich dennoch ein wenig auf, weil ich so die Passivität überwand und aktiv etwas in meinem Leben änderte, über das ich in weiten Teilen die Kontrolle verloren hatte. Ich wurde danach nie wieder zum Zigarettenraucher.

Es war noch Nacht, als wir geweckt wurden. Aus dem ganzen Gefängnistrakt wurden stets zwei Männer mit Handschellen aneinandergefesselt, dann mussten wir, vielleicht 30 Personen, einen Lkw mit Plane besteigen. Jeder bekam ein Gepäckstück in die Hand, ich einen groben Sack. In einem Seitenbereich des großen Leipziger Hauptbahnhofs endete die kurze Fahrt, durch einen Tunnel schlurfte unsere Kolonne des Elends zu einem Waggon, der tatsächlich wie von der Deutschen Post aussah. Gefangenensammeltransportwagen war der offizielle Name, «Grotewohl-Express» der inoffizielle, benannt nach dem ersten Ministerpräsidenten der DDR. Vier Menschen mussten sich je eine der ca. einen Meter langen und 1,34 Meter breiten Zellen teilen, von denen es 18 im gesamten Waggon gab. Diese Details kenne ich erst heute.

Spät, gefühlte vier Stunden nach unserer Ankunft, setzte sich der Zug in Bewegung. Er hielt tatsächlich in Waldheim – und ich durfte sitzen bleiben. Gefangene wurden ausgeladen, neue eingeladen. Ich lernte einen Mittdreißiger mit fast weißen Haaren kennen, der mich anflehte, mir seinen Namen zu merken. Er und seine Frau seien in die Mühlen des Systems geraten und müssten Jahrzehnte der Haft absitzen. Der Westen wisse nichts von seinem Schicksal, ich sei jetzt seine letzte Hoffnung. Sein Blick glich dem eines gehetzten Tieres. Ich versprach ihm Hilfe – und vergaß seinen Namen, noch ehe ich abends aus dem Zug geholt wurde, weil ich selbst nicht wusste, wie es mit mir weiterging.

Es war dunkel, verschneit und saukalt, als wir, eine kleine Gruppe Gefangener, irgendwo aus einem Transportfahrzeug ausgeladen und in einen katakombenähnlichen Keller genötigt wurden. Dort saßen bereits andere Männer, insgesamt waren wir jetzt vielleicht 50. Wir Neuzugänge erfuhren von den bereits Anwesenden, dass das hier Cottbus sei.

Auf einem Tisch stand ein Tablett voll mit Graubrotscheiben, dazu eine Schüssel mit einer undefinierbaren Marmelade und Blechkannen voll Tee. Die Nacht wurden wir alleine gelassen, alles rauchte um die Wette, es war kalt. Diese Umstände bestärkten mich in meinem neuen Leben als Nichtraucher, welches ich gerade begonnen hatte. Es war wie ein kleiner Sieg. Man wurde allerdings zum permanenten Passivrauchen genötigt, und das bereitete mir geradezu Ekel. Ich lernte zwei Rostocker kennen, André und Waiko, wir redeten die ganze Nacht. Sie erzählten, sie seien kurz vor Antritt ihrer Wehrpflicht nach Polen geflohen. «Polen?», fragte ich. «Manchmal ist es ganz nützlich, einen Kompass dabeizuhaben ...»

«Nein, nein», intervenierte André, «wir wollten Richtung Osten – Westen kann doch jeder. Wir hatten vor, die Warschauer Botschaft der Bundesrepublik zu erreichen, aber so weit kamen wir leider nicht ...» Der Dritte in ihrem Bund war in Naumburg inhaftiert, so viel wussten sie.

Am nächsten Morgen wurden wir in Kleingruppen auf Zellen verteilt. Ich kam zufällig mit André aus Rostock und einem Mann aus Sachsen-Anhalt zusammen, der sehr einfach gestrickt und offensichtlich Analphabet war. Mit André freundete ich mich umgehend an. Er hatte ein heiteres Wesen und nahm die Widrigkeiten, denen wir ausgesetzt waren, sehr gelassen. Wir erhielten Häftlingskleidung, dunkel gefärbte Armee-Uniformen, dazu einen Mantel, die legendäre Tschapka, eine pelzartige Mütze nach russischem Vorbild, und festes Schuhwerk. Das war auch nötig, denn es war eiskalt in der Zelle, das Glas des durch eine Gitterwand abgetrennten Fensterbereichs war auch hier zerbrochen. Noch kälter war es draußen, wenn wir auf dem Freigang-Hof durch den Schnee stapften. Drei Wochen lang passierte in Cottbus nichts. Wir saßen in unserer Zelle, durften tagsüber nicht auf die Betten, konnten uns zwei-, dreimal freiwillig zum Zwiebel- oder Kartoffelschälen in der Küche melden.

Dem Cottbuser Knast eilte der Ruf besonders brutaler Wärter voraus, einer wurde RT genannt, «Roter Terror», ein anderer Arafat. Mit RT, im wahren Leben eher ein grauhaariger «Terror», der Hubert Schulze hieß, hatten wir die ganze Zeit zu tun. So wie ihn stellte ich mir einen KZ-Aufseher vor. In seinem trostlosen

Arbeitsalltag in diesem hässlichen Gebäude im äußersten Winkel dieses ungastlichen Landes schenkte er sich selbst etwas Freude, indem er Gefangene schikanierte, gern auch einmal zuschlug und den Schrecken genoss, der ihm vorauseilte. Er prahlte mit seinem Spitznamen und lästerte über «die feinen Zustände in der U-Haft bei den Herren der Stasi», die uns gar nicht gutgetan hätten. Einmal sah ich ihn einen Häftling schlagen, der irgendeine der pedantischen und idiotischen Anweisungen dieses Kleingeistes offenbar unzureichend befolgt hatte. Danach hielt er eine Ansprache: «Wir Kommunisten sind Humanisten, vergessen Sie das nie.»

Er sagte auch Sätze wie: «Mörder sind mir lieber als Politische», die wir ja nach DDR-Verständnis eigentlich gar nicht waren. Alle hatten einen Heidenrespekt vor diesem Psychopathen, der rhythmisch mit seinem Schlüssel auf den am Gürtel hängenden Holzknüppel pochte, klack-klack-klack, während wir möglichst still und unauffällig an ihm vorbeiliefen und froh waren, keinen Schlag oder Tritt bekommen zu haben.

Nach drei Wochen, inzwischen war es Ende Februar, wurden wir in Busse verladen. Die Stimmung war euphorisch – geht es jetzt in den Westen? Immerhin war ich ja bereits sechs Monate im Gefängnis. Schwach glimmt auch im finstersten Tunnel das Prinzip Hoffnung, zumal wenn es neue Nahrung erhält. Ich saß neben André, die Fahrt ging vier Stunden straff in Richtung Westen, vorbei an Leipzig.

MEIN WEG DURCH DIE MAUER

Naumburg», raunten welche im Bus, die sich auskannten. Irgendwer kannte sich immer aus. Es gab ja nicht viele ostdeutsche Gefängnisse, in denen die politischen Gefangenen zusammengefasst wurden. Naumburg klang besser als Cottbus, wurde weniger von Kriminellen belegt, lag auch westlicher, aber war eben auch nur ein Gefängnis. Wie wir erst später erfuhren, konnte das Cottbuser Gefängnis die Menge an Gefangenen nicht mehr fassen, die Stasi und auch wir Unangepassten waren wohl im letzten Sommer besonders emsig gewesen, und so wurden wir ausgelagert.

Naumburg sollte die vorläufige Endstadion meiner langen Reise sein. Sofort nach der Ankunft wurden wir im Strafvollzug auf verschiedene «Verwahrräume» verteilt, in denen viele Gefangene bereits seit Monaten ausharrten. Das Gebäude, die Räume wirkten weniger düster als in Cottbus, ich erinnere mich an die Wandfarben Grün und Gelb, vor allem war es im Gebäude wärmer als in Cottbus. Gefühlt und was die tatsächliche Temperatur anging. Die Wachen indessen waren kaum freundlicher, doch trugen sie keine Schlagstöcke, was eine zumindest optisch positivere Wirkung auf uns Insassen hatte.

Naumburg, das sollte ich erst später erfahren, war auch der Knast, in den es den Klops verschlagen hatte. Weil aber jede Etage, jedes Gebäude verschlossen war, sah man sich nur selten – beim Morgenappell einen Moment lang auf große Distanz, erkannte ihn nicht, hörte aber seinen Namen, der aufgerufen wurde. Oder bei Wochenendveranstaltungen. Ich wurde in einem mit 22 Männern belegten Großraum untergebracht, in dem schätzungsweise 14 Doppelstockbetten standen, auf denen acht Schlafplätze noch frei waren – alle befanden sich oben. Oben zu schlafen war also nicht so populär, das lernte ich sofort. Wer oben lag, hatte es schwerer runterzukommen, lag zudem unruhiger, weil das Bett oben instabiler war. In dem Raum gab es drei nebeneinanderstehende, offene Toiletten, die sich immerhin hinter einer Spind-Reihe befanden. Dennoch war man auch hier auf dem «stillen Ort» nie wirklich allein.

Im Knast lernt man wichtige Dinge, die einen im Leben draußen um einiges souveräner machen: zum Beispiel eben die Fähigkeit, in Gegenwart anderer zu scheißen. Sich auch von Mahnungen wie «Zieh endlich ab» nicht aus der Ruhe bringen zu lassen, sondern das Ganze souverän zu Ende zu bringen. Oder heimlich zu wichsen, während da 20 andere Kerle neben, unter, über einem schlafen, weinen, grübeln, im Zweifel auch wichsen – doch letzteren Gedanken verdrängt man dabei natürlich. Es gehört eine enorme Fantasie dazu, an einem solchen, von allem Schönen, Lebens- und Liebenswerten befreiten Ort an ein hübsches Mädchen zu denken, an heiße Momente aus dem Vorleben oder schlicht die eben gesehenen Filmszenen im Kopf umzuschreiben und sich neben der Schönen im Bett liegen zu sehen.

Doch auch das ist wahr: Wir vermuteten schon, sie hätten uns etwas in den Tee gemixt, weil sich solche Sehnsüchte ganz selten in unsere Gedankenwelt stahlen. Viel wichtiger war es, heimlich weinen zu lernen, lautlos, weil wir es als eine viel größere Schmach empfanden, dies vor den anderen zu tun, sich also beim Flennen erwischen zu lassen. Das war noch peinlicher, als beim Wichsen überrascht zu werden oder es beim Toilettengang richtig muffeln zu lassen.

Wir wurden zwangsbeschäftigt, und zwar im «Volkseigenen

Betrieb Metallwaren Naumburg» in der Kösener Straße im Westen der Stadt, etwa 1,4 Kilometer vom Gefängnis Am Salztor 5 entfernt. Gefangene wurden nach dem Wecken zu beinahe noch nachtschlafender Stunde, nach dem Waschen und dem Frühstück auf dem Vorplatz einzeln aufgerufen und mussten Busse besteigen, die dann in die nahe gelegene Fabrik fuhren. Im Bus durfte nur im Sitzen fahren, wer in der Knasthierarchie aufgrund seiner Haftzeit höhergestellt war. Wir Neuen versuchten zunächst betont vorsichtig, unseren Platz in dieser Gemeinschaft zu finden. Man spürte, dass die Umstände des Eingesperrtseins an den Nerven der Menschen zerrten. Streit, Schreiereien, Prügeleien waren an der Tagesordnung.

In der Knast-Rangordnung war der «Stubenälteste», eine vom Wachpersonal autorisierte Stellung, eine Art Brigadier. Er war der Chef eines solchen Kommandos, welches die Großzellen bildeten. Unser Stubenältester hieß Bernd, er war ein Kleinkrimineller mit Gangstervisage und nackenlangem Haar, der aber eine gewisse Gelassenheit ausstrahlte. Er war der Einzige unter den 22 Zelleninsassen, der keine politische Strafe absaß und die DDR auch nicht verlassen wollte. Die Männer waren unterschiedlichen Alters, ich war der Jüngste. Der Älteste war knapp über 50. Viele litten darunter, dass ihre Ehefrauen auch im Gefängnis saßen, weil man Flucht, Ausreise oder was auch immer zusammen geplant hatte, sodass die Kinder in ein Heim zwangseingewiesen wurden, im besseren Fall bei Großeltern waren. Wie auch im Fall meines ehemaligen Zellengenossen Hans aus Leipziger Tagen hatten die hauptamtlichen Psychopathen des Geheimdienstes deshalb leichtes Spiel, Misstrauen zu säen, zu desinformieren, sodass reihenweise Ehen zerbrachen. «Zersetzung» und «Diversion», wie sie ihr zerstörerisches Tun in ihrer kalten Sprache nannten, waren legitime Maßnahmen und nahmen in der Ausbildung der «Tschekisten» an der «Juristischen Hochschule» des MfS in Potsdam-Golm einen breiten Platz ein, seit man von physischer Folter absah, nachdem man sich gewissen «europäischen Normen» verpflichtet sah und erkannt hatte, dass es durchaus besser war, in der westlichen Öffentlichkeit Image-Politur zu betreiben. Also erhöhten sie durchaus kreativ den psychischen Druck.

Doch da, wo Niedergeschlagenheit ist, da gibt es auch Hoffnung. Diese Hoffnung war verbunden mit einem Wochentag, dem alle Eingesperrten entgegenfieberten: dem Mittwoch. Mittwochmorgens während des Zählappells kam es vor, dass einige Namen von Gefangenen einfach nicht verlesen wurden. Diese, zumeist eine Handvoll Menschen, manchmal auch mehr, hatten nichts anderes zu tun, als stehen zu bleiben. Einfach stehen bleiben, das war das Paradies, während die Masse der Enttäuschten wieder in diesen hässlichen, betagten Ikarus-Bus mit seinem charakteristischen rundlichen Heckteil, gebaut in Ungarn, einsteigen musste. Wir, die Aufgerufenen, blickten anschließend sehnsüchtig und neidisch durch die von der Atemluft längst milchig gewordenen Scheiben, zusätzlich von Gittern gesichert, auf die im Morgengrauen Stehengebliebenen. So ungefähr, wie man jemanden ansieht, der soeben erfahren hat, dass ihm eine bislang unbekannte Tante in Amerika ein Millionenvermögen hinterlassen hat. Weil alle wussten: Diese Menschen mussten heute nicht ins Möbelwerk fahren, sie mussten überhaupt nie wieder in irgendein Möbelwerk fahren, es sei denn, sie machten das freiwillig. Vielleicht würden jene Zurückgebliebenen schon in einer Woche bei einem Beck's im Biergarten sitzen und für den kommenden Spätsommer eine Reise nach Ibiza planen. Denn für sie war die Zeit als Gefangene des Systems, unterste Daseinsstufe im Arbeiter-und-Bauern-Paradies, definitiv vorbei.

Beinahe vorbei. Denn auch das hatte sich herumgesprochen: Der Weg in die Freiheit führte zunächst über die Stadt, die den Namen des Gottvaters trug: Karl-Marx-Stadt, das heutige Chemnitz. Im Stasi-Gefängnis dieser sächsischen Industriestadt wurde das letzte Kapitel jedes einzelnen Menschenverkaufs ge-schrieben, wurden juristische und familiäre Angelegenheiten fi-nal geklärt. Wenige Tage später wurde man in einen Bus gesetzt, keinen dieser Ikarus-Busse, sondern einen «Magirus-Deutz», gebaut in Ulm, und der «antifaschistische Schutzwall» öffnete sich wie von Geisterhand. Das System entließ seine missratenen, obendrein undankbaren Kinder. Es schickte sie ins gesellschaft-liche Abseits, ins Gestern, ins überwunden Geglaubte, auf den Kehrichthaufen der Geschichte, wie Leo Trotzki die kapitalisti-sche Gesellschaft genannt hatte. Ich hatte nichts dagegen. Doch war es für mich noch lange nicht so weit.

In der Fabrikhalle des VEB Metallwaren Naumburg wurde ich an eine Maschine gesetzt und hatte im Akkord Scharniere zu vernieten. Für monatlich 110 Mark DDR-Knastgeld. Ausgestattet mit Gehörschutz und Schutzbrille, die alle später aus Gründen der Arbeitseffizienz ablegten, lernte ich die Motorik der benö-tigten Handgriffe wie im Schlaf auszuführen: Linke Hand legt das eine Teil des Türenscharniers in einen Werkzeugschlitten, rechte Hand das andere Teil, dazwischen kommt eine kleine Me-tallspange oder -feder. Dann schnell mit beiden Händen links und rechts Knöpfe bedient, sodass ein maschineller Stanzham-mer niedersauste und die Einzelteile mit drei Nieten fixierte. Es musste schnell gearbeitet werden, denn wer die Norm nicht schaffte, wurde bestraft: mit dem Entzug von Privilegien wie dem Kino-Wochenende, dem monatlichen Besuch oder Paket bis hin zu Arrest für notorische Querulanten.

Was ich damals nicht wusste: Ich half, Möbel für den schwe-dischen Gute-Laune-Konzern Ikea («Das unmögliche Möbel-haus») zu produzieren. Nach der Eröffnung des ersten Möbel-hauses 1974 in München war Ikea in Westdeutschland schnell groß geworden, damals warb man mit dem Slogan «Nur Stehen ist billiger». Das rechnete sich, weil wir preiswert Zwangsarbeit verrichteten. «Es sind die kleinen Dinge, die einen Tag besonders machen», habe ich später auf der ersten Seite eines Ikea-Katalogs gelesen. Und auch das kann ich kraft meiner Erfahrungen als unfreiwilliger Ikea-«Mitarbeiter» bestätigen. Hatte ich nämlich eines der drei Teile meines Scharniers nicht passgenau in die Vorlage gelegt, was mitunter geschah, dann konnte es passieren, dass die Nieten die vorgefertigten Löcher verfehlten und durch die Gegend pfiffen wie kleine Geschosse. Doch ich wurde schnell zu einem «guten Nieter». Manchmal bluteten mir die Finger, wundgerieben am scharfen Grat der vernickelten Metallteile. Mein Blut als Schmiermittel, sodass beim Öffnen der Türen der Schrankkombination «Timmermann» später kein Quietschen das Ohr der Kundschaft irritierte.

Die heimliche Währung im Knast war die «Impe», womit ein Kessel schrecklich schmeckenden, brauntrüben Schwarztees gemeint war. Dieser schwarze Tee war Alkohol- und Drogenersatz, Tauschware, Prämie, Genuss- und Bestechungsstoff. Von Kaffee durfte nur geträumt werden. Der Tee wurde in großen, metallenen Kübeln zubereitet und am Wochenende gemeinsam «genossen». Ein schäbiges Highlight, doch die Mitgefangenen fanden es gut. Ich verdiente mir manches Päckchen Schwarztee, indem ich Mitgefangenen die Haare schnitt. Das war mit einer stumpfen Schere und den klingenbewehrten Nassrasierern ein übles Gewürge, aber ich bekam allmählich Übung darin.

Am Wochenende, wir mussten nicht ins Möbelwerk, war Großreinemachen angesagt. Und weil ich nicht wirklich eine Idee hatte, wo die Grenze verlief, bis zu der man sich als guter Teamplayer zeigte und ab der man ausgenutzt wurde, eckte ich schnell an. «Stutte, du machst die Toiletten sauber», wurde mir aufgetragen.

Ich war der Jüngste, gerade 20. Ich machte diesen Toilettendienst ein Wochenende, ich machte ihn an zwei und drei Wochenenden, am vierten Wochenende wehrte ich mich. Mir fiel die Lebensweisheit meiner Knacki-Freunde ein: «Lass dich nur nicht zur Fotze machen!» War das jetzt so eine Situation? Musste ich hier nicht konsequent Nein sagen? Wer weiß das schon, auf jeden Fall kam es zur Schlägerei, bei der ich nicht nur ein blaues Auge fing. Meine Brille, in Bulgarien mit jenem orangefarbenen Trinkhalm geflickt, die ich jetzt häufiger trug, weil ich ja nicht Gefahr lief, hier meiner Traumfrau zu begegnen, segelte durch den Toilettenbereich und zerschellte auf dem Steinfußboden. Ich musste mich fügen und hatte so lange Toilettendienst, bis der nächste Neuzugang unser Kommando verstärkte, was dummerweise noch ein paar weitere Wochen dauerte.

Was waren das für Menschen, unter die ich hier geraten war – von denen ich hier für Monate umgeben war, auf engstem Raum einander ausgeliefert, dieselbe schlechte Luft atmend, vor deren Gesprächsbedarf man nicht fliehen konnte, deren Launen man ausgesetzt war? Auf jeden Fall war es kein Querschnitt der ostdeutschen Gesellschaft, der mit solchen Gleichsetzungen Unrecht widerfahren wäre. Es gab eine Gruppe, die tatsächlich aus «Normalbürgern» bestand, Familienväter, junge Auszubildende, Mechaniker oder Berufskraftfahrer, zwischen 24 und 55 Jahre alt. Viele von ihnen, oft waren es Familienväter, waren eher fahrlässig zwischen die Zahnräder des Systems geraten: zu laut geäußerte Unzufriedenheit, ein nachdrücklicher Ausreisewunsch, Kontaktaufnahmen zu diplomatischen Vertretungen des Westens, aktive oder passive Fluchtabsichten, zumeist ohne reale Aussicht auf Erfolg. Sie bildeten mit etwa einem Drittel den angenehmsten Teil der Mithäftlinge.

Dann gab es noch ein zweites Drittel, das bestand aus Gescheiterten, zerschellt an Schule, Ausbildung und ostdeutscher Realität. Das waren politisch desinteressierte Menschen, die das System dennoch ausgestoßen hatte, weil sie sich mit den engen Grenzen schwertaten, die es ihnen in Sachen Arbeitspflicht und Gesinnung setzte. Sobald sie registriert hatten, dass es da einen einfachen Weg raus gab und zudem im Westen höherer

Wohlstand zu erhoffen war, ließen sie sich vom Regime in die oppositionelle Ecke drängen und hofften auf den Freikauf. Es war offensichtlich, dass der selbsternannte Arbeiter-und-Bauern-Staat sich dieser schwierigen Mitbürger entledigen wollte – und obendrein auf Devisen hoffte. Im Gefängnis bildeten diese einfach gestrickten, ichbezogenen und nicht selten vor Selbstbewusstsein strotzenden Menschen eine schwierige Klientel. Weil sie im Streit, der verbalen Auseinandersetzung nicht wirklich gewachsen, auf Gewalt setzten. Manche von ihnen neigten zu Nazi-Verherrlichung und wussten bereits, wer im Westen ihr Feind sein würde: Kanacken, Türken, Scheiß-Ausländer. «Wenn ick drüben bin, kof ick mir ein Samuraischwert und geh nach Kreuzberg Kanacken klatschen», erzählte ein Berliner stets stolz, der sich ganz selbstverständlich als Nazi zu erkennen gab. Ein anderer saß im Gefängnis, weil er einen Schwarzen zusammengeschlagen hatte.

Auch diese hatten, wenn sich die Straftat «politisch» vernebeln ließ, gute Aussichten, in den Westen zu gelangen. Und ich malte mir aus, welches Bild diese Freigekauften bei jenen abgaben, die das mit ihren Steuergeldern ermöglicht haben.

Das letzte Drittel waren die Berufskriminellen, die sich auch im Knast, ihrem artgerechten Biotop, anders als die zweite Gruppe, durchaus «professionell» benahmen – also interne Knastregeln beachteten, ein eigenes Knast-Ethos vertraten, Arbeitsnormen erfüllten, um an Privilegien zu gelangen, Hierarchien nicht infrage stellten.

In diesem komplizierten Kosmos suchte ich mir ein Umfeld, in dem es sich aushalten ließ. Mein «Spanni», also der Gefangene, mit dem ich im selben Kommando ein Zweckbündnis einging, hieß Bernd und kam aus Halle. Er war ein Familienvater jenseits der 40, der eine gewisse Ruhe und Gelassenheit ausstrahlte. Auch seine Frau saß im Gefängnis, die drei Kinder waren bei den Großeltern.

Zu meinen Verbündeten wurde auch Dieter aus Jena, der zuletzt an der dortigen Universität als wissenschaftlicher Mitarbeiter gearbeitet hatte. Den widerlichen Umständen zum Trotz hatte sich der Endzwanziger eine ordentliche Portion Freundlichkeit bewahrt, zudem Zuversicht und ein sonniges Gemüt. Bei ihm, der fließend Französisch sprach, nahm ich wöchentlich einmal Sprachunterricht. Wir kamen zwar nie über einen rudimentären Wortschatz hinaus, aber der bildet bis heute mein Fundament in dieser Sprache.

Schließlich war da noch Horst Günter, ein Schauspieler. Ein sensibler Mensch, der am Eingesperrtsein ebenso krankte wie am raubtierhaften Umgang der Menschen miteinander. Ich erlebte ihn einmal, wie er explodierte, mit einem Stuhl warf und all das herausschrie, was sich in ihm aufgestaut hatte. Den meisten Gefangenen war dieser Künstler, einer der wenigen, die sich syntaktisch und grammatikalisch korrekt auszudrücken verstanden, suspekt, ja geradezu verhasst. Er führte ein isoliertes Dasein, und das machte ihn mir sympathisch. Heute sehe ich ihn gelegentlich, wenn ich den Fernseher einschalte.

Als Städte werden Cottbus und Naumburg mir wohl ewig verhasst sein. Das mag unfair sein. Doch nicht nur mir ging es so, an Naumburg litt wohl auch schon Nietzsche. Das Wohnhaus seiner Mutter befand sich nur einen halben Kilometer östlich des Gefängnistores Am Weingarten 18, er zählte Naumburg zu den «Unglücksorten für meine Physiologie». Ich war nach meiner Freilassung nur einmal wieder dort und fand es beklemmend.

Doch zu den seltsamen Wendungen meiner letzten Tage im Honecker-Staat gehört auch, dass ich ausgerechnet kurz vor meinem Abschied Seiten der DDR kennenlernen sollte, die ich bis heute schätze und vorher nicht kannte, weil ich mich ihnen beharrlich verweigert hatte: Filme, Musik, kulturelle Errungenschaften insgesamt.

An den Kino-Sonntagen wurden uns DEFA-Klassiker wie «Heißer Sommer» gezeigt, eine Art Musical über den Ostseeurlaub einer Gruppe von Jugendlichen in den 60er-Jahren. Gleich zweimal sah ich diesen Film. Noch einmal durfte ich in schönsten Farben und cineastisch aufgehübschten Großaufnahmen den Mende-Brunnen am Leipziger Augustusplatz sehen, das Opernhaus, das Krochhochhaus mit den Glockenmännern, einen der alten Pullman-Straßenbahnzüge, dessen Stahlräder in den Kurven so schön nervig quietschten und die noch weit bis in die 80er-Jahre auf der Strecke nach Lindenau zu Oma und Opa fuhren.

Filme wie «Und nächstes Jahr am Balaton», «Solo Sunny», vor allem «Die Legende von Paul und Paula», ein Anfang der 70er-Jahre von den SED-Kulturwächtern abgesetzter DEFA-Blockbuster über die Liebe zweier Jugendlicher, die sich Karriere- und Systemdruck widersetzen und am Ende daran zerbrechen, gruben sich tief in meine Erinnerung ein. Zudem las ich Bücher von ostdeutschen Autorinnen wie Christa Wolf und Maxi Wander, Gedichte von Sarah Kirsch und Eva Strittmatter. Kurz vor meinem Abschied schien mich die kreative Seite dieser DDR, der ich nie viel Aufmerksamkeit geschenkt hatte, beinahe umarmen zu wollen. Es war nicht zu spät. Ich weiß, dass dieses Land nicht nur aus Mauer, Militär und ideologischen Phrasen bestand, es brachte Menschen hervor, die kreativ, erfinderisch, liebenswürdig, kurzum: Alltagshelden waren.

Es wurde Sommer, es näherte sich der Herbst, ich war fast 14 Monate inhaftiert und verzweifelte schon, weil mein «Mittäter», der Klops, an einem Morgen im August stehen bleiben durfte und dann aus unserem Wahrnehmungs-Kosmos verschwand. War ich also einer der wenigen mysteriösen Fälle, bei denen der Freikauf, der Menschenhandel, nicht zustande kam? Was war das Problem, was machte ich falsch? Es sind diese Situationen, in denen die Ratio sich ganz klein macht und die Fantasie merkwürdige Pirouetten dreht. Wollen die an dir ein Exempel statuieren? Hast du dir zu viel geleistet? Bist du dazu verdammt, im falschen Leben zu verharren? Nach der Freilassung vom Klops wurde ich auf eine mehr als einmonatige, harte Geduldsprobe gestellt – ehe auch ich am Morgen des 11. September, einem Mittwoch, während des Morgenappells nicht aufgerufen wurde. Ich schaute nach links, schaute nach rechts, fragte Mitgefangene: «Hat der eben meinen Namen NICHT genannt?», obwohl doch S, ganz nebenbei der Buchstabe mit den meisten Familiennamen, längst vorbei war. Ich fragte nochmals: «Hat der eben meinen Namen nicht genannt?» – «Ja, Stutte, nun begreif es doch endlich ...», schrie mir der Mitgefangene Zilonka entgegen, ehe er aufgerufen wurde und in den Bus musste.

Es waren vielleicht sechs Männer, die stehen blieben – darunter auch André aus Rostock, den ich erstmals im Keller der Katakomben von Cottbus getroffen hatte. Ich taumelte vor Aufregung und Angst, dass dieses kurze Hochgefühl sogleich in eine krachende, umso schmerzvollere Enttäuschung umkippen könnte. Es war wie die Erlösung aus einem Wachkoma, die Wieder-Menschwerdung nach der Verwandlung in eine Mumie durch einen bösen Zauber. Alles muss demnächst wieder durchdacht werden, schoss es mir durch den Kopf – was mache ich morgen, was ziehe ich an, was esse ich?

«Leeren Sie Ihre Schränke, hinterlassen Sie nichts und machen Sie schnell», wurde uns befohlen. Schnell legte ich die wenigen Dinge, die für andere von Wert sein könnten, den ein, zwei Freunden, die bleiben mussten, in den Schrank: die Tafel Schokolade aus dem letzten Paket, die halbe Tüte «Nimm 2», von der man sich tatsächlich erhofft hatte, sie behebe den notorischen Vitaminmangel, dem wir im Gefängnis ausgesetzt waren, den Kugelschreiber mit der Micky Maus, die sich im mit einer Flüssigkeit gefüllten Stiftkörper auf und ab bewegte – alles kleine

Schätze, die ich sorgfältig vor den allgegenwärtigen Langfingern versteckt hatte.

Anschließend ging es in einem Sammeltransport mit dem halben Dutzend Mitgefangener in das Gefängnis der Staatssicherheit in Karl-Marx-Stadt. Wir raunten uns nur Stichworte zu, welche unsere augenblicklichen Empfindungen beschreiben sollten: «Wahnsinn!» Oder: «Ich glaube das nicht, kneif mich!» Das Getuschel, Gegickel und Gekicher unter uns Mithäftlingen war groß. Einerseits drohte man zu explodieren wie eine zu lange geschüttelte Schampusflasche auf einer Ofenplatte, andererseits befahl einem der Verstand, jetzt bloß nichts falsch zu machen, nicht auf den letzten Metern alles zu verspielen! Drohend waren die Mienen der schlecht gelaunten Polizisten, die uns einkleideten und die natürlich wussten, dass uns Freiheiten bevorstanden, die sie nie haben würden. Sie hassten uns und redeten sich vermutlich ein, wir würden in diesem Haifischbecken Kapitalismus ohnehin dem Untergang geweiht sein, verdammt dazu, demnächst mit Einkaufswagen voller Ramsch obdachlos durch die Fußgängerzonen zu schleichen und nachts unter Brücken zu schlafen.

Alles fühlte sich unwirklich an. Tausend Gedanken schwirrten mir durch den Kopf. Jetzt wird es also ernst. Wohin soll ich gehen? Was soll ich in der Bundesrepublik machen? Bin ich nach fast 14 Monaten Tiefschlaf überhaupt noch in der Lage, aktiv zu werden, etwas zu beginnen? Ich hatte nie selbstbestimmt leben müssen, ich hatte mich nie mit Behörden herumschlagen, eine Wohnung organisieren, um Arbeit kümmern müssen, meine Papiere ordnen, meine Wäsche waschen, Essen kaufen und zubereiten. Ich freute mich auf mein neues Leben – und hatte einen Heidenrespekt davor.

Die Formalitäten auf dem Karl-Marx-Städter Kaßberg dauerten eine Woche. Es ging um die Entlassung aus der DDR-Staatsbürgerschaft, um offene Rechts- oder Unterhaltsansprüche, um Eigentum und um Dinge, die uns Jugendliche nicht betrafen.

Mir wurde der Restbetrag meines Knastvermögens ausgezahlt, 60 Ostmark für viele Monate Zwangsarbeit. Es war erbärmlich. In einem im Knast eingerichteten «Laden» kaufte ich mir eine komische rote Kunstledertasche, einen hässlichen Pullover und ein großes Paket Kaffee, den wir in unserer Zelle gar nicht zubereiten konnten, weil es kein kochendes Wasser gab. Aber schon der Duft, den die aromaversiegelte Packung beim Öffnen verströmte, beflügelte meine Sinne. Das war besser als trinken. Zusammen mit André aus Rostock, wir teilten uns mal wieder eine Zelle, versuchte ich, mit heißem Leitungswasser ungefiltert Kaffee zuzubereiten. Die Sehnsucht danach war einfach zu groß. Doch schon nach wenigen Schlucken spülten wir diese Lurke durch die volkseigene Toilette.

Am Mittwoch, 18. September 1985, öffneten sich für mich die Gefängnistore – erst die kleinen, als wir mit zwei Bussen, es waren tatsächlich Fahrzeuge von «Magirus-Deutz», den Stasi-Knast in Karl-Marx-Stadt verließen. Für ostdeutsche Passanten sahen wir in den bunten Bussen jetzt aus wie eine westdeutsche Besuchergruppe. Viele der Mitgefangenen sahen erstmals nach Jahren ihre Frauen wieder, die aus dem Frauengefängnis Hoheneck entlassen worden waren. Es flossen reichlich Tränen.

Wir fuhren genau die Autobahnstrecke in Richtung Erfurt, dann Gotha, die wir früher im Trabi meines Vaters allsommerlich auf dem Weg zur Oma nach Trügleben zurückgelegt hatten. Ich fühlte mich ein wenig beklommen, als wir an der Ausfahrt nach Gotha vorbeifuhren. Über Gotha hinaus waren wir damals nie auf der Autobahn gefahren, denn da kam nur noch Eisenach, dann schon die Hörselberge und dann Hessen. Hätte der Bus an jenem Mittwoch Mitte September 1985 etwa zehn Kilometer hinter der Abfahrt gehalten und wäre ich dann drei Kilometer über Wiesen und am Wäldchen Berlach nach Norden gelaufen, hätte ich meine 85-jährige Oma in ihrem zerfallenden Häuschen besuchen und in die Arme schließen können. Sie war ja immer zu Hause. Doch der Bus fuhr natürlich ohne zu halten schnurstracks in Richtung Westen. Meine Oma sollte ich nie wiedersehen, sie starb im Jahr darauf. Wir fuhren an Eisenach vorbei, alle DDR-Fahrzeuge hatten längst die Transitautobahn verlassen. Ich saß in Gedanken versunken neben André.

Rechtsanwalt Wolfgang Vogel hielt vor der Grenze eine kurze Rede via Mikrofon und erwartete wohl Beifall von uns. So froh ich damals über den Freikauf war, so empfinde ich doch bis heute nur Verachtung für diesen Advokaten, der nie ein Anwalt des «Rechts» war, sondern der willfährige und gewissenlose Makler eines Menschenhandels, von dem er selbst profitierte. Er schämte sich seines Vermögens auch nicht, welches er als Dealer zwischen den Systemen, wozu auch dieser Menschenhandel gehörte, angehäuft hatte. Selbstbewusst fuhr er in einem goldenen Mercedes 300 E durch seine Heimat, das Land der delfingrauen Trabants. Zu allem Überfluss diente er der Stasi auch noch als informeller Mitarbeiter. Mit einem Mikrofon stand der Mann also im Fond des Busses und hielt über die Freisprechanlage eine kleine Ansprache. Deutlich war sein Bemühen, sich uns als großer Menschenfreund zu präsentieren. «... ist es uns gelungen, Sie im Rahmen einer humanitären Übereinkunft zwischen beiden deutschen Staaten ...», salbaderte Vogel im sonoren Advokaten-Sprech. Tatsächlich durfte er sich in diesem Moment in der Wärme dankbarer Blicke sonnen, auch ich sah ihn damals in milderem Licht. Mit seiner goldenen Kutsche eskortierte er uns noch bis zur Grenze, die wir dann auf einer verschlungenen Nebenspur schlagbaumfrei am Übergang Wartha kurz hinter Eisenach passierten. Es war wie ein Wunder, wie ein «Sesam öffne dich» – der Eiserne Vorhang hatte tatsächlich Löcher, durch die Busse passten.

«Hat noch jemand vergessen auszusteigen?», fragte der Fahrer jetzt über die Freisprechanlage mit unverkennbar hessischem Akzent. «Nein!», grölte die Meute.

Die Menschen im Bus sangen mit viel Pathos das Deutschlandlied, als wir die Grenze passierten. Sie kannten wohl nur den «Über-alles-Teil» mit Memel und Etsch, die erste Strophe also. André und ich schauten uns lange schweigend an. Wir schämten uns ein wenig. Dann blickte ich aus dem Fenster, summte «Här kommer Pippi Långstrump ...» still vor mich hin, die schwedische Fassung, die ich von «Agnetha» in Rumänien gelernt hatte.

Damals habe ich mir nicht so viele Gedanken darüber gemacht, was mich letztlich dazu getrieben hat, gehen zu wollen, Systemgrenzen zu überwinden, Gefahren auf mich zu nehmen, um am Ende das, was man landläufig mit Heimat verbindet, zu verlassen – im Zweifel für immer. Es gab ein Füllhorn von Gründen, die kleinen und großen Gängelungen, die Verweigerung selbst rudimentärer Freiheiten, die begrenzten Möglichkeiten, was Informationen, Rede- und Reisefreiheiten betraf. Sicher ging es auch um die Hoffnung auf mehr Wohlstand, doch allein dafür hätte ich es nicht riskiert.

Wir waren nicht besser als heutige Flüchtlinge, Asylsuchende, Migranten. Wir hatten lediglich das Glück oder Privileg, durch eine Laune der Geschichte Anspruch auf die Staatsbürgerschaft in einem mit Wohlstand gesegneten Staat Westeuropas zu haben, der uns aber ebenso vertraut wie fremd war. Wir waren getrieben von einer Motivation, die zeitlos ist, die auch heute Menschen dazu bringt, ihre angestammte Heimat zu verlassen: Perspektivlosigkeit.

Ich mochte das Land, das mich freigekauft hatte. Es war bunt, heiter und freundlich. Hätte es jedoch einzig die Möglichkeit gegeben, nach Australien, Dänemark, Israel oder Kanada entlassen zu werden – dann wäre ich mit Freuden auch dahin gegangen. Ich hatte Appetit auf alles, was hinter dieser hässlichen Mauer lag, egal ob nah oder fern. Ich wollte mir Dinge nicht mehr erklären lassen, ich wollte Erfahrung buchstäblich selbst er-fahren, wie es Ernst Bloch ausdrückte, also auf vier Rädern oder zwei Flügeln die Welt entdecken.

Als wir etwa eineinhalb Stunden nach der Fahrt über die Grenze im legendären Notaufnahmelager Gießen eintrafen, ließ ich im Bus absichtlich meinen letzten DDR-Einkauf liegen, diese hässliche rote Kunstledertasche samt Inhalt, den hässlichen Pullover und ein paar Kosmetikartikel. Ich wollte von allen Lasten befreit dieses neue Leben beginnen, ich besaß ja noch meine Adidas-Schuhe und die Klamotten, mit denen ich verhaftet worden war. Als der Busfahrer uns dann später nachgelaufen kam und fragte: «Hat da jemand seine Tasche vergesse?», er sprach das sehr hessisch aus, war ich der Erste, der sagte: «Ich nicht!»

GRENZENLOS

Ein warmer Sommertag Ende September 1985, der erste meines neuen Lebens. Über die Zwischenstation Gießen war ich dem Klops gefolgt, der in einem «Übergangswohnheim» im badischen Pforzheim lebte. Willy, ein Nennonkel, der uns jedes Jahr in Leipzig besucht hatte und dessen Familie eine lebenslange Freundschaft mit meinen Leipziger Großeltern verbindet, wollte uns nach Stuttgart holen.

Koma und Migge besuchten uns in Pforzheim. Wir feierten hyperventilierend unsere ganz private Wiedervereinigung.

Endlich erfuhr ich auch, wie es meinen Freunden ergangen war. Komas Flucht nach Jugoslawien war ein echter Geniestreich. Nach unserer Trennung war er von Budapest aus mit dem Zug in den kleinen Ort Keszthely am südwestlichen Ende des Balatons gefahren. Die Gegend kannte er von einem früheren Urlaub. Von dort aus war er zunächst per Anhalter in Richtung der Kleinstadt Nagykanizsa gefahren. Dann lief er zu Fuß weiter, überwiegend nachts und mit einem Kompass versehen, straff Richtung Süden. Die fast 50 Kilometer bewältigte er in zwei Tagen. Tatsächlich gab es da keinen Grenzzaun, nur vereinzelte Wachtürme.

Im dem kleinen kroatischen Dorf Ždala, damals Jugoslawien, griffen ihn am 29. Juli Grenzsoldaten auf. Als er ihnen mitteilte, aus «Magyar» geflohen zu sein, klopften sie ihm bewundernd auf die Schulter – verurteilten ihn aber in einer kleinen, sonntäglichen Sitzung pflichtgemäß zu 20 Tagen Gefängnis, die er zusammen mit einem anderen Ostdeutschen absaß. Bereits nach 15 Tagen wurde er zusammen mit dem Mitgefangenen der bundesdeutschen Botschaft in Belgrad übergeben; dort erhielten die beiden Pässe und Bahntickets in Richtung Bundesrepublik.

Migges Abschied aus der DDR war weniger spektakulär verlaufen. Seine Eltern hatten wohl bereits längere Zeit zuvor einen Ausreiseantrag gestellt, wovon er aber uns nichts erzählt hatte. Dem Antrag war nach Jahren stattgegeben worden. Zusammen mit seinen Eltern und dem jüngeren Bruder war er kurz vor Ende des Jahres 1984 ausgereist, jetzt wohnte die Familie im Schwarzwalddorf Schömberg.

Die beiden brachten eine Palette Dosenbier und ein gleichaltriges Mädchen mit, Sabine, genannt «Sab», die einen Ford «Fijeschta» fuhr, wie sie es aussprach. Migge und Sab kannten sich aus Schömberg. Sab hatte erst am Vortag die Führerscheinprüfung bestanden. Weil sie aber die Einzige von uns fünfen war, die überhaupt einen Lappen und ein Auto hatte, durfte sie uns chauffieren. Ich war froh, aus Pforzheim rauszukommen, und so quetschten wir uns zu fünft in den zweitürigen Fiesta. Wir cruisten durch den Schwarzwald in Richtung Freudenstadt, ließen die Bierdosen ploppen. Sabine steuerte das kleine Auto noch etwas unsicher durch die kurvigen Schwarzwaldstraßen.

Irgendwann dudelte im Autoradio Mike Oldfields «To France», gesungen von Maggie Reilly, eigentlich nicht die Musik, die wir wirklich mochten. Doch es brachte Koma auf eine Idee: «Ey, lasst uns nach Frankreich fahren!»

Ich hielt das zunächst für einen schlechten Witz. Als frischgebackener Bundesbürger besaß ich noch keinen Ausweis oder Reisepass, lediglich einen «Haftentlassungsschein» aus der DDR und eine Art vorläufige Identitätsbescheinigung der Bundesrepublik. Die hatte ich allerdings nicht dabei. Zudem hielt ich es für ausgeschlossen, mal eben spontan die Grenze zu passieren, weil ich mit Wartezeiten, aufwendigen Zoll- und Polizeikontrollen rechnete.

«Leute, lasst den Quatsch. Ich habe keine Papiere, kein Geld und von Grenzen die Nase gestrichen voll», intervenierte ich.

Vergeblich. «Never going to get to France», wimmerte im Fiesta-Radio Maggie Reilly wie eine dunkle Prophezeiung, «Ich werde niemals nach Frankreich kommen ...» Oder war das nicht eigentlich eine Herausforderung?

«Doch, wir fahren nach Frankreich, das ist nur ein Katzensprung», fing jetzt auch Migge an. Und dann zählten die beiden sämtliche ehemaligen Mitschüler auf, die jetzt entweder bei der Nationalen Volksarmee oder in einer proletarischen Giftküche litten, während wir mal eben Frankreich besuchten. Deutlicher hätte man den Kontrast nicht zeichnen können, der uns von unserem Vorleben trennte.

Die spinnen doch, durchfuhr es mich. Ich glaube, ich hatte wirklich so etwas wie ein «Grenz-Trauma». Schließlich war ich das Kind eines Landes, in dem alles begrenzt war – nicht nur geografische Räume. Und wer Grenzen überschritt, der riskierte unter Umständen sein Leben, wie mein Jugendfreund André Bauer, der im Alter von 16 Jahren an der DDR-Grenze im Harz von den Splittern einer Selbstschussanlage zerfetzt worden war. Es war mir unheimlich, ohne Papiere diese Grenze passieren zu wollen. Und ich selbst hatte schließlich gerade über ein Jahr in DDR-Gefängnissen zugebracht, nur weil ich versucht hatte, eine Grenze zu überwinden.

Meine Freunde ignorierten das: «Da gibt es keine Grenzbeamten mehr», sagte Migge, «niemand wird uns kontrollieren ...»

Ich hielt das für ein Märchen. Ich wusste, wie sehr meine Freunde Übertreibungen liebten, wie wenig gesicherte Erkenntnis sich hinter manch flink geäußertem Spruch verbarg. Selbst wenn wir unbemerkt die Bundesrepublik verlassen könnten, wer hätte garantiert, dass ich ohne Ausweis und ohne Ärger wieder zurückkomme? Ich hatte von Schengen, damals war das nach der gleichnamigen Stadt im Großherzogtum Luxemburg benannte Abkommen über den freien Grenzverkehr erst wenige Monate alt, natürlich noch nie etwas gehört.

Der Gedanke, mal eben nach Frankreich zu fahren, war mir auch aus anderen Gründen unheimlich. Ich hatte einen Heidenrespekt vor solchen «Reisen», von denen man in unserer Familie mangels Gelegenheiten ein Leben lang zehrte und erzählte. Ich kannte nur einen Menschen, der je in Frankreich gewesen war: meinen Leipziger Opa Arthur, geboren 1894. Die einzige «Auslandsreise» seines Lebens hatte ihn nach Frankreich geführt – mit geschultertem Karabiner, einer Pickelhaube auf dem Kopf und einem Tornister auf dem Rücken. Er hatte sich zwanzigjährig 1914 freiwillig in den Krieg gemeldet, wurde im Juli 2016 an der Somme verwundet und geriet in Gefangenschaft. Frankreich und die Franzosen – für ihn blieb das ein Mysterium, basierend auf einer scheinbar unüberbrückbaren kulturellen und sprachlichen Distanz. Diese zu überwinden, hatte er ja nie die Gelegenheit, weil die Schlachtfelder von Amiens, von Saint-Quentin oder Verdun damals die einzigen Begegnungsorte der Jugend von diesseits und jenseits des Rheins gewesen waren und für lange Zeit blieben. Eine Narbe am Mund, Produkt eines Stiches mit einem Bajonett, ein Sammelsurium an französischen Schimpfwörtern sowie eine Kollektion von militärischen Hoheitszeichen französischer Kolonialsoldaten aus Algerien und dem Senegal, die er dem Wachpersonal abgeluchst hatte, waren alles, was Opa von seiner einzigen «Auslandsreise» mit nach Hause gebracht hatte. Außerdem seine Geschichten, die vor allem ich mir auf Familienfeiern angehört hatte, weil sich außer mir niemand dafür interessierte.

Auch meinen Großvater väterlicherseits, den ich nie kennenlernen sollte, weil er früh verstarb, hatte es 22 Jahre später nach Frankreich verschlagen – als Soldat im Zweiten Weltkrieg. Hitlers Krieg hatte die nächste Kollision der europäischen Jugend eingeleitet, zu der sich August Stutte mit seinen 40 Jahren eigentlich nicht mehr zählen durfte. Auf Schwarz-Weiß-Fotos in Omas Alben sah ich ihn mit kreisrunder Brille unter dem Wehrmachts-Schiffchen als Fahrer eines großen Cabriolets vor einer neobyzantinischen Kathedrale in Marseille in die Kamera lächeln. Auf einem anderen Bild sitzen junge Damen im Fond des Wagens, vermutlich Französinnen. Die Szene wirkt verstörend heiter angesichts einer Welt in Flammen. Auch für ihn, der zu früh der Nazi-Bewegung beitrat, um das später mit einem gesellschaftlichen Kollektivzwang zu begründen, war Frankreich das einzige Land, das er jenseits der deutschen Grenzen je betreten hatte – vermutlich mit der Attitüde des Herrenmenschen. Für ihn muss dieses Europa ein Kontinent des nicht enden wollenden Kulturkampfes konkurrierender Mächte gewesen sein, ein Kontinent der Verschiedenheit und des nie erkaltenden Hasses.

Und nun bot sich mir mal eben ganz spontan die Gelegenheit, nach Frankreich zu fahren. Für im Westen geborene Menschen war das vermutlich eine Selbstverständlichkeit, ich aber hätte mir gern ein paar Tage Vorfreude auf das Ereignis gegönnt.

«Ich hab Angscht», sagte Sabine während unserer Fahrt durch den Schwarzwald. Und ich triumphierte einen Moment lang still, weil jetzt jemand Bedenken anzumelden schien, der mit der Sache vertraut war und offenbar meine Sorgen teilte. Bis klar wurde, dass Sabs eigentliche Bedenken den Serpentinen der Schwarzwaldhochstraße nahe der «Oppenauer Steige» galten, die das ganze fahrerische Können der Anfängerin verlangten. Also versank ich auf der Rückbank des Fiesta in stiller Resignation und hielt mich an der Bierdose fest. Ich bereitete mich darauf vor, dass es wieder Ärger geben würde. Natürlich stellte ich mir «Ärger West» als eine abgeschwächte Variante dessen vor, was wir an Stress mit staatlichen Stellen im Osten gewohnt waren. Aber ich wollte eigentlich gar keinen Ärger mehr, ich wollte mich nicht erklären, wollte nicht auf die besondere Schwere meiner Situation hinweisen. Ich war es müde, aus der Reihe zu tanzen. Eigentlich wollte ich nur normal sein, ich wollte endlich ich sein.

Als wir hinter Kehl auf der großen Brücke den Rhein überquerten, war da tatsächlich nichts – einmal abgesehen von verlassenen Grenzkontroll-Häuschen und ein paar Hinweisschildern. Ich sah die deutsche Fahne neben der französischen friedlich im lauen Herbstwind wehen, die Europaflagge wurde erst später eingeführt. Wir fuhren über eine Grenze, die es nur noch auf Landkarten gab.

BILDNACHWEIS

Alle Fotos privat mit Ausnahme folgender Bilder:
Tafelteil 2, Seite 2 oben und unten: Ostreport/ORF/PictureDesk.com
Tafelteil 2, Seite 6 unten: Foto Harald Stutte, aufgenommen in
der Historischen Ausstellung der Gedenkstätte Museum in der
«Runden Ecke»